Across the Ancient-Modern Divide:
Interviews with Leading Archaeologists

穿越古今 上

海外考古大家访谈

李水城 主编

温成浩 副主编

上海古籍出版社

图书在版编目(CIP)数据

穿越古今:海外考古大家访谈/李水城主编. ——上海:上海古籍出版社,2020.5
ISBN 978-7-5325-9549-5

Ⅰ.①穿… Ⅱ.①李… Ⅲ.①考古学家-访问记-国外 Ⅳ.①K815.81

中国版本图书馆 CIP 数据核字(2020)第 057744 号

穿越古今:海外考古大家访谈

(全二册)

李水城 主编 温成浩 副主编
上海古籍出版社出版发行

(上海瑞金二路 272 号 邮政编码 200020)

(1) 网址:www.guji.com.cn
(2) E-mail:guji1@guji.com.cn
(3) 易文网网址:www.ewen.co

启东市人民印刷有限公司

开本 890×1240 1/32 印张 20.875 插页 4 字数 501,000
2020 年 5 月第 1 版 2020 年 5 月第 1 次印刷
ISBN 978-7-5325-9549-5
K·2815 定价:98.00元
如有质量问题,请与承印公司联系

序

2009年夏，我在前往法国东部参加考古发掘之前，《南方文物》的周广明先生给我打来电话，谈到他想在刊物上开辟一个新栏目，内容为介绍国外著名考古学家的成长经历、学术贡献以及对中国考古学的评价与前瞻。他希望我能出面主持这个栏目，并就这个栏目的可行性、内容、稿源等具体问题提些意见并做些思考。

此前我曾与广明多次讨论《南方文物》的版面和栏目建设问题，但这个选题还从未考虑过，国内也无先例。不过这确实是一个富有创意的好点子。其独特的视角在于，通过对有着不同学术背景的国外著名考古学家成长经历的介绍，了解考古学在各国的发展历史，跟踪国际学术研究的热点，知己知彼，达到"他山之石，可以攻玉"的目的，从而推动中国考古学的健康发展，可谓一举多得。鉴于此，我应允广明，尽力而为，促成此事。

在法国发掘期间，经过认真思考，我觉得这个栏目最好采取访谈的形式，一来操作性较强，再就是可以充分利用和借助那些与国内考古单位有合作研究项目的外方学者、海外进修学者和留学生的力量，大家合力来做这件事。但是，我也考虑到，一旦接手组织这个栏目，会有很多意想不到的困难，也会因此占去自己不少的时间和精力，但值得试试！

考虑到即将采访的对象都是国际学术界的一流学者或后起之秀，他们在各自的研究领域大多功成名就、学术等身，在学术界有广泛的影响，抑或有着良好的发展潜质，我想这个栏目不妨就叫"海外考古大家访谈",这比较直白,也契合栏目的设计初衷。

事既定,接下来便是仔细琢磨遴选哪些学者作为我们的访谈对象,同时还要考虑到每位学者的研究领域和学术贡献,与中国考古学界有没有交往。并设计出采访主题,最后是将一封封伊妹儿(Email)发往世界各地。

……

2010年初,《海外考古大家访谈》栏目正式与读者见面。在这年的《南方文物》第一期,刊出了美国国家科学院外籍院士、哈佛大学人类学系教授欧弗·巴尔-约瑟夫(Ofer Bar-Yosef)和俄罗斯科学院通讯院士、考古研究所博士切尔内赫(E. H. Черных)的访谈。这二人中,前者是研究旧石器时代中晚期考古、现代人起源、近东农业起源的权威,后者是欧亚草原冶金考古领域的开拓者。俗话说万事开头难,这两位学者的成功采访可以说为此栏目开了个好头。

在我列入采访的名单中,绝大部分都是著名的考古学家或后起之秀,也有一些是知名的汉学家、艺术史家、科技考古学家、冶金考古学家和分子生物学领域的古人类学家。他们中的相当一部分曾有过在中国留学或进修的经历,或与中国学者一起主持国际合作项目,或曾在(中国)北京大学或其他高校讲过学。其中,约有一半学者的研究领域为中国考古学、中国历史或艺术史,另一半学者的研究领域涉及近东、地中海沿岸、欧洲、欧亚草原、美洲、非洲、大洋洲及东南亚等地的考古。

自2010年栏目开创到2019年底,这十年间,我们完成了名单中的绝大多数学者的采访,总计有28人。回想起来,这其中既有失而复得的意外惊喜,也有一些遗憾和失落。

2011年4月,那时我正忙于组织对美国加州大学洛杉矶分校教授罗泰（Lothar von Falkenhausen）和澳大利亚墨尔本大学教授贝尔伍德（Peter Bellwood）的采访，突然得知美国著名考古学家宾福德（Lewis Binford）教授去世的消息，这令我非常沮丧，因为此前我已经开始筹备对他的采访，也想好了找谁去采访。后来，我给广明去信，谈到这件令我非常遗憾的事，不料马上收到他的回信，说吉林大学的陈胜前博士已经翻译了伦福儒（Colin Renfrew）教授20年前对宾福德的采访，这个消息对我不啻像打了一针兴奋剂。宾福德教授是过程考古学理论的始作俑者，也是一位在学术界颇富争议的人物。2010年，即在他去世的前一年，国际天文学会将第213629号小行星命名为"宾福德星"，以表彰他在考古领域所作的杰出贡献，由此不难看出此公在科学界有着怎样的影响力。

不过，与另外两位学者擦肩而过就只能留下遗憾了。

2015年，我开始筹划采访美国加州大学伯克利分校历史系的吉德炜（David N. Keightley）教授。2000年我在纽约的一次会上结识了这位和蔼可敬的学者。他是西方汉学界研究甲骨文的权威，也是研究商周历史的巨擘。20世纪70年代中期至80年代，他曾任《古代中国》（*Early China*）主编。他撰写的《商代史料》一书对研究甲骨、殷商历史有卓越贡献。不巧的是，当我在国外找到合适人选将要采访他时，吉德炜教授已病重住院，不久便去世了。

另一位是俄罗斯科学院院士、俄罗斯文化研究所的库兹敏娜（Е. Е. Кузьмина）教授，她是俄罗斯研究欧亚草原史前至青铜时代的著名考古学家。2000年在剑桥大学举办的"新石器时代晚期欧亚草原的开发"学术会上，我与她相识，但联系不多。后来有一年，俄罗斯科学院为她举办祝寿会，邀请我参加，因为时间关系没能前往。可惜，因为一时找不到合适人选，耽误了对她的采访，2013年她也过世了。

还有几位也很遗憾。第一位是美国普林斯顿大学艺术与考古系的贝格利（Robert Bagley）教授。他是研究中国古代青铜器的专家,《剑桥中国古代史·商代考古》的撰稿人。我曾委托他的博士研究生采访，但贝格利教授婉言谢绝了，说他从不接受采访。第二位是美国哈佛大学费正清研究中心的菲兹杰拉德-胡博（Louisa G. Fitzgerald-Huber）博士。路易莎是我的好朋友，她的丈夫霍斯特（Horst）是研究文天祥的汉学家。每次我到哈佛大学都会得到他们的热情关照，并惠赠美国出版的有关欧亚考古方面的新书。路易莎钟情中国的考古和艺术史，对中国史前时期的彩陶有深入研究[1]，并写过两篇研究二里头文化的文章[2]，在学术界有很大影响。可惜，在本书截稿之前没能完成对她的采访。第三位是美国哈佛大学人类学系著名的动物考古学家梅铎（Richard H. Meadow）博士，对他的采访也没能按计划完成。

2018年，上海古籍出版社决定出版这部采访录。我决定增加三位老一代学者，使这部书的内容更为全面和充实。

第一位是纪念瑞典地质学家和考古学家安特生（J. G. Andersson）博士的文章。此公1914年受聘于中国北洋政府，任农商部矿政司顾问。在华10余年间，他对中国早期的矿业开发和地质学、古生物学的调查有不少开创之功。北京人遗址的发现即由他首发嚆矢，河南渑池仰韶村的发掘标志着中国现代田野考古学的诞生。此外，他还前往中国西北地区进行大范围的史前考古调查发掘，发现并命名了一批重要的遗址和考古学文化，为中国新石器时代考古和原始社会史的研究

---

1. Fitzgerald-Huber, Louisa G., The Traditions of Neolithic Ceramics, *Bulletin* No.53 of The Museum of Far Eastern Antiquities, Stockholm, pp.1—256.
2. Fitzgerald-Huber, Louisa G.（1995）, Qijia and Erlitou: The Question of Contacts with Distant Cultures, *Early China*, 20: 17—67；——（2003）, The Qijia Culture: Paths East and West, *Bulletin* No.72 of The Museum of Far Eastern Antiquities, Stockholm, pp.55—78.

作出了重要贡献。

第二位是美国知名考古学家马尼士（R. S. MacNeish）。他从20世纪40年代末开始在中美洲考古，是探索美洲农业起源的先驱人物，有一系列重要的考古发现和研究成果。1993～1996年，他与北京大学、江西省文物考古研究所合作，在长江中游的赣东北地区开展稻作农业起源的考古，将这一领域的研究大大向前推进了一步，在国际学术界产生了积极影响。2001年1月，他不顾体弱年高，亲自驾车前往中美洲考古，不幸在途中出车祸去世。我将一篇回忆他的文章收录进来，以纪念20世纪90年代我们在江西的合作。

第三位是著名华裔美籍考古学家张光直（K. C. Chang）教授。张先生是在中美考古之间构筑桥梁的重要人物，他将中国的考古和悠久的历史介绍给世界，同时也将西方的考古学、人类学理论引入国内，为中国考古学的发展作出了杰出贡献。张先生不幸于2001年初去世。本书收录了陈星灿先生1996年对他的访谈[1]，借此表达我们对他的纪念。

张光直先生对中国上古史有精到的研究，他在《连续与破裂：一个文明起源学说的草稿》一文中强调："中国古代文明是一个连续性的文明。"[2] 为此他进一步指出："根据中国上古史，我们可以清楚、有力地揭示人类历史变迁的新的法则。这种法则很可能代表全世界大部分地区文化连续体的变化法则。因此，在建立全世界都适用的法则时，我们不但要使用西方的历史经验，也尤其要使用中国的历史经验。根据这些历史事实建立的法则，其适用性会大大加强。"[3] 此即张先

---

1. 陈星灿：《中国考古学向何处去——张光直先生访谈录》，《华夏考古》1996年1期。
2. 张光直：《连续与破裂：一个文明起源学说的草稿》，《中国青铜时代》，生活·读书·新知三联书店，1999年，第488页。
3. 张光直：《中国古代史在世界史上的重要性》，《考古学专题六讲》，文物出版社，1986年，第24页。

生长期倡导的用世界性眼光研究中国古代文明的观点。他希望透过对中国文明进程的了解和发展模式的建立，为人类社会发展和社会科学理论的内涵作出创造性贡献。他认为，中国文明是透过政治权力的作用而建立的，这种模式因与以西方经验建立的文明起源模式有着显著不同而独树一帜，并因此引起国际学术界的高度关注，从而确立了中国文明研究的重要地位。他的这些学说尤为值得21世纪的中国考古学发扬光大。

本书介绍的这批学者之所以能成为考古"大家"，其先决条件是每位学者都对考古有着发自内心的热爱、以及对人类历史的强烈兴趣。以巴尔-约瑟夫教授为例，它生长在以色列这个遍地都是文物古迹的国度，打小就受到浓郁的历史文化熏陶，并造就了他立志成为一名考古学家的理想。还有俄罗斯的切尔内赫教授，他念小学时，正值残酷的卫国战争期间，他一直坚持苦读，沉浸在知识的海洋里，对历史产生了浓厚兴趣。其他那些接受我们采访的学者也都有着大致相似的成长经历。可见，兴趣的有无是决定一个人能否成功的基因，除去天分和机遇之外，更重要的还是这些"大家"所具备的勤奋、刻苦、天分、机遇及锲而不舍的科学精神。他们走过的学术道路不仅是个人的宝贵经验，也是一笔难得的学术财富，更是考古学思想史和发展史的有机组成部分。考古学的真谛是人与人的历史，一部真正的学科史应该是由一个个富有激情的思想者所做的一件件具体工作、研究案例以及他们的真知灼见、情感、经验和丰富的生活阅历层层累积起来的，如果缺失了一个个活生生的考古学家，考古学、考古学史也就什么都不是了。

透过这部采访记，还可间接地感受到自20世纪80年代改革开放以来，中国考古学所走过的艰难历程和经历的翻天覆地变化。特别是

20世纪90年代以来,随着国际合作考古大门的开启,为中外学术界的思想碰撞和知识交流创造了前所未有的良机,进而在借鉴和学习世界其他国家和地区的考古学理论、研究方法和技术手段上获益良多,这也为我们融入国际考古大家庭和学术研究的主流奠定了基础。

如今,《海外考古大家访谈》栏目创办已整整十年。记得2010年栏目创办之初,我在开篇词上写了下面一段话:

> 在筹建《海外考古大家访谈》栏目的过程中,我渐之萌发出一个"得陇望蜀"的奢念,即可否在不远的将来,能将此栏目采访的海外著名考古大家的访谈辑录成册,作为《南方文物》的"副产品"提供给国内的读者。我想,这也是考古界同仁所期待的。[1]

历经十年的努力,梦想成真,可喜可贺!本书出版之前,我们根据每位学者的学术贡献为每篇采访起了新的篇名,希望能起到画龙点睛的目的。

最后在这里要感谢江西省文物考古研究所和《南方文物》,特别要向周广明先生表达我们深深的谢意,十年来他为此栏目耗费了很多心血,贡献良多,可以说,没有他对构建此栏目的提议和热情的投入,就不会有今天这部书。同时,我也要感谢所有接受我们采访的各位"大家",以及所有参与"大家"采访、翻译和整理的各位女士和先生,他们的名单如下(以姓氏笔画排序):

---

1. 李水城:《真正的考古学家是怎样炼成的?——"'海外大家'访谈"专栏开篇》,《南方文物》2010年1期。

丁山（James Williams）、于璞、方辉、艾婉乔、付巧妹、龙啸、李冬冬、李志鹏、李英华、刘歆益、刘岩、吕鹏、朱萍、吴小红、陈星灿、陈伯桢、陈胜前、陈雪香、宋吉香、张良仁、张莉、洪晓纯、杨旭、杨谦、科林·伦福儒（Colin Renfrew）、姜胡寿、秦小丽、唐小佳、涂栋栋、曹大志、曹业成、彭鹏、温成浩、温睿、樊一粟、魏峭巍。

感谢栾丰实、赵志军、马强、李旻、郭物、林圭侦、唐小佳为本书提供费曼、克劳福德、菅谷文则、宾福德、雷德侯、张光直和罗森教授的照片。

感谢西北大学教授罗丰先生为本书题签。

李水城

2020年初，匆匆于海南—成都旅次，后定稿于北京

目录

上册

李水城 序 … 1

安特生 中国现代田野考古学的重要推手 … 3

马尼士 探索美洲农业起源的先驱 … 21

丁爱博 六朝考古：西方学术中的中国传统 … 41

张光直 中国考古向何处去 … 51

路易斯·宾福德 当代最具影响力的考古学家 … 77

切尔内赫 欧亚大陆冶金考古的掌门人 … 113

欧弗·巴尔·约瑟夫 寻找最后的猎人与最早的农夫 … 127

科林·伦福儒 考古学的科学哲学思考 … 149

菅谷文则　我是北京大学考古系培养出来的　163

雷德侯　研究东亚文化艺术的德国汉学家　179

杰西卡·罗森　刚柔并济、经纬东西的中国考古与艺术史研究　203

华翰维　国家起源考古学研究的奠基者　243

彼德·贝尔伍德　环太平洋史前史与南岛语族的起源　275

格兰厄姆·巴克　史前考古研究的时间尺度　299

下册

罗泰　从《乐悬》到《宗子维城》　315

周南　从瓦哈卡到赤峰：古代社会发展变化动因探索　355

伊安·霍德　后现代主义考古学的理论与实践　371

马丁·琼斯　科学考古与作为科学的考古学　399

加里·费曼　聚落形态与区域系统考古调查在山东的实践　413

加里·克劳福德　东亚地区植物考古的开拓者　439

乔纳森·马克·基诺耶　见微知著：古代经贸活动建构的早期南亚文明　463

让－丹尼斯·维涅　从动物考古看环地中海的人类迁徙　489

马克·波拉德　以考古意识为本位的科技考古学家　507

斯文特·帕波　人类进化遗传学的奠基者　521

冈村秀典　礼制的形成与早期中国　531

狄宇宙　东亚游牧族群的崛起与发展　549

中村慎一　稻作农业与长江流域的史前文明　567

勒洪·奥利维　凯尔特人与古代中欧的制盐业　585

宫本一夫　日本在亚欧大陆文化交互中的位置　599

吉迪·谢拉赫-拉维　中国北疆史前社会的考古探索　617

傅罗文　专业化生产与社会复杂化进程　631

上册

科林·伦福儒
菅谷文则
雷德侯
杰西卡·罗森
华翰维
彼德·贝尔伍德
格兰厄姆·巴克

安特生
马尼士
丁爱博
张光直
路易斯·宾福德
切尔内赫
欧弗·巴尔-约瑟夫

安特生

中国现代田野考古学的重要推手

安特生
(Johan Gunnar Andersson)

自1921年挖掘仰韶村遗址之后,安特生的足迹西至陕甘青,北至辽宁锦西,西南至川康的甘孜地区。从他第一次发表关于仰韶村遗址考古论文到他写出以仰韶文化为中心内容的论著,他的全部学术活动我们似乎可归纳为一点,即试图以仰韶文化遗存为中心,探索中国文化起源问题。对中国学术界影响很大。……安特生几乎跑遍仰韶文化影响所及的边沿地区,他没有找到仰韶文化的真根源,他也没能给仰韶文化的范围加以界定。但他认识到仰韶文化是中国文化的重要源头,这就无异于说,他或许已经意识到它是产生中国文明的一种"基因",如果还不是"种子"。实践证明:前者诚然来之不易,后者尤为难得。这正是我们今天还在探索中的一个重点课题。[1]

——苏秉琦

---

1. 苏秉琦:《纪念仰韶村遗址发现六十五周年(代序言)》,《华人·龙的传人·中国人——考古寻根记》,辽宁大学出版社,1994年,35页。

撰文 | 李水城[1]

一

安特生（J. G. Andersson），瑞典著名地质学家和考古学家。1874年7月3日出生于瑞典的柯尼斯塔（Knista）。1902年毕业于瑞典乌普萨拉大学（Uppsala University），获博士学位。这所大学创建于1477年，中国考古学界耳熟能详的考古学家蒙特留斯（O. Montelius），地理学家、探险家斯文·赫定（Sven A. Hedin）等均出自瑞典这所最古老的大学。

19世纪末20世纪初，安特生曾数次参加极地探险活动，展现出良好的专业素质和组织能力。1898年，他首次参加北极探险，任纳索斯特（Nathorst）教授的地质学助理，曾进入北巴伦支海和格陵兰海之间、北极圈内的斯匹次伯根（Spitzbergen）群岛和查尔斯王地（King Charles Land）。1899年夏，探险队才返回北纬75度的熊岛（Bear Island）。

1901年春，安特生参加了奥托·诺登舍尔德博士（Dr. Otto Nordenskjöld）领导的南极探险，任"南极洲"号捕鲸船副指挥。1902年夏，他再次前往南极，在南纬65度、格拉汉姆地（Graham Land）以东的雪山岛（Snow Hill Island）登陆，因无法抵御极地的恶劣气候遭困，后被阿根廷炮舰救出。

这期间，安特生主编并撰写了《世界铁矿资源》、《世界煤矿资源》地质调查集，名噪一时。1906年，他被推举为"万国地质学会"（International Geological Congress）秘书长，并在乌普萨拉大学任教。1906—1914年任瑞典国地质调查所所长。

---

1. 北京大学教授。

二

1914年，在中国农商部地质研究所所长丁文江建议下，北洋政府决定聘请安特生任农商部矿政司顾问。这年春，安特生接到中国政府的聘书，随后辞去了在瑞典的所有职务，经印度进入中国新疆，再沿着塔里木河和西北的大漠戈壁，辗转一月余，于5月16日抵达北平，开始了在中国的工作。

不久，安特生等前往新窑山（Hsin Yao Hill）调查，发现了储量丰富、便于开采的铁矿。后来，又在河北宣化府的烟筒山（Yen Tung Shan）调查，发现了储量丰富、便于开采的龙烟（Lung-Yen）铁矿，其矿层之厚、品质之佳，亦足为世界太古纪后水成铁矿中之罕见者。1919年3月，北洋政府批准成立龙烟铁矿股份有限公司，这是中国最早的大型钢铁企业，也是后来首钢和宣钢的前身[1]。安特生也因此获得中国政府的极高赞誉，这为他日后在中国寻找"龙骨"的古生物调查提供了诸多方便。此间，他还完成了《中国的铁矿和铁矿工业》、《华北马兰台地》两部调查报告[2]。

1916年，中国地质调查所在北京成立。6月，安特生前往山西，在垣曲一带发现始新世河湖相堆积，采集一批古动物化石。

1917年10月，安特生通过家住渑池仰韶村王某的介绍，前往河南西部进行地质调查，在新安县发现了三趾马黏土层。一个偶然的机会，他与新安县的瑞典传教点建立了联系，并得知当地一些埋藏所谓"龙骨"的地点。为此，安特生萌生出为瑞典博物馆采集古生物化石的计划，遂给（瑞典）国内朋友写信，希望能得到各界募捐资助。回

---

1. 首钢的前身为龙烟铁矿股份有限公司石景山炼厂；宣钢即今天的河北钢铁集团。
2. Andersson, J. G., *Children of the Yellow Earth: Studies in Prehistoric China*, London, Kegan Paul & Co., Ltd., 1934.

京后他向地质调查所所长丁文江汇报,并提出了在中国采集动物化石的计划,即由他从国外聘请有关的专家,所需经费由"瑞典研究中国委员会"(Swedish China Research Committee)筹措。采集标本先送到瑞典进行研究,然后分藏瑞典博物馆和中国地质调查所。丁文江认同这个计划,但提议研究成果必须在新创刊的《中国古生物志》[1]发表。此外,中国政府还要派遣学生赴瑞典进修学习。这个协议可谓后来中瑞两国关于安特生在中国调查发掘采集史前文物处理办法的最初蓝本。此后,安特生呼吁各地传教机构及时通报和搜集化石埋藏点的信息,同时加强与在华外国学者的联系,如法国地质古生物学家、考古学家桑志华(Émile Licent)、德日进(Pierre Teilhard de Chardin),加拿大解剖学家步达生(Davidson Black)等。这也是后来步达生一直帮他鉴定各地挖掘出土人骨的由来。

1918年2月,安特生在北平街头偶遇在燕京大学任教的化学家吉布教授(M. Gibb)。交谈中吉布向他介绍了房山县周口店的鸡骨山,在那里吉布采集到一些化石标本。随后安特生便前往周口店考察了2天,并在鸡骨山(即周口店第6地点)采集了两个种的啮齿动物和一个种的食肉动物化石。

1919年,安特生在内蒙古锡林郭勒盟发现海狸动物群化石。

1921年夏,奥地利古生物学家师丹斯基(O. Zdansky)来到中国,他计划与安特生合作,在中国从事三趾马动物群化石的发掘研究。安特生带他和美国地质古生物学家格兰杰(W. Granger)到周口店的鸡骨山发掘。当地村民说附近还有一座石灰岩小山,那里有更大、更多、更好的龙骨。于是他们前去考察,在那里发现有哺乳动物化石。

1.《中国古生物志》,1919年创刊,中、英文双语学术刊物。初由丁文江任主编,后由丁文江、翁文灏共同主编。

安特生还发现有一些白色的脉石英片，他敏感地意识到，这处地点非比寻常，并激动地对师丹斯基说：

> 我有种预感，我们祖先的遗骸就躺在这里。现在唯一的问题就是找到它。你不必焦急，如果有必要，你就把这座洞穴一直挖空为止。[1]

安特生将这处地点编为53号，此即日后闻名的龙骨山北京人遗址——周口店第1地点。师丹斯基在此地发掘了几周，收获不大，但在1923年发表的简报中明确指出该地址堆积中有石英碎片发现。

1922年，安特生、师丹斯基和中国地质学家谭锡畴前往山东省蒙阴、莱芜一带调查，发现了中生代的恐龙化石。

1923年，师丹斯基再次前往周口店挖掘。第二年，他将采集化石运回乌普萨拉大学，在卡尔·维曼教授（Prof. Carl Wiman）的研究室整理修复。后来在这批标本中发现并确认了两颗古人类牙齿化石。

早在1921年，安特生就给"瑞典研究中国委员会"主席、王储古斯塔夫六世（Gustaf VI Adolf）[2]写信，建议他来中国访问并参加考古发掘。1926年，在安特生陪同下，古斯塔夫六世来到北平。10月22日，在欢迎王太子的学术座谈会上，安特生正式公布了周口店出土化石中发现两枚古人类牙齿化石的消息，这是在亚洲大陆第一次发现如

---

1. Andersson，J. G.，*Children of the Yellow Earth: Studies in Prehistoric China*，London，Kegan Paul & Co.，Ltd.，1934.
2. 古斯塔夫是中国文化和考古的爱好者。1919年瑞典成立了"瑞典研究中国委员会"（Swedish China Research Committee），他任主席。该委员会为安特生在华的调查发掘提供了大量资金。1926年访华时，他去看望在京沪铁路工作的瑞典人，在工程师卡尔贝克的库房内意外发现700多件修铁路出土的青铜器，遂出资购买下来，并让卡尔贝克和其他在华瑞典人继续购买商周至汉代的青铜器。他将这些铜器运回瑞典，并悉数捐赠给了远东古物博物馆。他后来登基为瑞典国王，非常重视远东古物博物馆的建设。

此古老的人类化石，不啻为一枚重磅炸弹，在国际学术界引起了巨大轰动。后来，经北平协和医院的加拿大解剖学家步达生博士研究，将猿人化石命名为"中国猿人北京种"（Sinanthrops pekiensis）。美国著名地质古生物学家、北京大学地质系教授葛利普（A. W. Grabau）还起了个俗名："北京人"（Peking Man）。

安特生再次建议要继续对周口店遗址进行发掘。后经步达生等学者的多方努力奔走，由美国洛克菲勒基金会出资，制订出了一个为期两年的发掘计划。1927年，在瑞典古脊椎动物学家步林（B. Bohlin）和中国地质学家李捷的共同主持下，开始了对周口店遗址的大规模正式发掘，此举为日后北京人头盖骨的面世奠定了基础。

三

1918年，为采集化石，安特生来到河南新安县的瑞典传教点，在传教士马丽亚·佩特松（Maria Petterson）的帮助下寻找遗址，采集化石，调查范围包括了渑池县的北部，那里距仰韶村已经很近了。

1920年初冬，安特生派助手刘长山（中国地质调查所采集员）赴洛阳及以西地区调查。刘长山在仰韶村许多老乡家中发现了石器（他在中国地质调查所见过石器标本），并从村民口中得知石器都出自村外，于是他开始征集石器，并到村外寻找采集，共收集到石器（石斧、石刀等）600余件。安特生见到这么多的石器标本非常惊讶，由此认定仰韶村那里有一座史前遗址。

1921年4月18日，安特生亲自来到仰韶村，核实史前遗址及确切的地点。他在村外的冲沟和断壁发现多处含有彩陶片和石器的灰层、袋状灰坑，却不见任何金属器，于是他认定这是一处新石器时代遗址。为了弄清遗址的性质和内涵，他想做考古发掘。但这是件大事，需要向中国政府请示报告。回到北京后，他向地质调查所所长做了汇报，并给农商部部长写信报告他的发现。鉴于当时中国还没有保护史前遗址和文物的法律，他请求购买土地，以便进一步保护和发掘[1]。

或许是因为审批需要时间，加之其他工作，1921年5月，安特生先携助手张（Chang）某前往陕西北部，在府谷县五兰沟调查发现的一处史前遗址。6月10日转赴奉天（今辽宁省）山海关，考察筹建的葫芦岛港口，并估测当地的煤炭储量。一天，他和白万玉（中国地质调查所采集员）、黄某（美国远东调查队队员）前往锦西沙锅屯大窑沟考察南票煤矿，得知附近有一些石灰岩洞穴，于是他们前去调查，但没有任何发现。安特生就留下黄某，自己去调查煤矿。几天后安特生回来，看到黄某在沙锅屯洞内挖出很多人骨、陶片，就加入其中，采用分层法进行发掘。眼看挖出的人骨越来越多，他便电告协和医院，请步达生博士前来鉴定。此次发掘共掘出人骨42具，还有陶器、石器和哺乳动物化石等。

1921年10月，安特生申请在仰韶村发掘的计划得到中国政府批准，中国地质调查所、河南省政府和渑池县也给予了支持。10月27日到12月1日，安特生与地质学家袁复礼、乌普萨拉大学古生物学家师丹斯基及中国地质调查所的其他工作人员，在仰韶村发掘了30余天，试掘了17处地点，出土了大批珍贵的史前文物。

1921—1922年间，安特生还在渑池县调查发掘了不召寨遗址；助手陈某调查发现了西庄村、杨河遗址；助手赵某在其老家河阴县（今荥阳）调查发掘了秦王寨、池沟寨、牛口峪等遗址。安特生认为这批遗址的年代相同，均属于新石器时代末期或铜石并用时代初期的仰韶文化。

---

1. 此次安特生提出购买土地的要求没有实现。

这之后，安特生开始思考中国史前文化和彩陶的来源。他觉得要解决这个问题必须前往中国西北地区开展调查挖掘。

四

1923年春，经中国农商部、矿政司和中国地质调查所批准，安特生前往中国西北地区开展考古调查，所需经费由瑞典科学研究会资助。

6月21日，安特生一行抵达兰州，在当地考察了黄河沿岸的地质构造，并对黄河上行驶的古老运输器具"羊皮筏子"产生了浓厚兴趣。后来，安特生就利用这种羊皮筏子，将他在西北挖掘搜集到的大量文物经黄河水路运出甘肃，转至北京。

在前往青海的途中，安特生在西宁以东发现十里铺遗址，后返回该址发掘了一周。7月中旬抵达青海湖，在环湖考察的途中发现朱家寨、下西河、卡窑、寺儿寨及青海湖东北侧的一处遗址。8月21日转入贵德谷地，相继发现罗汉堂、文昌庙、候家寺等5处遗址，并在罗汉堂发掘两周。9月15日，返回西宁，发掘朱家寨遗址。

12月，安特生返回兰州，经英国传教士乔治·安得鲁（G. G. Andrew）介绍，购买了近200件来自洮河的彩陶，由此萌发了去洮河流域考察的念头。

1924年3月，有人在兰州再次向他兜售彩陶。这批文物显然是刚出土的，但出售者隐瞒了出土地点，这让他感到，购买彩陶不仅助长了文物的偷盗，也容易引起纷争，于是他建议地方政府出面禁止盗墓。4月下旬，安特生携助手进入洮河流域，他们调查发掘了13处史前遗址，包括齐家坪、马家窑、辛店、半山边家沟、瓦罐嘴、寺洼山等，这些遗址后来都成为了著名的史前文化命名地。

这年春，他还派助手前往西汉水流域，在礼县发现了白石铺、石桥镇、红土坡3处遗址；在渭河流域的天水、清水发现了刘家上磨、七里墩等4处遗址。他自己带助手在兰州以东的榆中县调查，发现了塔石川、高营、曹家沟等12处史前遗址。同年夏，他派助手庄某赴青海享堂（今民和县）的米拉沟、小南川、核桃庄等地调查收购文物，在马厂垣发掘了两座古墓，获得了一批随葬品，马厂期也由此得名。

7月下旬，安特生翻越乌稍岭进入河西走廊。8月8日至9月6日，根据助手白某1923年在河西调查的线索，沿途发现了古浪土门子、永昌三角城、镇番（今民勤县）沙井、黄蒿井等遗址，并发掘了柳湖墩遗址和沙井南的2处墓地，清理44座古墓，获得了一批陶器、铜器和石器，沙井文化由此而得名。

10月，安特生返回北平。

12月30日，"瑞典研究中国委员会"主席古斯塔夫王储致函中国地质调查所丁文江、翁文灏两位所长，按照丁文江与安特生最初协商的蓝本，提出将安特生在中国所获文物先行运往瑞典记录和做初步的研究，然后两国平分这批文物，一半收藏在瑞典，另一半返还给中国。

1925年2月2日，在征得上级同意后，丁文江、翁文灏复信"瑞典研究中国委员会"，同意平分收藏文物的办法，此函也代表中国官方对协议的认可。

1925年4月，安特生返回瑞典。12月，大批中国文物运抵斯德哥尔摩。安特生将其存放在原俄斯特马尔姆监狱。1926年2月24日，瑞典国会决定建立"远东古物博物馆"，并任命安特生为首任馆长。

1926年，安特生在陪同古斯塔夫王储访华后，曾于1927年携助手庄某前往山西考察，并在浑源县李峪村等地发现史前遗址。

1926—1928年，安特生全面致力于博物馆筹建及退还中国文物的准备工作。从1927年开始，这批文物中的一半共分7次返还给了中国[1]。其中，返还给中国的文物均标记有"P"字母，收藏在瑞典的另一半标记有"S"字母。

1929年，"远东古物博物馆"（Östasiatiska Museet）[2]在斯德哥尔摩落成，展品包括留在瑞典的中国文物中的一部分、古斯塔夫王储捐赠的中国古代青铜器等。安特生和师丹斯基在中国采集的部分化石标本则收藏在瑞典乌普萨拉大学的博物馆中。

1937年，安特生再度来华，在南京拜会了中国考古学家，并观摩了30年代中国发掘的考古新资料。年轻的考古学家尹达对安特生指出，仰韶遗址出土文物中有一些应属于龙山文化，不召寨遗址则是一处单纯的龙山文化遗址。安特生虚心听取了中国学者的意见，表示回国后要认真检查在中国所做工作的记录，看看哪些地方存在失误。接下来，他前往四川西康进行地质学和冰川方面的考察，在雅砻江上游的道孚县（今甘孜州）河谷发现17处古遗址。年底至次年的1月，转入越南北部进行考古。

1939年，安特生卸任并退休。由瑞典著名汉学家高本汉（Klas Bernhard Johannes Karlgren）继任远东古物博物馆馆长。安特生回到家中继续从事他有关中国考古学、地质学和冰川学的研究。

1960年10月29日，安特生在斯德哥尔摩谢世，享年86岁。

五

安特生博士一生有关中国的研究著述颇丰，所及包括考古学、地质学及古生物学等。1929年远东古物博物馆建成后，《远东古物博

---

1. 7次归还时间分别为：1927年、1928年、1930年（2次）、1931年、1932年、1936年最后一批文物运抵南京。这些送回中国的文物经过战争的劫难而不知所踪。
2. 英文为"远东古物博物馆"（The Museum of Far Eastern Antiquities）。

物馆馆刊》(Bulletin of the Museum of Far Eastern Antiquities，简称BMFEA)创刊，每年一期，安特生有关中国的研究著述有相当一部分发表在该刊上，下面以时间为序择要予以介绍。

《中华远古之文化》(The Early Chinese Culture)，《地质汇报》第五号第一册，1923年10月北京京华印刷局用中、英双语出版，中文由袁复礼翻译。该书是仰韶村遗址的发掘简报，也是作者的最初研究成果。安特生认为，仰韶文化是中国有文字记载以前的汉族人遗存，时代约当新石器时代末期或稍晚，该址所出陶鬲和长方形石刀是中国最具特色的传统器物。这些看法颇有见地。在此书的结尾他指出，西方文化曾影响中国，但还有待进一步研究。总之，此文取名为"中华远古之文化"就很能说明问题。

《奉天锦西县沙锅屯之洞穴堆积》(The Cave Deposit at Sha Kuo Tun in Fengtien)，《中国古生物志》丁种第一号第一册，1923年农商部（中国）地质调查所用中、英双语印行，中文由袁复礼翻译。此书介绍了沙锅屯洞穴的发现经过及洞内堆积情况。他认为这是仰韶文化向东北一带殖民的遗留，时代略晚于仰韶期。

《中国北部之新生界》(Essays on the Cenozoic of North China)，《地质专报》甲种第三号，1923年农商部（中国）地质调查所印行，英文，有袁复礼翻译的中文提要。

《河南的一座史前村落》(A Prehistoric Village in Honan)，《中国科学艺术杂志》第一卷，1923年。

《甘肃考古记》(Preliminary Report on Archaeological Research in Kansu)，《地质专报》甲种第五号，1925年农商部地质调查所用中、英双语印行，中文由乐森璕翻译。这是安特生在中国西北考古调查试掘的初步研究报告。通过分析西北地区发现的50处遗址的材料，他将甘肃的远古文化分为"齐家—仰韶—马厂—辛店—寺洼—沙井"六期，前三期属新石器时代末期，后三期属青铜时代。他还注意到，甘肃的彩陶较之河南要发达得多，而且不见陶鬲，进而推测中国的彩陶来自西方，继而传至河南，与以陶鬲为代表的中华远古文化结合起来，此即他提出的仰韶文化西来之说。本书还附有步达生撰写的《甘肃史前人种说略》(*A Note on the Physical Character of the Prehistoric Kansu Race*)，中文由李济翻译。

《中国史前彩陶的象征》(On Symbolism in the Prehistory Painted Ceramics of China)，《远东古物博物馆馆刊》第一卷(*BMFEA*, No.1)，1929年，斯德哥尔摩。

《穿越草原之路》(Der Weg über die Steppen)，《远东古物博物馆馆刊》第一卷(*BMFEA*, No.1)，1929年，斯德哥尔摩。

《动物风格的狩猎幻术》(Hunting Magic in the Animal Style)，《远东古物博物馆馆刊》第四卷(*BMFEA*, No.4)，1932年，斯德哥尔摩。

《鄂尔多斯青铜器精选》(Selected Ordos Bronzes)，《远东古物博物馆馆刊》第五卷(*BMFEA*, No.5)，1933年，斯德哥尔摩。

《黄土的儿女》(*Children of the Yellow Earth: Studies in Prehistoric China*)，1932年在瑞典出版，副标题为"史前中国研究"，后由克拉森博士(Dr. E. Classen)译成英文。此书以时间为线，按内容翔实记录了安特生在中国的工作和一系列重要发现，包括矿业、地质、考古、古生物和民俗等，重点介绍了周口店、仰韶村和中国西北地区的考古工作，以及中国的黄土地貌等。书内附有大量插图，是一部优秀的科普通俗读物，但考古研究并未超出以往的认识。20世纪40年代初，松崎寿和将此书译成日文，名为《黄土地带》，并增加了一些中国的考古新发现。

《古代中国的金匠》(The Goldesmith in Ancient China)，《远东古物博物馆馆刊》第七卷（ *BMFEA*, No.7 ），1935 年，斯德哥尔摩。

《西康的冰川和考古研究》(Glaciological and Archaeological Research in Hsi Kang)，《远东古物博物馆馆刊》第十一卷（ *BMFEA*, No.11 ），1939 年，斯德哥尔摩。

《远东地形及考古研究》(Topographical and Archaeological Studies in the Far East)，《远东古物博物馆馆刊》第十一卷（ *BMFEA*, No.11 ），1939 年，斯德哥尔摩。

《史前中国之研究》(Researches into the Prehistory of the Chinese)，《远东古物博物馆馆刊》第十五卷（ *BMFEA*, No.15 ），1943 年，斯德哥尔摩。此文长达 300 余页，图版 200 幅，全面系统地介绍了安特生对中国史前文化的深入研究，并对以往一些旧的认识作了检讨。

《朱家寨遗址》(The site of Chu Chia Chai)，《远东古物博物馆馆刊》第十七卷（ *BMFEA*, No.17 ），1945 年，斯德哥尔摩。

《河南史前遗址》(Prehistoric Sites in Honan)，《远东古物博物馆馆刊》第十九卷（ *BMFEA*, No.19 ），1947 年，斯德哥尔摩。本文主要报道了河南仰韶村、不召寨及河阴县几处遗址的调查发掘材料，并同甘肃、山东等地的材料做了比较。

此外，还有其他几篇重要文章，虽然不是安特生所撰，但所用材料都是安特生在中国考古获取的，这里按出版年代介绍如下。

阿尔恩：《河南石器时代之着色陶器》(T. J. Arne, Painted Stone Age Pottery from the Province of Honan)，《中国古生物志》丁种第一号第二册，1925 年，北京。该文主要报道了秦王寨遗址的发掘材料。

巴尔姆格伦：《半山、马厂随葬陶器》(Nils Palmgren, Kansu Mortuary Urns of the Panshan and Machang Groups)，《中国古生物志》丁种第三号第

一册，1934年，北京。本文采用考古类型学方法对半山、马厂时期的陶器做了深入研究，所用材料均藏于瑞典远东古物博物馆，对未收入本文的陶器（指分藏于瑞典和中国的），作者也将其列入总目备考。

白林·阿尔廷：《齐家坪和罗汉堂遗址》(M. Bylin-Althin, The sites of Chi Chia Ping and Lo Han Tang in Kansu)，《远东古物博物馆馆刊》第十八卷（*BMFEA*, No.18），1946年，斯德哥尔摩。

鲍·索玛斯特洛姆：《马家窑遗址》(Bo Sommarström, The site of Ma Kia Yao)，《远东古物博物馆馆刊》第二十八卷（*BMFEA*, No.28），1956年，斯德哥尔摩。

六

这里本文不准备过多论述安特生在中国考古学研究中的一些是非功过。一方面限于篇幅，另一方面已有学者做出了精辟阐述[1]。

安特生在华工作10余年，在不少领域有开创之功。北京人遗址的发现即由他首发嚆矢，功不可没。仰韶村的发掘不仅标志着田野考古学在中国的诞生，也揭开了中国新石器时代考古和原始社会史研究的新篇章。这个重要发现以铁的事实证明，中国有着十分发达的远古石器时代文化，这使得以往那些认为中国没有史前文化的谬说不攻自破。此外，安特生在中国早期的矿业调查开发、地质学研究和古生物研究上也都作出了卓越贡献。

安特生作为中国政府聘请的一名外籍专家，其工作尽职尽责，严格遵守中国法律。他在中国所做的一系列调查发掘，事先都征得了中国政府或有关机构的准许，包括将文物运往瑞典收藏和研究，也是通

---

1. 参见严文明：《纪念仰韶村遗址发现65周年》，《仰韶文化研究》，文物出版社，1989年。

过双方协议按照有关规定办理的。

作为一名科学工作者，安特生的学术研究态度严肃认真。这并不否认他在中国史前考古研究中出现的某些错误，如他未能将仰韶文化和龙山文化区别开来，将齐家文化的年代错误地排在仰韶文化之前，在西方某些学者影响下误认为中国彩陶来自西方等等。但以上失误毕竟是学术问题，也是一门学科在早期发展过程中不可避免要走的弯路。此外还要看到，安特生本人出身于地质学，他来华之后所做的考古研究中的相当一部分推论是正确的，这是非常难能可贵的。特别是当中国学者指出他工作中有失误时，他的态度是谦虚认真的，在《史前中国的研究》中他写道：

> 当我们欧洲人在不知轻重和缺乏正确观点的优越感的偏见影响下，谈到什么把一种优越文化带给中国的统治民族的时候，那就不仅是没有根据的，而且也是丢脸的。[1]

还有一点很重要，就是他对中国、对中国人民有着深厚的感情。通过对中国史前考古的研究，他注意到，人类历史上辉煌的埃及文明、两河文明和印度文明都已灰飞烟灭、过早地夭折了。唯独中国有一个延续不断、勤劳勇敢、热爱和平的民族，在人种和文化上连续发展下来。从仰韶村到安阳殷墟，历经沧桑，虽多次被北方孔武的草原民族所征服，但其文化基因却顽强地生存下来，且绵绵不绝，这显示出安特生对中华民族和中国文化的理解相当深刻。这种友好的情谊还体现在他回国后依旧关心中国发生的事情。他非常同情中国的抗日战

---

1. Andersson, J. G., Researches into the Prehistory of the Chinese, *BMFEA*, No.15, 1943.

争，希望中国人民早日取得胜利。他在1943年写道：

> 总有一天和平会重新到来，那时中国的科学家将收复他们失去的领土，并重新开始他们（被迫中断的）研究工作。[1]

正是由于安特生在中国的工作取得了令人瞩目的成果，中国的学术机构为他提供了一系列方便，瑞典王储也在经济上给予他很大帮助，后来还专门为收藏中国文物建立了远东古物博物馆。1950年，中瑞两国正式建交，瑞典曾就其所藏中国文物专门向中方做出说明。此后，来华访问的瑞典客人也每每将安特生在中国的经历视为中瑞两国交往史上的一段佳话传颂。

由于众所周知的原因，在很长一段时间里，安特生在中国的工作遭受到不公正的对待，一些纯学术问题被强行与政治联系，有些人甚至毫无根据地指责他是殖民主义者、掠夺中国文物的帝国主义分子……

进入20世纪80年代以来，随着实事求是优良传统在学术界的逐步恢复，摘掉以往扣在安特生头上的不实之词才有可能，澄清这桩学术公案，还历史以真面目。我想这正是中瑞两国科学工作者所期望的。为此，严文明先生曾讲过下面几段话：

> 不论怎样，安特生20年代在中国进行的考古工作，对于我国新石器时代考古的建立和田野考古学的发展，都是有开创之功的，这段历史不能抹杀，也不应该作别的解释。[2]
>
> 对安特生这个人，以及他在中国从事的考古工作，都应该进

---

1. Andersson, J. G., Researches into the Prehistory of the Chinese, *BMFEA*, No.15, 1943.
2. 严文明：《纪念仰韶村遗址发现65周年》，《仰韶文化研究》（增订版），文物出版社，2009年，385页。

行实事求是的全面的分析，给予应有的评价。否则就很难正确地写出仰韶文化发现和初步研究的历史，也很难正确地写出我国近代田野考古学发展的历史。[1]

严先生还就上述看法专门征求过老一辈考古学家夏鼐、苏秉琦的意见，两位老先生亦有同感，苏秉琦先生特意指出：

对一个历史人物的评论不要脱离当时的历史环境，不要超越学科发展阶段的特点，不加分析地以当代的水平苛求前人。前人的研究有成就，也有失误；我们的研究有成就，有时也有失误，我们正是在前人研究的基础上，吸取成功和失败的教训之后，才使学科得到发展的。

苏先生还意味深长地总结道：

周口店遗址的发掘开了两个成功范例之先，即中外学者联合发掘研究的成功范例和多学科合作的成功范例。

依此，仰韶村遗址的发掘又何尝不是中外科学家联合考古发掘和研究的一个成功范例呢！

2019年5月增补定稿于蓝旗营蜗居
（初发表于《史前研究》1990—1991年合刊）

---

1. 严文明：《纪念仰韶村遗址发现65周年》，《仰韶文化研究》(增订版)，文物出版社，2009年，386页。

探索美洲农业起源的先驱

马尼士
(Richard Stockton MacNeish)

　　美国著名考古学家，也是一位颇有争议的学者。20世纪40年代末以来，他长期在中美洲的墨西哥等国考古，是探索美洲农业起源的先驱，有一系列重要的考古发现和成果。20世纪90年代，他与北京大学和江西省文物考古研究所合作，在长江中游的赣东北一带进行稻作农业起源的考古发掘研究，这项工作在国内外都产生了较大影响。2001年1月，适逢马尼士先生辞世15周年，特撰此文，纪念这位与中国考古结下缘分的考古学家。

　　1918年4月29日，马尼士出生于美国纽约。1940年，马尼士本科毕业于美国芝加哥大学。1949年完成博士课程。

　　马尼士还是学生时，就在伊利诺伊州领导了一个考古队，显示出卓越的领导才能。博士毕业后，他以考古学家的身份进入加拿大国家博物馆工作至1962年。这一年，墨西哥的特化坎（Tehuacán）研究项目刚好进行到一半。1964年，他在加拿大的卡尔加里大学建立了考古系，这是北美地区首次独立创建的考古系。1982—1986年，他又参与了美国波士顿大学考古系的筹建工作，这所大学至今仍是美国唯一与人类学系并行、独立的考古系[1]。

1968—1983年，马尼士出任皮博迪（Robert S. Peabody）博物馆主任，并掌管基金会工作。该独立机构与马萨诸塞州的一所男子寄宿学校有联系，这让他有足够的自由争取外部资金用于考古，这很符合他的心愿。但有一次他不同意将资金捐给某所综合院校而与他人发生争执，遂脱离这家基金会。当他离开波士顿大学以后才发现，自己已很难适应那种正常的学术机构工作。为了便于为日后的考古筹措资金。他于1984年筹组并创建了安德沃（Andover）考古研究基金会（AFAR），地点位于马萨诸塞州小镇安德沃（Andover）。2000年，巴里·罗列特（Barry Rolett）教授（夏威夷大学人类学系）接任负责人。马尼士去世后，该研究会迁至美国夏威夷。

在美国，马尼士以"Scotty"[2]这个绰号广为人知。他的学术声望的很大部分来自他倾注一生从事的美洲农业起源研究。1960年，他前往墨西哥高原中部的特化坎峡谷进行考古，这项研究奠定了他最初的学术地位。

在特化坎，他倡导并组织了多学科考古研究，首次揭示出新大陆史前时代早期的农业和气候背景。此外，他还在墨西哥东北部、伯利兹、秘鲁及中国长江中游的江西省进行考古发掘，取得了富有戏剧性的研究成果。

---

1. 北美大学的考古系都设在人类学系、古典学系或近东系，或在艺术史系有一两位考古学的教职，鲜有独立的考古系。但加拿大卡尔加里大学和美国波士顿大学则是例外，它们都是马尼士早年的工作单位。
2. "Scotty"在英语俚语中有"苏格兰狗"之意。

他所获得的一系列惊人发现鲜有人能望其项背。凭借特化坎的重要发现，马尼士得以跻身20世纪最伟大考古学家的行列。

马尼士的考古经历异常丰富、广博。他曾在加拿大北极圈及横跨美国的多个地点进行考古工作。后来，他前往中美洲，热衷于研究玉米的起源。通过长期的考古发掘，证实玉米最初的起源地就在新大陆的某个乡村，这一事件为新大陆日后农耕社会的形成和发展奠定了基础，并最终成就了美洲伟大的玛雅文明、阿兹特克文明和印加文明。马尼士认为，在前哥伦布时代，玉米在中北美洲及南美洲（玻利维亚、阿根廷、智利等国）的地位堪比创造了美索不达米亚文明、埃及文明、印度河文明和中亚文明的小麦、大麦、黑麦和燕麦。

撰文 | 李水城

一、美洲农业起源的探索

20世纪40年代末，在柴尔德（G. Childe）"新石器革命"的理论、肯雍（K. Kenyon）在杰里科（Jericho）遗址、布莱德伍德（R. Braidwood）在耶莫（Jarmo）遗址的发掘影响下，马尼士认识到，后冰期时代（距今1万年前）对人类历史产生了决定性的影响。特别是碳十四测年技术的出现，对美洲这块西班牙人入侵之前尚无任何驯化历史的新大陆而言，更是有着特殊的意义。

1948年，在美国新墨西哥州海拔2021米的莫吉永（Mogollon）高地的一处洞穴（Bat Cave）内，考古学家发现了玉米遗骸，这座洞穴因栖息大量蝙蝠而得名。洞内最下层的文化堆积出土了大量保存完好的玉米穗轴和南瓜籽粒，经碳十四检测，与玉米相关层位的年代超过6000年。这个发现为玉米和南瓜这两种驯化作物出现在美洲西南部提供了最早的考古记录，或许它们正是从那里被引进墨西哥的。蝙蝠洞的所在位置表明，在寻找人类早期驯化作物遗骸方面，此类干燥洞穴有着巨大的潜力。

1949年初，马尼士在墨西哥东北部的塔毛利帕斯（Tamaulipas）找到了支持上述观点的证据。他在那里的山谷挖掘了拉佩拉（La Perra）洞穴，获得一批保存完好的早期植物遗骸，其中就有玉米。这座洞穴距美国得克萨斯州的边界仅150公里。继这一洞穴的成功挖掘，20世纪50年代初，马尼士又发掘了邻近的罗梅洛（Romeros）洞穴，该址位于奥坎波（Ocampo）镇的马德雷山脉（Sierra Madre）。丰富的出土物表明，早期农业已经成为当时人们经营的狩猎—采集经济的一部分。

马尼士之所以特别关注那些干燥洞穴，是因为在墨西哥城附近检测发现了古老的玉米花粉，暗示当地曾有一种古老的玉米品种。遗憾的是，那里的气候环境并不适合保存植物遗骸。但在那些早期人类居住的干燥洞穴内，很有可能保留了史前时期的玉米，是寻找新大陆农业起源的最佳地点。起初，马尼士也不相信早期农耕者会选择居住在这类山洞里。当他发掘了墨西哥东南部恰帕斯州（Chiapas）的圣玛尔塔（Santa Marta）洞穴时，竟然出土了完整的玉米遗骸，这迅速改变了他的看法。后来，哈佛大学的植物学家曼格尔斯多夫（P. Mangelsdorf）研究了 30 年代以来的出土资料，得知那些玉米并非早先想象的原始作物，而是已经驯化的谷物，它们与生长在墨西哥、危地马拉的一种近似墨西哥类蜀黍的作物关系密切，其原生地就在格兰德河（Rio Grande）南部。

1960—1964 年，马尼士开始主持在墨西哥中部普埃布拉州（Puebla）特化坎山谷的多学科研究项目，此地位于墨西哥城东南，气候干旱少雨。在接下来的 4 年中，他的团队发现了多处史前遗址，包括科斯卡特兰（Coxcatlán）、普隆（Purrón）、埃尔列戈（El Riego）和圣玛尔塔等。这些洞穴遗址有发育良好的地层，有保存完好、丰富的植物遗骸埋藏，时间跨度长达 12000 年，集中展示了中美洲的古文化，是世界史前史的重要组成部分。福勒（M. Fowler）完全按照马尼士的方案领导了科斯卡特兰洞穴的发掘。该洞穴以埋藏大量风干植物遗骸而闻名，其中就包括曼格尔斯多夫和马尼士鉴定的漏斗般大小的"野生玉米"遗骸，这是日后美洲的主要农作物，也是假定的驯化作物祖先。当时已经被用作食物，有些还被史前时期的居民扔进火中焚烧。碳十四检测的年代为公元前 5000 年左右。这一结果将奥尔梅克、萨波特克（Zapotec）[1]和玛雅文化的农耕村落提早了4000年。

中美洲驯化作物的一系列开创性研究都始于马尼士领导的特化坎多学科项目。一大批物种研究权威参与了特化坎流域出土玉米、南瓜和豆类遗骸的研究。密苏里植物园的库特勒（H. C. Cutler）、美国农业部的惠特克（T. W. Whitaker）研究南瓜（*Cucurbita*）；哈佛大学的曼格尔斯多夫和加利纳特（W. Galinat）研究玉米；波士顿马萨诸塞大学的卡普兰（L. Kaplan）研究豆类（*Phaseolus*）。

上述出土植物遗骸记录了美洲驯化作物的演化史。此外，学者们还研究了墨西哥和南美等地出土的玉米、南瓜和豆类。1966年，密歇根大学的弗兰纳利（K. V. Flannery）领导了墨西哥南部瓦哈卡（Oaxaca）州圭拉那魁兹（Guilá Naquitz）洞穴的发掘，他也是特化坎项目组的成员。惠特克和卡普兰对这座洞穴出土的南瓜和豆类进行了分析。

马尼士、弗兰纳利及同事对上述洞穴的发掘提供了中美洲玉米、南瓜和豆类的早期驯化证据。但这里并不像世界其他地区，如近东新月沃地（Fertile Crescent）拥有丰富的早期村落遗址以讲述农业发展历史。墨西哥所有关于早期栽培作物的知识都来自特化坎、塔毛利帕斯的洞穴以及瓦哈卡的圭拉那魁兹洞穴，通过对这些洞穴的发掘研究，大致勾勒出中美洲的农业发展轮廓。

拉佩拉、罗梅洛及墨西哥城附近的洞穴描绘出狩猎—采集社会的生活场景，其生业方式为最初的驯化奠定了基石。考古学家在数千年

---

1. 萨波特克人（Zapotecs）是位于现在墨西哥瓦哈卡州区域的一个农耕族群，存在于公元200—900年，后被阿兹特克人征服。萨波特克人是美洲应用农业和书写系统的先驱，他们建造的蒙特阿尔班（Monte Albán）是美洲最早的城市之一。萨波特克人也是极具天赋的制陶工匠。

积累的堆积中找到了浅薄的居住面，每层地面都代表了可能由一个扩展式家庭组成的小型狩猎—采集群体。他们在洞内短暂居住，捕捉羚羊、鹿、兔子和其他小动物，同时也收获各种野生植物。洞内遗留的植物遗骸、兽骨、废弃的工具、火塘及储藏窖穴等，讲述着人们随季节变化从一地迁往另一地的故事。继发掘塔毛利帕斯的洞穴之后，马尼士决定前往更南面的区域继续他的探索。

就像布莱德伍德将扎格罗斯山地看作近东农业起源的可能中心一样，20世纪50年代，马尼士提出了中美洲农业的中心就在墨西哥中央高地的理论。他的探索在很多方面堪比布莱德伍德在近东的工作。除了根据玉米、豆类和南瓜的野生祖本识别其自然产地和可能的分布中心外，马尼士还挑选了一批可能保存有早期驯化作物的遗址，吸引不同学科的学者参与进来，开展古气候、古环境及动植物遗存的多学科研究。

20世纪60年代，碳十四测年技术将美洲出土遗物的年代前推了若干世纪。这项研究在弗兰纳利的指导下进行。那时他为马尼士工作，在瓦哈卡峡谷主持一项独立研究，并将圭拉那魁兹洞穴发现的玉米花粉年代提早了3000年。这个发现似乎表明，中美洲的农业要早于西南亚及安纳托利亚地区。

20世纪80年代，新出现的高能质谱加速器（AMS）重新检测了马尼士早年发现的遗骸样本，结果显示为公元前3600年。显然，科斯卡特兰的年代并没有原先估计得那么早。此前在科斯卡特兰和圣马科斯（San Marcos）洞穴出土玉米的层位采集有木炭，并假定二者年代一致，常规碳十四的检测结果为7000—5500 a B. P.。当研究者确认特化坎所出早期玉米为驯化种而非野生种时，亚利桑那大学的朗（A. Long）及同事用AMS直接检测了12个早期炭化玉米穗轴（圣马科斯和科斯卡特兰各占一半），年代为4700—1600 a B. P.。其中，4个来自圣马科斯样本的最老数据仅为4700—4600 a B. P.。如此一来，特化坎最早的玉米穗轴比原先预想的至少晚800—2300年。

尽管AMS检测数据改变了玉米进入特化坎流域的年代，但这并不影响特化坎流域驯化玉米出现的背景。采食玉米的依然是那些小规模的、季节性游动的狩猎—采集群体。玉米的出现未能改变其原有的生活方式，新的年代也没有改变当地的文化发展序列，也就是说，距今4700年，最早的玉米已进入特化坎流域的狩猎—采集群体。

AMS测年结果证实，蝙蝠洞所出玉米的年代仅为原先设想的一半。孢粉分析表明，在墨西哥峡谷希索米尔蔻（Xochimilco）湖畔的佐哈皮勒科（Zohapilco）遗址，玉米出现在4300—3500 a B. P.。海湾沿岸拉文塔（La Venta）遗址采集的炭化物检测结果证实，玉米首次抵达此地的时间为3400 a B. P.。奇罗第17号遗址（Chilo-MZ-17）遗址的玉米颗粒和穗轴残骸表明，在墨西哥南部海岸，最早的栽培玉米出现在3500 a B. P.。当然，上述粗略的年表还有待考古学家和年代学家的进一步修正。

上述新的测年数据非常不利于马尼士和曼格尔斯多夫提出的"野生玉米"理论，也因此招致很多诟病。尽管仍有学者支持"野生玉米"假说，但比德尔（G. Beadle）等认为，那些所谓的野生谷物实际上是墨西哥蜀黍。很多人相信，从基因谱系看，墨西哥蜀黍这类物种与早期的引入品种完全相同。但马尼士拒不接受此说，直到生命的最后一刻，他仍在制作复杂的图表，以证实他和曼格尔斯多夫提出的理论。

作为新大陆考古的重要区域，特化坎峡谷拥有悠久的文化和环境演变历史。马尼士的团队开垦了这片处女地，并作了成功尝试。后来，他试图通过考古发掘将秘鲁印加帝国巅峰期的文化完整记录下来，这些重要的工作成就了他，但最终让他包揽美国考古界各项殊荣的依旧是特化坎项目，凭借在那里的一系列重要发现，1964年，他荣获了美国考古界著名的斯宾顿（Spinden）[1]大奖，1965年荣获宾夕法尼亚大学颁发的露丝·沃顿·德雷克塞尔（Lucy Wharton Drexel Medal）[2]大奖，1966年荣获耶鲁大学皮博迪博物馆颁发的爱迪生（Addison Emery Verrill Medal）[3]大奖，1971年荣获美国人类学会颁发的阿尔弗雷德·文森特·基德（Alfred Vincent Kidder）[4]大奖。1977年，鉴于马尼士对易洛魁印第安人的研究，他被卡尤加人（Cayuga）历史学会授予康普兰特（Cornplanter）奖[5]。1973年，马尼士荣膺英国研究院（British Academy）通讯院士（Corresponding Fellow）；1974年，荣获美国国家科学院（National Academy of Sciences）院士。此外，南北美洲的一些科研机构也授予他多项荣誉称号和多个教授职位。

20世纪80年代，为检测早年在伯利兹的考古发掘，马尼士重返玛雅低地前农业时代的遗址——奎洛（Cuello），结果表明，该遗址的年代被测早了1000年左右。看来，马尼士当年未能准确定位遗址的地层和年代，这个错误年代是与得克萨斯州的发现进行简单类比得出

---

1. 斯宾顿奖章（Spinden Medal）由美国华盛顿特区人类学协会颁发，以表彰考古学家的卓越研究。
2. 露丝·沃顿·德雷克塞尔奖章（Lucy Wharton Drexel Medal）由美国宾夕法尼亚大学博物馆颁发，以表彰考古学家的重要研究成果。最近荣获该大奖的有杰瑞·沙布罗夫（Jerry Sabloff）和伊安·霍德（Ian Hodder）。
3. 爱迪生奖（Addison Emery Verrill Medal）由美国耶鲁大学皮博迪博物馆颁发，以表彰考古学家的卓越研究。
4. 阿尔弗雷德·文森特·基德奖（Alfred Vincent Kidder）由美国人类学协会颁发给美国考古界的卓越学者，每两年颁发一次。
5. 康普兰特（Cornplanter）奖由卡尤加人（Cayuga）历史学会颁发，以奖励对易洛魁印第安人进行研究的卓越学者。1977年同时获奖的另一位学者是著名考古学家威廉·里奇（William Ritchie）。

的，因此未被学界接受。后来有报道说，考古发掘找到了年代早于第一个玛雅村落的遗址。听到这个消息，马尼士兴奋异常。尽管此时他已前往中国长江流域寻找稻米的驯化起源地，但他依旧痴迷于美洲考古，且终生没有放弃。

2001年1月16日，尽管年事已高，行动不便，马尼士仍亲自驾车前往伯利兹的拉玛奈（Lamanai）和卡拉科尔（Caracol）[1]，不幸在往返于玛雅山地的长途旅行中发生车祸，最终在他长期探索农业起源、并给他带来至高无上荣誉的伯利兹辞世。

也许这是上帝的召唤！

二、马尼士在江西

我与马尼士先生相识于1992年。那年夏天，他应邀到江西南昌参加学术会议，后去赣东北考察，遂动了来中国考古的念头。会后他来到北京，商讨在江西开展稻作农业起源考古的可能。鉴于此项研究的重要性和前沿性，很快便得到国家文物局的支持，并决定由北京大学的严文明教授牵头负责。1993年秋，我代表北京大学参加了中美合作项目第一个年度的工作，前往江西乐平发掘了洪岩洞遗址。1994—1996年[2]，中美考古队的工作地点转入万年县，在仙人洞遗址取样的同时，开始发掘吊桶环遗址。我因转任北京大学三峡水库忠县淹没区地下文物考古发掘队的领队，由张弛代表北大参加江西的工作。

那几年夏秋之际，马尼士都要转道北京去南昌和万年，我们每年都要见面，特别是在洪岩洞发掘那一个月，朝夕相处，见闻了不

---

1. 拉玛奈（Lamanai）和卡拉科尔（Caracol）是中美洲伯利兹的两处玛雅文化重要遗址。
2. 因为美方经费问题，1995年该项目停了一年。

少马尼士的趣闻轶事，记录于此，也是对老先生在中国工作的一个追念。

1993年，中美在南昌举行合作项目签字仪式。记得马尼士在致辞时特别夸奖由我起草的《中美合作协议》简明扼要。同时提到当年他与墨西哥政府签署的类似协议，烦琐冗长，厚厚一大本，让人讨厌。听完大家哈哈大笑，我却在心里犯了嘀咕。明摆着，对外合作的大门刚刚打开，谁都没有经验。我也只能凭着国家文物局给我的一本黑龙江省与加拿大旧石器考古的文本拟写中美合作协议。除了坚持"以我为主，为我所用，对我有利"三项基本原则外，就是文物标本的出境规定等，至于文本写得好与不好并不重要，但真的希望不要出什么纰漏。

在南昌去乐平的前一晚，严文明和马尼士分别讲了话，马氏讲的大意为：

（一）这项合作将前进一大步，解决一些问题。（二）我们选择了合适的地点、遗址和时代。（三）此项目不仅是中美两国的合作，也是多学科的合作。它就像生物杂交，能促进学科发展。各位有不同背景，将在合作中积累经验，对每个人都有好处。明天就要出发了，很兴奋，就像36年前他要去中美洲一样。

在乐平，马尼士等一行外国人住县委招待所，每天租车去工地，耗时费力。当地人企图劝说马尼士与考古队一起住在遗址附近林场的乡政府招待所。马尼士以没有马桶婉拒。不料当地迅速找来木匠，打了把太师椅般的坐便器，并给他演示，马看过大笑，但仍坚辞不就。那年马尼士已年届75，肚子大到下垂。对于上年纪的美国人来说，没有马桶确实是件很严重的事。记得俞伟超先生曾和我谈起，当年他们在河南班村搞合作，有一位上年纪的美国考古学家，每天早上只能跪在村里的蹲坑上，惨不忍睹。毕竟他们从未有过蹲着出恭的习惯。

洪岩洞的发掘采用美式洞穴考古发掘法。1×1米布方。巧妙的是在岩厦顶部布方，先用激光笔将探方位置定位到岩厦上，用环氧树脂固定垂线，线的下端拴有垂球，可控制探方基点。挖掘时探方相互间隔着挖，犹如国际象棋，先挖"黑"格，待挖至深1米，再换至"白"格。美方还准备了不少小旗，供发现遗物时插作标记。

依美方规矩，我和柯杰夫（G. Cunnar）为田野负责人，不直接参与挖掘，只管布方、搜集和记录出土遗物，并将所挖出的土过筛、水洗。美式记录程序繁琐，每件遗物都要装袋，再套入大袋，每层袋子都要详细标记。筛土的活也很重，南方的红土进了筛子就滚成泥球，还得用水洗开，既脏且累，幸亏挖掘面积小，出土量有限，否则可真够我俩招呼的。

这种发掘，各挖各的，互不干扰。探方小，若有遗迹现象则难以窥见全貌，也难以保留。为此我们曾与马尼士理论，但他觉得这根本不是问题，遗迹即便挖掉，也能在平剖面图上复原回来。幸亏这处遗址并未发现什么遗迹。

我注意到，洪岩洞的北侧上方有一裂隙，洞内堆积全是雨水沿此裂隙从山上冲下来的，而且年代很晚，为此我建议表层堆积可否挖快点，也没必要过筛、水洗或浮选。马尼士则坚持不从，按既定方针办，明摆着是要给中国人补课。严先生倒是很大度，说既然合作嘛，就要相互尊重、相互学习，少说多看，按他们说的办。待十来天过去，大部分探方挖至基岩，仍不见有早期堆积，马尼士率先慌了，毕竟他掏了钱不是来中国挖土的。遂下令加快速度。可就在几天前，美方还以中方队员用二尺耙子下挖速度快而引发冲突。就这样，最后洪岩洞的发掘只能草草收场。十一国庆节，我和马尼士等人去万年县考察仙人洞、吊桶环、蝙蝠洞等遗址，确定了下一年度的工作。

马尼士每天到工地坐镇。他很少动手，凡有好点的出土物都会拿给他看。他常常有惊人之举，如猛地将一枚石镞丢入口中，咕噜噜地用唾液洗涮，再吐出来观察。看得我直龇牙。有时会将陶片掰碎，从断茬判断年代。我想，若果真挖到了新石器早期的陶片，马氏这么干可如何得了！

马尼士爱喝一口。在工地上也常常倒杯啤酒，边喝边看或记点什么。江西农村苍蝇很多，他的酒杯口沿常常爬满苍蝇。有时我会过去对他说，苍蝇很脏，你轰一轰！他则颇有风度地说："没关系，它们喝不了多少！"一般工作两周，他会带女朋友（Libby）去景德镇住两天，喝喝玉米威士忌（Bourbon Whiskey），放松一下，可谓有劳有逸。不过酒后常常发火，据说有时会将矛头对准我。1995年我去吊桶环工地，他见到我便嘟囔："严文明的眼睛来了！"早就听说他对大学教授有成见，但不清楚为何。我考虑这种成见可能与他早年的经历有关。据我观察，他的工作和研究确有结论下得过快的问题，特别是他早年在中美洲考古所做工作的一些年代误判，难免在学界遭人诟病，并导致某些大学教授对他的挖掘和研究不信任。记得2000年我在哈佛大学与兰博格—卡洛夫斯基（C. C. Lamberg-Karlovsky）一起讨论焦天龙回国搜集资料的安排时，谈起马尼士在江西的工作，卡洛夫斯基表现出一副很不以为然的态度，直言马氏的研究不可信。此外，也有文人相轻的一面。后来我看到张光直先生回忆童恩正的文章，才悟到问题的另一方面。1982年，四川大学的童恩正教授到访哈佛大学，正巧遇到美国国家科学院准备资助中国考古并开展合作研究，计划帮助四川大学建立几个考古实验室，再组织队伍沿四川盆地边缘寻找新石器时代早期遗址，探索民族植物学和农业起源，并决定由马尼士和童恩正共同主持这个项目。但是该计划后来因为夏鼐先生的反对而作罢[1]，这是马尼士万万没有料到的，煮熟的鸭子飞了，他来中国考古的计划落了空，这或许是他讨厌大学教授的深层原因。

马尼士先生的研究确实有结论下得太快的问题。记得1995年，他抽空去湖南考察彭头山等地的出土遗物，回来后就勾勒出了江西史前文化的发展序列，还用仙人洞出土的陶片和想象出来的陶器编织了一张文化发展的"时空网"。我曾当面指出其结论悬，但他很固执，听不进去。还将此文化谱系写进了他的结项报告。

在洪岩洞挖掘时，马尼士做过一次学术报告，他说：

首先，我搞考古是想搞清楚文化变化的法则及为什么变化，所以我对一些理论问题很感兴趣。为达此目的，需要经过六个步骤：1.收集资料。2.解释古人生活及不同方式。（对某些考古学家来说，了解这两点已达终极目标，但对我仅是一半。如新石器如何发展到青铜时代的？如何发展到早期国家的？）3.我的方法是先提出假设。4.验证假设（不等同于自然科学）。5.我采用对比法。如水稻为何在这里出现？农业为何在此地发生？6.最终阐释农业为何在世界各地出现及其原因。距今12000—7000年是早期农业产生的时期。江西也在这个阶段，但这仅仅是假设。

第二，细致的收集资料。了解水稻产生前后的情况，断代十分重

---

1. 张光直：《哭童恩正先生》，《考古人类学随笔》，生活·读书·新知三联书店，1999年，176—180页。

要。最重要的首先是层位，建立年代。再就是通过环境变化进一步了解年代。对每件遗物的出土位置要记录详细、清楚，以了解当时人类的生产生活，这些都关系到农业起源的问题。同时还要了解宗教、社会等方面的信息，进而了解早期人类的生活方式。总之，收集资料是非常严谨的工作，它关系到后来的一切！再者，古物一去不会再生，所以工作一定要细，资料一定要完整。

他讲完后我曾提问：你的先假设后求证的方法与宾福德（L. R. Binford）有何不同？马尼士答：大目标一致，都是想寻找人类社会发展的一般法则。我重视资料收集和对比研究方法，这是宾氏不具备的。从他的讲话看，思路是蛮清晰的。又一次我问他最佩服的考古学家是谁。他画了幅谱系树，将斯图尔特（J. H. Steward）列在鼻祖位置，说此人伟大，犹如其父，表现出极大的敬意。接下来的有布莱德伍德（R. Braidwood）、宾福德等。可见他在理论取向上是钟情于文化生态学的，以及由此衍生的过程考古学。他曾说过，来中国考古是为了验证他的理论，他在美洲得出的模式是放之四海而皆准的。至于他的理论到底是什么？我一直不清楚。

严格讲，我们与马尼士的合作并不圆满，也不顺利。由于文化上的差异，加之发掘方法、理念的不同，交流不畅，工作中时常有摩擦，这也是中外合作考古所难免的。那几年，正巧张光直先生每年来中国主持商丘考古项目，每次见到严文明先生，他都会帮马尼士说些好话，觉得他那么大年纪，不远万里来到中国考古很不容易，而且申请经费也很难。对此，大家都很理解。

另一方面，话说回来，此次合作在国内外还是产生了积极的影响。

首先是 1×1 米布方法。据我的印象，20 世纪 20 年代在发掘北京周口店时曾用过此法，后来长期弃置。自江西中美合作项目以后，在国内又有恢复。此法对于旧石器时代洞穴、岩厦一类遗址的小规模细致发掘还是比较适宜的。

其次，将遗址中挖出的土全部过筛，重要部位甚至用水洗，这在国内是首次。此后，国内考古界逐渐开始接受这种方法。

第三，当时作为美方成员的赵志军[1]首次在江西使用浮选法，提取炭化植物遗骸。记得那件浮选仪是土法自制的，构件包括汽油桶、可乐瓶、自制的过滤箱、抄网等，简单而实用。这应该是能在中国考古学发展史上留下一笔的事件。

第四，万年仙人洞、吊桶环的采样和发掘在国内考古界产生了积极反响。1995年，该项目入选全国十大考古发现。后又相继入选八五期间（1991—1995）十大考古发现和20世纪中国百大考古发现。由严文明先生领衔的此项发掘还荣获国家文物局颁发的田野考古二等奖（一等奖空缺）。

第五，此项合作在国际考古界也产生了很大影响。其初步研究被收入美国的教科书。[2]《科学》杂志曾在一篇涉及水稻起源的综述文章中提到江西的发掘；美国《国家地理》也有相关报道。正是因为有了上述报道，哈佛大学的巴尔—约瑟夫（Ofer Bar-Yosef）教授在2000年找到我，讨论哈佛大学、以色列魏兹曼科学研究院与中国合作开展水稻起源的考古研究。后来"湖南道县玉蟾岩遗址水稻起源考古发掘"中美合作项目（2006—2008）便由此而来。前两年，北大与哈佛的学

---

1. 赵志军当时是美国密苏里大学哥伦比亚校区（University of Missouri, Columbia）的博士研究生，攻读植物考古。
2. Bruce D. Smith 1994., *The Emergence of Agriculture*, Scientific American Library, A Division of HPHLP, New York.

者还在《科学》联合发表了仙人洞遗址出土世界上最早陶器的研究成果[1]。

尾　声

2000年4月，全美第65届考古学年会在费城举行，与会代表3000余人。8号，大会为表彰马尼士在考古领域的杰出贡献，特地举办了一场"纪念马尼士从事考古研究逾60年"（Papers in Honor of Richard "Scotty" MacNeish-Celebrating over 60 years of Archaeological Research）学术研讨会。会议主持人为马尼士的忠诚助手柯杰夫（G. Cunnar，时为耶鲁大学博士研究生），莅会者近百人，演讲内容包括：马尼士一生的学术贡献、考古学理论思考、跨学科研究、植物考古、环境考古、中美洲考古、印第安考古、陶瓷研究、波利尼西亚航海贸易及酋长制等。会后，戈德史密斯（J. Goldsmith）教授和罗斯（I. Rouse）教授就演讲的内容作了精彩点评。

马尼士先生也前来莅会。他又年长了几岁，但面容变化不大。他坐在轮椅上，话不多。会后大家纷纷上前向他表达敬意。我们几位参加过江西考古项目的与会者（柯杰夫、利比、赵志军和我）也前去和他合影留念（可惜照片拍得很烂）。其中，有张照片是我拿了本书在给他讲着什么，老头儿在耐心地听。就是那一年，美国夏威夷大学人类学系的罗列特（B. Rollet）教授到哈佛做访问学者，马尼士将安德沃考古研究基金会的位置交给了他。我本以为他就此退休，安享晚年了。谁知后来出车祸时竟是他本人在驾车，真不敢相信。一个已坐了轮椅的老人怎么还开车远行？话说回来，美国还

---

1. Wu, X., Zhang, C., Goldberg, P., Cohen, D., Pan, Y., Arpin, T., & Bar-Yosef, O.（2012）. Early Pottery at 20,000 Years Ago in Xianrendong Cave, China. *Science*, 336（6089）, 1696—1700.

真是有不少70—80岁的老人自己驾车，他们并不觉得这有什么不正常。

后　　记

2001年1月似乎很不吉利。这个月我接连收到两起噩耗。一个是在4号凌晨，李永迪从台北打来电话，告知美籍著名考古学家张光直先生于1月3日（美国东部时间）凌晨2时在美国仙逝。另一个是在20号左右，美国朋友通过EMAIL告知，1月16日，著名考古学家马尼士驾车去往中美洲玛雅山的途中出了车祸，后在伯利兹（Belize）不幸去世，享年83岁（1918—2001）。

本文的写作持续多年。马尼士先生的资料最初来自他去世后在美国杂志上刊登的一篇短文，后经查阅其他一些书刊才逐步得以充实。初稿完成后，美国印第安纳大学人类学系的洪玲玉博士给我寄来美国考古学家弗兰纳利和马库斯（J. Marcus）合写的一篇马尼士的传记。[1]此文发表于2001年，恕我孤陋寡闻，竟全然不知。若本文有任何的错误或缺漏，请参阅他们的文章。

美国考古学家柯杰夫先生对马尼士所获各项大奖及荣誉称号资料进行了认真的核对。作为马尼士多年的忠实助手，他鞍前马后，从北美到中美，再到中国，一直随同马尼士转战各地进行考古调查发掘，二人可谓情同父子，感情深厚。20多年前，我和柯杰夫相识于北京，从互不了解、无法沟通，到矛盾冲突，最终不打不相识，成为很好的朋友，一直保有联系。柯杰夫是位实干型的考古学家，很能吃苦，且粗中有细。后来，他进入耶鲁大学人类学系攻读博士，曾参加该校与山东大学合作在日照开展的考古调查发掘，并以龙山文化石器原料和制作技术为题撰写了优秀的博士论文。他听说我在写这篇纪念文章，非常高兴，有求必应。2015年他一直在美国内华达的考

---

1. Flannery, K.V., & Marcus, J.（2001）. Richard Stockton MacNeish（1918—2001）: A Biographical Memoir. *Biographical Memoirs*, 80, 3—27.

古工地发掘,工闲之余,帮我查找并寄来一批马尼士先生的老照片,非常珍贵。

美国夏威夷大学人类学系的罗列特教授专门就安德沃考古研究基金会的情况给我写信说明。王亚玎小朋友对本文的写作也有所贡献。在此谨向他们表示衷心感谢!

(《南方文物》2016年1期)

丁爱博

六朝考古：西方学术中的中国传统

丁爱博（Albert E.Dien）

美国斯坦福大学东亚系的资深教授，美国汉学界的代表人物，在中国历史学、考古学等多方面均有深入研究，尤其是魏晋南北朝的考古成就卓著。

丁爱博教授生于1927年，自幼对亚洲文化怀有浓厚兴趣。1946年开始接触中文和中国文化，先后在芝加哥大学和加州大学伯克利分校学习古代汉语。1956年被学校派遣到台湾学习中文，就读于台湾师范大学国语中心，同时在台湾大学历史系旁听刘崇鋐、沈刚伯等名家的中国史学课程。其后返回美国撰写博士论文。博士毕业以后，任教于夏威夷大学（1960—1961）；1962年，进入斯坦福大学亚洲语言与文化系担任中文助理教授，并兼任台北台湾大学斯坦福中国研究中心主任；1966年任职于哥伦比亚大学；1968年再度被斯坦福大学回聘，此后一直从事中国语言与文化的教学与研究。1977年首次到中国大陆进行学术交流，曾多次到大陆各地考察古代遗迹，与北京大学考古学系宿白先生、历史系田余庆先生和荣新江教授等交往甚密。1993年荣休以后，荣任斯坦福大学名誉教授；2009年荣获斯坦福大学"教学卓越终身成就奖"；2010年荣获台湾师范大学杰出校友称号。

丁爱博教授的研究领域非常广泛，尤为擅长魏晋南北朝历史与考古，且著述颇丰（参见文后附录）。其中用力最深、影响最大的当属2006年由耶鲁大学出版社出版的《六朝文明》(*Six Dynasties Civilization*)。这也是他集30年之功力完成的一部有关魏晋南北朝（即西方部分学者所称的"六朝"）物质文化史的杰作，而且是迄今为止唯一一部用英文撰写的综合性魏晋南北朝史专著。此书以大量考古材料及丰富的文献史料，全面、系统地讨论了魏晋南北朝物质文化史的方方面面。此书已由中国人民大学的李梅田先生译为中文，并于2013年由社会科学文献出版社出版发行。

丁爱博教授现已84岁高龄，仍保持旺盛的精力致力于学术。近年来的一个宏伟计划是编写《剑桥中国魏晋南北朝史》，以填补"剑桥中国史"系列的缺环。2010年夏，丁爱博教授在北京短暂停留期间，应邀前往北京师范大学作了题为《粟特人史君墓：萨宝生活管窥》的精彩学术演讲。随后，接受了北京师范大学历史学院师生的采访。

采访 | 樊一粟、姜胡寿[1]
审校 | 李梅田[2]
终审 | 李水城

请问您最早是在什么时候接触到中文和中国文化的？

我在念小学时就想学习一些国外的文化。先是对中亚很感兴趣，之后转向印度。所以到了念大学时，开始学习印度的梵文。但在学了一年之后，我发现印度的社会与文化并不是我的兴趣所在，于是就转向了对中国文化的学习，那是在1946年。我是在18岁时开始学习中文的。

据说那时您一直学的是中国古汉语，对吗？

对。因为那个时候我在学校只能读到古文，也没有机会到中国来，所以我学了10年的文言文，对现代汉语所知甚少，以至于1956年我初到台湾时，连"你好吗"之类的简单口语都不会表达，很难进行交流。正是从那时开始，我才开始学习中文的日常会话。

是什么样的契机让您到台湾学习中文？

我们学校一直有一个主要为提高学生中文口语水平的派遣项目。1949年以前，我们那里学中文的学生可以被派遣到北京深造。1949年以后，因为众所周知的问题，我们没办法继续这种交流了。到了1956年，我们学校决定改派学生去台湾，我因此成为头一批到台湾学习的

---

1. 北京师范大学历史学院。
2. 中国人民大学教授。

5个人之一，在台湾师范大学国语中心学习。当时的英文系主任梁实秋教授为我们找了一些很好的汉语老师。

在您的学习和研究过程中，与老一辈中国学者有很多交流。能否谈谈其中令您印象深刻的中国学者？

头一位应该是董作宾先生。我还在芝加哥大学学习中文时就见过他。当时他在那儿访问，待了一年。但那时我还不怎么会讲中文，只能看看他。到台湾以后，我常常旁听刘崇铉的史学史课，还有沈刚伯等，他们都是很有名的学者。我在台湾做了两年半的学生，从1956年到1959年，随后回国完成博士论文。再之后两年我去夏威夷大学任教，教中文和中国文化。1962年到斯坦福大学工作，并以教授身份回到台湾交流。从这时起，我与沈刚伯他们有了更多的接触。1977年我被派往中国大陆，开始认识这里的学者。其中接触最多的应该是宿白先生，我已经不记得是怎样与宿白先生相识的了。只记得和他在拉萨有过一次会面。当时他正在那里做研究，我和夫人去旅行。他邀请我去了一家小饭馆，说那里非常好。我们去了以后，感觉真的非常好。昨天我和李梅田先生一起去拜访他，还提起这件事，他也还记得。这已经是20多年前的往事了。另一位交往较多的中国学者是田余庆，他曾到美国访问一年。在斯坦福，我们有较多的交流。还有荣新江，因为我们的研究方向接近，都对中亚、粟特人感兴趣，所以我们就认识了。此外还有很多很多的中国学者，如吴焯先生等，都与我有很多学术上的交流。

您涉猎的范围很广。您为什么选择六朝作为自己研究的重点？

我学习中文是在芝加哥大学开始的，学了3年，之后转入加州大学。在那里我的老师就是专门研究六朝文化的。另外他对中亚也很感兴趣，所以我就跟随他选择了六朝作为研究方向，但也研究中亚。可见老师的引导非常重要。当然，六朝是一个非常有趣的时代，物质文化非常丰富多彩，我也很高兴能有这样的选择。

以前有些西方学者将中国的六朝与欧洲的中世纪相比，认为这是一个黑暗时期。对此，您怎么看？

那种看法是不对的。现在有些学者已经认为，欧洲也没有这样一个黑暗的时期。对中国而言，说五胡时期黑暗当然也不对。那个时代不但是一个强大的时代，也是一个有众多新发现的时代。不能因为汉唐时期是盛世，中间那段就是黑暗的。我反对这种认为六朝是黑暗时代的看法，我是不会用黑暗时代这个说法的。六朝研究的好处在于，汉唐时期国家是统一的，地方性的文化现象不容易反映出来。而六朝处在分裂时期，各地的地域性文化很难被掩盖起来，民间的生活比较容易看得清楚。

六朝时期地域文化差异显著，尤其是南北方的文化差异。您认为这是出于什么原因？是民族原因还是政治原因造成的？

有人可能会认为南方文化水平高，北方朴素简单，这种看法是不对的。南方虽然保留了汉代以来的中国传统文化，北方其实也存在独特的文化面貌。在《魏书》等一些北方正史中，就留有当时北方人对南方文化的看法。比如北方人会嘲笑南方人的饮食习惯以及较混乱的生活作风等，这都是由于南北不同地方的人对事情的看法不一样。再举个例子，颜之推在其作品《颜氏家训》里就谈到这样的事：在北方有个熟读四书五经的博士替人写了个买卖驴子的契约，写了满满三张纸，还没出现"驴"字[1]，写得非常啰嗦。曾经有人在翻译《颜氏家训》时解释说，之所以这位博士写了三张纸都没出现"驴"字，是因为他不会写这个字，得出北方人文化水平较低的结论。其实这种解释是完全不对的。这并非他会不会写的问题，也无关文化的优劣，只是由于他们的习惯使然。对于经学，南北方也有不同的传统。"南人约简，得其英华；北学深芜，穷其枝叶。"这并不意味着双方的文化有高下之别，而只表明在文化传统上存在差异。出现这种差异，有政治、社会方面的因素，南方的皇室和贵族并没有非常稳固的权力，不能完全控制南方民众，而南方本土的民众才是社会最基本的组成。皇室是从北方迁来的，他们不能过于违逆当地民众的意愿，不能强占全部土地，他们需要在自己的统治和人民的意愿之间维持某种平衡。而北方就不一样，鲜卑人在政权里拥有绝对权力，所以在北方的文官就需要小心翼翼。墓葬中随葬的陶俑，南方发现很少，北方却有很多。陶俑是反映军事情况的，这说明北方是用军队武力控制国家的，而南方则相反。以高欢来说，他就担心他的鲜卑军人投奔西魏，文官投奔南方。虽然在南方文官也不会获得更多权力，但会获得皇室贵族的尊敬。颜之推就是这样一位文人。当西魏与梁交战，将他俘虏回长安，他听说北齐与陈交好，于是投奔北齐，希望借此能再回南方。虽然他并没有成功回到南朝，但他的这一举动表明了当时文人士大夫的一些愿望。当时南北方文化确实很不一样。

您对颜之推有很多深入的研究。为什么您对这个人物兴趣如此浓厚？像《颜氏家训》这类非正史的文献，它在您的研究中占有何种地位？

1.《颜氏家训·勉学》："博士买驴，书券三纸，未有驴字。"

我曾经做过关于颜之推的论文，他的经历非常特殊，《颜氏家训》更是提供了大量关于六朝的史料。《颜氏家训》这类非正史材料非常重要。正史是政府组织编修的，看起来好像很重要，但当时的风俗习惯、南北关系、南朝历史等很多方面都可以通过非正史材料来了解，这些是正史所缺乏的，而这恰恰也更为重要。《颜氏家训》中保留了大量关于南北朝民间生活习俗的内容，这在很多别的史料中是看不到的。所以，研究魏晋南北朝历史，绝对不能忽视《颜氏家训》这样的史籍。

李梅田老师正在翻译您的著作《六朝文明》(*Six Dynasties Civilization*)，对此我们非常期待。请问，您在书中提到六朝时期以鲜卑为代表的北方游牧文化和中原文化之间的关系，是融合（hybridization）而非同化（assimilation）。您能进一步作些解释么？

Hybridization 的意思是一个社会学习另外一个社会的某些方面，但还保留自己的特性。例如，外面的人看这个人是美国人，但美国人知道他是德国人、法国人、希腊人。他们都有自己的特性，可能还保留自己的风俗习惯。中文中的"融合"是这个意思吗？"融"是"融入"，"和"是"在一起"。而 assimilation 是指两个文化完全区分不出来了。我看过很多文章，确实都把 hybridization 译为融合，但我看不出来那个意思。比如粟特文化的问题，如果说是 hybridization，似乎说粟特人都非常高兴与中国人融合。我自己一直在尝试能否更好地描述"那个粟特人一直是粟特人"。比方说在粟特人的祆教中，死者的身体不能碰到水、火或者土，所以他们把尸体放置在石头上。虽然他们的墓志都用中文书写，内容也与中原人的墓志没有明显差别，但他们用石头而不用木棺，这就表明他们保持了粟特人自己的传统。当然，我们能看到墓志上的中文，说明他们是融合了，但是我们并不知道粟特人在生活中到底使用什么语言。

六朝时期的考古材料非常庞杂，你是如何将考古材料与当时的物质文化、社会生活联系起来的？

我觉得通过考古材料可以很生动地了解当时的社会。我有好几篇文章都在作这方面的研究，其中一篇是关于魂瓶的讨论。我觉得通过魂瓶来了解当时的社会生活和思想文化非常有意思。不然的话，它也就是一件陶器而已，没有太大的意义。魂瓶主要流行于西晋时期，到了东晋就逐渐消失了，为什么呢？可能因为西晋以后北人南迁了，祖先的灵魂留在了北方，于是就可以展开关于灵魂的讨论，灵魂是存在于墓葬还是存在于宗庙？东晋时期应该是认为灵魂存在于宗庙的。因为南迁之后的北方人往往只能在宗庙中祭祀祖先，于是魂瓶也就不再放在墓葬中了。相反，假如将魂瓶放在墓葬中，则可能被看成对当时朝廷的反抗。因此，通过魂瓶的流行与消失，就可以讨论当时的很多文化现象，包括精神文化方面。

近些年中国发现很多粟特文物，您昨天的演讲也通过史君墓给我们介绍了粟特人的生活状况，是否也是沿着类似魂瓶研究的那种思路？

对，通过考古材料来管窥社会，这是考古学的魅力所在。关于粟特的研究，我的兴趣是通过考古材料看粟特文化如何受到中国的影响而变化的。至于其他方面，如中国文化与艺术是否也受到粟特文化的影响？我想这大概是艺术史的内容，我对艺术史没有太多研究。

您最近的研究重点有哪些？

最近最重要的研究主要还是有关粟特文化的。再有就是英国牛津大学在编《世界史学史》，其中有关于中国方面的内容，我主要负责写《六朝史学史》部分。英国剑桥大学编写的"剑桥中国史系列"中的《剑桥魏晋南北朝史》也将由我来主编。

您对中国考古学近年的发展有何想法和建议？

李梅田先生正在翻译的那本书（《六朝文明》）是20年前张光直先生叫我写的。当时我着手这个工作时，还很难找到一本综合性的著作，大多是考古简报，于是我只好先作一个考古材料的数据库。我花十几年时间，一共作了1800多座墓葬的数据库，包括地理位置、墓葬大小、出土文物等内容。数据库完成之后，我才有可能开始综合研究。这是20多年前的情况。现在的情况已经完全不同了，中国有很多优秀的年轻考古学家发表了很多优秀的综合性考古论著。

另外，关于中国考古学的发展问题。我想考古学也需要更多的国际交流与合作，才能相互理解、共同发展。我在斯坦福大学考古学方面的同事，他们的研究非常抽象和概括。中国学者想要和国外合作也需要在抽象研究方面更进一步。我举个例子，以前我们举办了一个活动，一位中国学者在他的报告中非常详细地介绍某个遗址出土情况的具体细节，而一位南美考古学者则是根据他的考古结果去推断当时的居住环境等，可能后者的思想更宽广、更抽象一些。当然，现在很多中国的年轻学者也在这方面作了很多思考，这有助于中国与世界的交流。

（《南方文物》2012年2期）

张光直

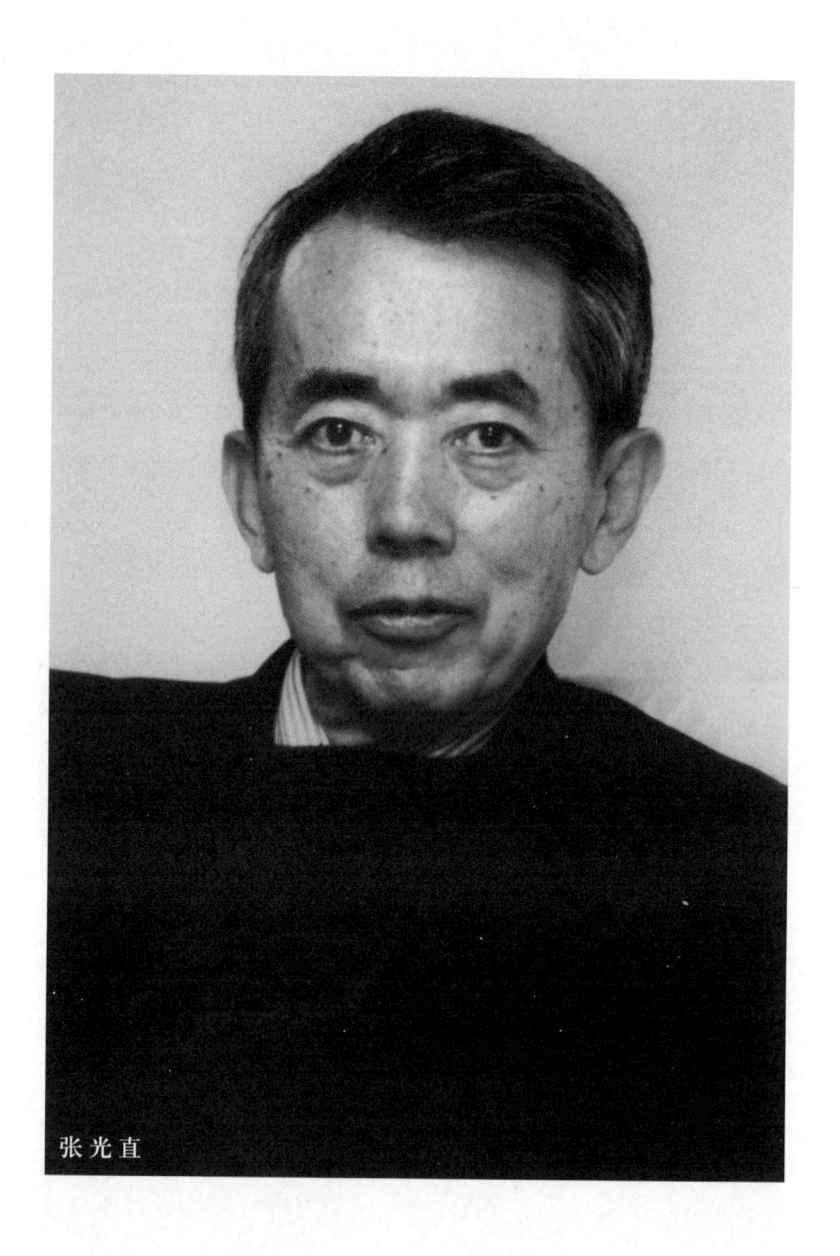

中国考古向何处去

张光直
（Kwang-chih Chang）

台湾省台北市板桥人。美籍考古学家。1954年台湾大学考古人类学系毕业。次年进入美国哈佛大学人类学系深造，1960年获博士学位。先后在哈佛大学、耶鲁大学执教，曾任两校人类学系教授、系主任和东亚评议会主任。其间当选中研院院士（1974）、美国科学院院士（1979）、美国文理科学院院士（1980），并获美国亚洲学会（AAS）终身杰出成就奖（1996）。曾任北京大学、厦门大学、山东大学等大学客座教授或荣誉教授，中研院副院长（1994—1996）等职。

张光直是20世纪后半期台湾考古学的主要开拓者。1960年代，他领导"台湾史前史研究计划"，主持发掘凤鼻头和大坌坑遗址。70年代初，主持台湾浊水溪和大肚溪的多学科调查项目，积极推动考古学和自然科学的整合研究，对台湾考古学及人类学的研究和发展产生了深远影响。张光直还致力于向国际学术界介绍中国的考古研究成果。他多次修订出版的《古代中国考古学》,用西方人类学的方法整合和解释中国考古材料,是把中国古代文明研究纳入西方学术体系的开创性著作。他把中国放在东亚、环太平洋地区及至世界范围内考虑,不仅提倡用人类学的、整合的和世界性的眼光研究中国古代文明,还倡导用中国的材料为研究人类社会的一般法则作出自己的贡献。1968年,他主编的《聚落考古学》及随后出版的《反思考古学》(1967)等一系列论著,对六七十年代西方考古学方法论的讨论作出过重要贡献,是"定义聚落考古学理论和方法的主要学者之一"。70年代到80年代初期,张光直又从青铜器的研究入手,提出中国古代青铜器是中国古代政治权力的工具,强调作为通天工具的艺术在政治权力的获得和巩固方面所起的作用。80年代以来,张光直积极寻求与中国大陆的学者合作开展田野工作,最终促成河南商丘考古发掘项目的实施,为寻找商文明的起源作出了积极贡献;同时,他又把西方的理论、方法和成果介绍到中国国内,为中国考古学的发展作出了积极的贡献。

张光直一生著作多达300多种,中英文并重,许多著作还被译为法、德、西、日、韩等多种语言,在世界考古人类学界产生了广泛、持续而深远的影响。他的主要著作有《古代中国考古学》(1963、1968、1977、1986)、《商文明》(1980)、《反思考古学》(1967)、《聚落考古学》(1968)、《凤鼻头、大坌坑和台湾史前史》(1969)、《早期中国文明:人类学的透视》(1976)、《神话、美术与祭祀》(1983)、《中国青铜时代》(1982初集、1990二集、1999合集)、《中国考古学论文集》(1999)等。他的主要中文著作结集为"张光直作品系列"(9种,北京:生活·读书·新知三联书店,2012—2013)。

采访 | 陈星灿[1]

张先生，中国考古学如果从 1921 年安特生发掘仰韶村算起，迄今已经跨过了三代人的历程，其间有许多曲折，也获得了很多成就。您能否从正反两方面给中国考古学做一个简要的评价？

这个问题说来话长。简要地说，我想大家都知道，中国考古学在过去 70 多年所发掘出来的新资料，把中国的史前史和古代史带到了一个全新的境界，这是在考古学的初创时期没有预料到的。人们以前认为，中国的文献浩如烟海，正史、野史和各种传说异常丰富，考古学的资料不过只是证实历史，或者对之做小规模的修改。但是从 70 年代以来，尤其是八九十年代的考古新发现，使我们第一次了解到中国的史前史远在文字记录的范围以外，所以，假如没有考古学，就根本没有中国的史前史，中国的上古史也不完全。另一方面，考古学除了建立起中国的史前史和上古史的新的框架以外，也找到了许多文献材料。这些材料主要是汉代和汉代以后的，战国时期的也续有发现。它们不仅证实了许多传世的文献，而且新增了不少以前所不知的材料。这些都是很令人兴奋的发展。反面的东西很难说，我们只能批评中国考古学的方法不够完善，或者有什么缺点，但是我们不能说考古学在中国历史或上古史的研究上有反面的影响，所以我只能说正面的影响。

就我个人的理解，中国的考古学无论在研究的对象或方法上，都有别于其他国家和地区的考古学。从历史的角度出发，请您谈谈形成这种情况的原因。

---

1. 现任中国社会科学院考古研究所所长、研究员。

历史的原因很多，我个人觉得下面的两点尤其重要。其一，是中国传统的金石学的基础。金石学历经千年的发展，在20世纪初期的中国知识分子的心目中，占有一个很重要的地位。金石学研究的对象虽然不是科学发掘所得，但它的研究有许多合理的成分，所以当考古学从西方传入的时候，金石学的方法就自然转移到考古学中去。还有一点，金石学的分类，是继承史前陶器的分类，换句话说，史前陶器的分类也可从金石学的研究得到启发。所以，中国考古学家在史前陶器的研究上，自然而然地就会想到金石学的术语和分类进行处理。其二，中国历史上第一次重大的发掘——由国家集中人力采用新输入的现代考古学的方法所进行的发掘，是在河南安阳的殷墟。这件事情对中国考古学后来的发展，有很大影响。殷墟是历史时期的遗址，在它的研究上一定要使用文献的材料、出土甲骨和金文的材料，所以把考古学主要放在了历史学的范畴内。考古学的目的、方法和所利用的文献，使它主要在中国历史学的传统内延续下去。这种考古学的成见，影响到史前学的研究。假设中国集中人力连续数年发掘的第一个遗址，不是殷墟而是新石器时代的遗址，比如半坡、姜寨或者庙底沟；培养出来的一代专家，不在历史学而是在史前学的领域内，很可能中国考古学会走到另一条路上去。中国的考古学会注重生态环境、植物、动物、土壤的研究，注重陶片分析、遗址分析和石器分析等等，就如西方的那样。但是，历史是不谈假设的。

记得您曾经在一篇文章里，建议把从旧石器时代到秦汉以降的中国考古学划分为四个阶段，因为各个阶段的内容不同，所以对研究者的素质要求也不一样。我由此想到，中国考古学现在的状况，除了您刚才讲的有关中国考古学的几个学术来源以外，能否请您结合哈佛大学的情况,谈谈在我们的本科生和研究生教育方面存在的问题。

中国的教育制度我不熟悉。我不能谈存在的问题。我只能拿哈佛大学和一般美国大学的教学和中国的比较一下。美国的本科教育是通识教育(general education),目的是训练学生作为一个社会上有知识的人,即所谓 educated person。所以他们虽然有专业,但专业不是职业性的,只是比较深入的研究。通识教育有核心课程(core curriculum),这是相信知识里面有中心的、核心的东西,每个学生都应该掌握的。核心课程分成五组,包括历史、科学、文学和艺术、社会分析和道德推理以及外国文化。任何专业的学生都必须在五组里选8门课才能毕业。在专业课里一般选12门。除了专业、通识以外,还有其他很多的选择,四年大约共修32门功课。所以美国的大学生毕业以后,一般的常识比中国的大学毕业生要广泛得多,但在专业方面的深度远不如中国的学生。

他们的专业教育是在研究生院学的。念考古的研究生一般是到人类学系,方向是非西方考古学。西方的考古学则在美术史系、古典研究系和近东系。研究生的教育也要先通再专,博士资格考试有专业(special)和一般(general)之分。50年代我念书的时候,人类学系研究生的一般考试,包括体质人类学、考古学、社会文化人类学和语言学。60年代以后,资料增加,学科分化严重,考古学以外的课程不再包括进考古专业的一般考试,但必须修1到3门课。在哈佛一般上三年课,三年内要念完必修课,包括考古学的理论和方法,考古学一般的、自己研究的区域的和外部区域的大约五六门课。社会人类学2门,体质人类学2门,有骨骼学和统计学。一般考试在第二年初,专业考试在第二年之后。还要求学2门外国语,因研究的方向和地区选择语种,一般是德、法语,远东地区则要求汉、日语或者法、俄语。研究生的专业取向伸缩性很大，一般是根据学生的兴趣和长短，为他们设计训练的计划，导师也不固定。这是和中国很大的区别。中国的研究生是考某个先生的学生，美国的研究生则是系里所有教授的学生。他也有一个主要的导师，具体视专业而定。假如说你的专业是中国地区的旧石器时代考古，那主要导师就不是我，而是巴尔—约瑟夫（Bar-Yosef）。因为旧石器时代的研究没有国界，没有国家性和民族性。我不是说旧石器的文化不是我们的祖先，是说在研究上没有办法把旧石器时代的文化做文化和族群上的分类，它是世界性的。这包括人类的演化问题，旧石器时代的大部分时间，人类还没有达到智人（Homo sapiens）阶段；到了智人阶段，旧石器文化达到高峰，然后很快农业就产生了。假如研究中国的新石器时代、青铜时代、国家的起源、社会的变化，一般是由我做主要导师。学生到系里来，把所有先生的精华都学到肚里，消化一番，成为他们学问的基础，形成自己的见解，应该比老师强。所以，我有机会就在国内鼓吹推动这种带学生的方法，我认为中国传统的师徒相承的方法不是最好的方法。中国的方法当然也有优点，就是把一个老师学得比较彻底，就像学武术那样。但是学武术的人，纵使跟他的先生学得很精，也很难超过先生；除非他从别的学派，比如少林派的学点太极和武当，武当派的学点少林什么的，与师承揉合在一起，才能进步，念书也是一样。

就我在哈佛听课的经验，有些教授对中国的考古材料持怀疑态度，但是他们或者不搞中国考古，或者根本看不懂中文材料，这种对中国考古材料的怀疑态度在国际上是否普遍存在？原因何在？日本的情况怎样？第三世界国家的情况又如何？

我觉得不是怀疑的态度，是不知道的态度。因为他们不知道，所以不敢信任。但是即使是他们看得懂的东西，他们往往也不信任，这是很遗憾的事情。我有一个很强的感受，中国考古学的材料很多，应该给外国人作介绍。主要是介绍给非专门研究中国的西方一般的学者，我们不希望这些人会看中文，所以最好我们给他们翻译出来。但是现在某些中文期刊的英文介绍，英文水平很不够。我不是批评翻译的人，因为英文的确很难，要把英文写得和以英语为母语的人一样根本不可能。我在美国待了40年，我的英文还是中国人的英文。翻译很有必要，但是如果英文太差，翻译反映不了中文原著的精华，其效果更差。翻译好比一面窗户，如果玻璃上涂抹得厉害，根本看不见外面的风景，那就失去了存在的意义。我现在说一句也许是很绝的话，假如你的英文不好，最好不要翻译，因为翻出来没有把握，有害无益。希望这些做考古和做一般社会科学的人，把好的东西给真正懂英文，最好是以英文为母语的人翻，自己留着精力做研究。我说的是中译英，英译中那是另一回事。英文懂，中文基础又好，把英文译成中文就会有很大贡献。我鼓励翻译，日本学界对国外重要的书一般都有翻译，国民对世界的知识比我们要多。

说到日本，日本现在的材料不会被西方人怀疑。因为他们现在的翻译做得很好，他们的英语并非都很好，也有错误；但是，他们做事很彻底，一般是全翻，包括各种地图、剖面和照片等，很具科学性。第三世界国家的情况差别很大。比如印度，有的考古学家的工作让人信任，有的则不然。一般说来，第三世界国家的科学研究不够标准，如果翻成外文的水平再降一格，给人的印象就是你的研究做得很坏。

除了金石学传统，中国考古学的理论和方法（包括马克思主义的历史唯物主义），大部分是从西方特别是英美学来的，应该说"根正苗红"。经过半个多世纪的努力经营，中国考古学取得了举世瞩目的成就，在方法上也形成了自己的特色。然而由于和西方学术界长期处于隔离状态，我们对他们在理论、方法和技术的进步所知甚少，他们对我们的研究也不甚了了。从西方学术发展的背景，能否请您谈谈我国考古界在发掘技术、研究手段、课题选择方面的长短？

这个问题很难一概而论。我在中国考古现场的时间并不多，发掘技术、研究手段大都是从报告里间接得来的，所以只能谈一点感受。就技术说，美国的技术固然也有应用的多少和好坏之分，但最好的技术比我们要多，也比较细，因此古代的信息遗漏得少。在过去，我们的发掘不筛土，不用浮选法，所以土壤中很多宝贵的资料都丢掉了。近几年来，中国考古学者认识到筛土和浮选法的重要性，已经开始在做。研究的方法也很难一概而论，只能说我们还是使用40年代以前的方法，就是类型学和地层学。中国考古学者对类型学和地层学的看重是完全合理的，但除此之外，国外还有许多方法。中国从50年代起跟西方的科学基本隔绝，而六七十年代西方在考古技术方法上的变化最大。因此研究方法上应该多向他们学习，还要注意弃其糟粕，取其精华。比如说用人类学的材料作考古学的比较研究，是很重要的方法。中国学者也用这个方法，但用起来比较原始。就是拿人类学的材料和在考古遗址里发现的在现象上一致的材料做对比，如果相似，就说我们的古代民族也可作如此解释。但是，我们知道，同样形式的东西，在社会中不一定扮演同样的角色。所以要使用人类学的材料，必须先把它在现代民族的社会里的角色了解清楚，换言之，要对它做一番功能性、系统性的研究，这样才能把它跟古代社会里的各方面契合（articulate）起来。把所解释的对象与它的社会环境和文化环境广泛地联系起来，解释的说服力就增强了。国内的很多研究是作一个陈述，即make a statement。就是说A就是B，而缺乏进一步的证明。作一个陈述容易，比如说某器物是做什么用的，某个社会是母系社会等，但这还不够，还要做进一步的证明，要把研究对象的特征和文化社会的接触点都找出来，接触点越多，就越令人信服。

课题选择方面，改革开放以来，很多国外关心的题目也在国内开展起来，比如农业的起源、现代人种的起源、国家的形成以及文明的动力等等都在研究。中国人感兴趣的文明起源问题，在国外反而不是热点。因为文明起源的研究涉及族群和文化的认定问题，这在西方是一个不大谈的问题。西方的文明不大容易定位，不像中国那样。比如美国是一个大熔炉，全世界的文化都是它的来源；欧洲也是这样，它有所谓的"野蛮人"，有一重重文明从地中海到北欧的传播，然而讲到族群的定位，一般只能讲到一个地区，比如爱尔兰人、德国人等等。但是另一方面，西方文明是一个大的文明，讲起源，不能讲英国文明或德国文明的起源，因为他们只是西方文明的一部分。他们定位为西方文明，我们定位为中国文明。中国文明与西方文明的规模是可以相比的，都很大。

中国文化有自己的发展规律，不能拿西方或任何一个地方的既有模式往我们自己的研究上套；但是从另一方面看，在研究的理论和方法上又有趋同的趋势，那么，中国考古学的研究是否有与西方考古学接轨的必要？中国的考古学特别是新一代的考古学者如何承担起与世界同行对话的责任？

我想中国考古学者在今后几十年的最大任务之一，就是去了解世界考古学家的工作。看我们能够学些什么，又能贡献些什么。中国学者的一个习惯，是研究中国不研究外国。中国过去所有的考古学家，都是研究中国历史出名的，历史学家也基本上是这样。夏鼐先生在埃及做过发掘，但后来研究的还是中国的东西。不过因为他有外国的知识，做了许多中西交通的研究；其他人因为没有受过西方的训练，更是把视野局限在中国的某一区域。以我教书的体会，对其他不同类型文明的了解越多，对你所专门研究的文明的探讨就越深入。我对学生的要求是，你要学习中国考古学，很欢迎；但要对中国以外的至少一个地区有比较深入的研究。我有一个学生，现在已经做教授了，他的第一篇文章是关于古代玛雅的建筑，后来专门研究中国。还有一位，他的第一篇文章是研究美国东部考古学的一个学者的传记。所以我尽量鼓励同学在研究中国考古学之先，把世界考古的大纲了解一下。当然，这不能深入，是浅尝，要到中国文明里去求深知。

我还觉得应该有一部分中国的学者专门做世界考古学，比如法国、墨西哥、洪都拉斯、西伯利亚、大洋洲等的考古。因为要不参加进去，没有第一手的经验，就不可能有深入的了解。希望在大学里有世界各地的考古学课程，不能用一门世界史前史来代替。中国没人教，应该从世界上请，总之课程要世界化。我们将来的中国考古专家当然还是最多，同时要有一定数量的研究外国的考古学家，比如埃及考古的专家、中美考古的专家。希望外国人讲到埃及、中美或其他地区的考古时，引用中国学者的文献，而不是讲中国考古学的时候，才提到中国的学者。我还没有看到过在西方一般的史前史和考古学的理论和方法的著作中，引用过中国考古学家的著作。这不是中国没有贡献，而是他们不知道。所以我希望把研究局限在中国圈子里的习惯打破。这不是文化帝国主义，而是去学习。我相信中国人成为英国或中美的考古学家才是中国人的骄傲，中国人做中国的考古学家是理所当然的事情。

还要建立外国文物的博物馆。中国的文物全世界都有，外国文物在中国就没有。我在国内走了那么多的地方，没有发现世界史或世界考古的博物馆，外国文物很少有人有兴趣收藏。1975年我第一次到殷墟的时候，就给考古所安阳队的杨锡璋、杨宝成先生建议，把地面上俯拾皆是的殷墟四期的陶片收集起来，同国外交换。但由于制度不允许，所以至今没有成功。保护中国文物的主权是绝对必要的，现在大量的文物流到国外，国家没有办法；而把无用的地面上的陶片收集起来用作交换，又受到文物法的限制，这是很令人遗憾的事情。

如此说来，我们的责任很重大。我们现在所处的时代是一个前所未有的改革开放的时代，这对我们了解国外的新动态，介绍我们的新成果都有好处。但是另一方面，市场经济客观上也对我们的考古研究造成了冲击。大量的古遗址、墓葬被盗掘，发掘研究出版经费紧张，设备更新困难，虽然绝大多数考古学者出于高度的事业心和责任感坚守岗位，但是人心不稳，要与世界考古的同行对话谈何容易。张先生您多次呼吁禁止文物盗掘，在这方面以及在解决经费紧张方面，国外是否有成功的例子？

我觉得一般人民的生活水平在过去20年里不断在提高，这是好的方面。但是经济改革也伴随着很多负面的东西，其中之一就是文物盗掘。文物的盗掘和走私无论从哪方面讲都是不能接受的。我们固然不能因此停止改革，但一定要想法解决这个问题。我在《中国文物报》的一篇随笔里有一个建议，我说：要彻底解决这个问题，代表中国历史的文物一定要在十亿人民的价值系统里占有一个很高的地位，要掀起这种风气，建议请国家领导人、人大政协和各级媒体，在这个问题上公开表态，大声疾呼，造成不可抗拒的法律上、道德上、舆论上的压力。文物工作者要以身作则,不买卖文物,不收藏文物。要与港、澳、台的文物考古工作者及司法单位在此事上达成协议。有人说古物如给港澳台博物馆或收藏家收购,总比流到国外好。但有人买便创造供应的需要。要杜绝古物盗掘走私,釜底抽薪的办法便是使买主消失,阻止来历不明文物出入各国海关;同时与各国博物馆达成协议,以交换文物的方式换取各博物馆不买来历不明古物的承诺,尽量减少走私文物的国外市场,对不合作的外国博物馆,在文物交流、合作研究一类项目上加以"杯葛"(boycott),以鼓励他们合作。我知道文物走私是根绝不了的,但是我们一定要从国家的立场,对文物盗掘和走私宣战。假如马马虎虎甚至怂恿勾结文物买卖与走私,中国无法在世界上站立起来。

关于解决经费紧张问题,我很想推荐美国富豪捐款作慈善事业的制度。美国如果没有这种制度,就不会有哈佛、耶鲁、麻省理工学院这一类的大学,不会有史密斯森研究院这一类的机构,当然就不会有今天美国在科学技术上的领导地位。这种行为,在中国也不是没有,前清的武训,民国的陈嘉庚,都是好例。十几年来的中国经济改革,成就了许多大富翁,希望他们捐款给中国的科学研究,向陈嘉庚和捐款建造北京大学赛克勒博物馆的美国医生赛克勒学习,也花钱换个不朽。

谈到美国的考古学,我很想听听张先生对美国考古学的历史和现状的总的看法。就我粗浅的感受,美国考古学的学派很多,研究的领域很宽阔,方法很新,技术应用很先进,似乎"传统"的、"新(过程)考古学"的,和所谓"后新(过程)考古学"的诸家并存,是不是这种情况?

是这种情况。现在我对美国考古学的接触面越来越狭窄。我作学生的时候及六七十年代，因为考试等原因，一般的理论书都要看；现在专注于中国考古学的本行，一般书只是浏览一下。目下理论书越来越多，看了使人生气，因为有许多是炒剩饭，没有新意，只是换点新名词而已。我不是说美国的考古学完全没有变化，只是说基本的观念没有变化。传统、新和后新考古学的演变，正合乎正、反、合的三段论法。传统考古学是正，新考古学是反，后新考古学是把新考古学作了一番扬弃，又回到传统考古学的一些主题上去，是合。现在美国的考古学是百花齐放，百家共存。六七十年代的美国，新考古学一家独尊，正如此前传统考古学的独尊一样。

西方考古学的变化从 30 年代起，开始是人类学家和马克思主义的考古学家要求以人类行为为研究对象，而不是集中精力在器物的分类和描述上。在 30 年代初期，苏联的考古学家陶戈里（Talgren）和英国的马克思主义考古学家柴尔德（Childe），即呼吁考古学家要研究人，研究古代社会的经济和政治等方面的问题。40 年代初期，哈佛的人类学家克拉孔（Kluckholn），对中美考古学研究的现状进行了尖锐的批评，称中美考古学是改头换面的古物学，认为要改变这种情况，考古学者一定要把他们的工作当作了解人类行为的一般性研究工作的一部分来从事。奉劝考古学者不要成为阿鲁都斯·赫胥黎笔下一生献身于三个叉的叉子的历史的那位仁兄一类的人物。战后的 1948 年，泰勒（W. Taylor）的《考古学研究》出版，这是美国考古学史上非常重要的一部书。他具体地把考古学从物到人的研究方法提出来，倡导"缀连法的研究方式"（conjunctive approach），就是说要研究古代人类的行为，应该把文化方面的遗物缀连起来，重建文化的有机整体。五六十年代，有两种力量加入考古学阵营。一是以斯图尔特（J.

Steward）为代表的文化生态学，一是以威利（Willey）为代表的聚落形态研究。前者的思想被后者引进到他在秘鲁维鲁河谷的史前聚落的研究中，这是泰勒所主张的缀连研究法的第一次具体的实用，提供了一个从考古的物到社会的已经消失的人的研究范式。我个人在1958年的《美洲人类学家》杂志上，发表了一篇《新石器时代的社会分群的研究》的论文，提出考古学研究假如没有"社会的"那一面（social dimension），研究本身就没有意义。这句话有点过火，引起学界的很大反响。有一个学者给编辑部写信，说我倡导有社会的眼光研究考古学是很好的，但不能说没有社会的眼光，就是没有意义，因为器物本身的研究也还是有意义的。36年后的今天，我仍然坚持我的看法，但我不会说没有社会眼光的考古研究就是没有意义（meaningless），应该说意义不大（less meaningful）。60年代，新考古学兴起，这与60年代全世界青年反抗权威的思潮联系在一起。新考古学好像是新的，但其实是延续着陶戈里、柴尔德和泰勒等的一条线一直下来的。60年代的整个爆发，造成了一场很大的革命。像所有的革命一样，它也有极端的地方，所以，等人们冷静下来，就有了后新的考古学。我不是说后新（过程）考古学比新考古学要好，我想说的是，理论应该是多元化的。现在的美国考古学，有旧的、新的、后新的、又新又旧的、不新不旧的，还有理论上很错乱的。考古学要保持一致（consistent）不容易，一个人本身保持一致也不容易。无论美国或是中国，一种理论独尊都是不健康的。因为每一种理论都有它合理的成分，你可以坚持某一个学派，但对其他的学派要保持尊敬的态度，当然应该把坏的东西去掉。

我注意到您发表在1994年5月8日《中国文物报》上的文章，

我相信绝大多数读者包括俞伟超、张忠培两位先生本人，都会体会到您对中国考古学的发展所寄予的真诚的希望。特别是您对我国考古学提出的"理论多元化、方法系统化、技术国际化"的三个目标，相信更能引起中国考古学家的共鸣。您在文中对美国新考古学的来源、理论、方法的优缺点都有精辟的分析。国内对新考古学的介绍和评价很多，我自己也写过这方面的文章，但在我看来无论是反对者或者支持者，说句不客气的话，都没有机会读多少新考古学的著作（包括我自己），更无缘直接观察他们的发掘和研究活动。而您不仅身处那个时代，而且也是六七十年代考古学理论探讨的积极参与者，所以我相信您的评述是权威性的。但是我还是有一些疑问要请教您：1）为什么很多西方考古著作包括威利和萨布罗夫（Sabloff）的《美洲考古学史》，把60年代作为新考古学进而作为一个新时代的开始？2）在泰勒等四五十年代的先驱者和宾福德（Binford）、克拉克（D. Clarke）之间到底有什么不同？3）新考古学作为一个有影响力的学派，正如您在文中所说，"必然有它引人之处"，但是除了您所讲的"情绪上"的以外，近二三十年美国在"技术上"的进步，是否与新考古学的身体力行相关？新考古学既强调系统分析，就必须注意收集尽可能多的考古资料；但是他们又倡导所谓"假设—演绎法"，用您的话说是"他们不相信考古材料本身有任何的价值，考古材料只是材料，只是验证先行假设的原理原则过程中偶然的产物"，这种矛盾是否当时就看得清楚？可能的话，能否给我们举一个他们削足适履让材料迎合假说的例子？

关于第一个问题，我的看法是，历史著作一般是作者离开他要写的时代越远，写起来就越客观。60年代的考古学史，七八十年代的写法就和现在不一样，也一定和21世纪的写法大不一样。史学著作都是一家之言，威利说是新的，我说不是新的，都有我们自己的根据。但我要说，60年代的学术风气确实与过去不一样。至于和三四十年代是质的不同或是量的不同，那要看你说的角度而定。从考古学的目标，真正的考古学的方法、理论对考古学作业的影响看，是一个量的变化；从概念的作用、人对考古学的印象、参与者的情绪、使用词汇的系统上看，是一个质的变化。所以说60年代是一个新时代的开始并不错。第二个问题很好。也许每个人的结论都不会一样，但是他们的著作俱在，我们可以比比看。克拉克有一本《分析考古学》，宾福德有《考古学的观察》等几本著作（包括他编辑的），泰勒有《考古学研究》，威利有《秘鲁维鲁河谷的史前聚落形态》[1]，后者是一本研究报告，拿它做比较不合适，只有拿前三者来比较。你会发现，他们的基本目的和精神是一样的；不过泰勒的想法比较粗，目的说出来了，是要做缀合的研究，但具体怎么做，他没有一个很整齐的系统，系统是由前二位说出来的。所以他们的不同不在大的方向和目标上，而在具体的做的方法上。关于第三个问题，我在你所提的那篇文章中其实已经谈到一些。新考古学除了对人们情绪上的吸引之外，一是它对文化生态学的重视，影响了许多新技术的产生。考古学在这20多年的进步，不是理论，而是技术。所谓技术，就是产生新资料的手段。从地底下挖出新资料的手段是技术，从旧资料中挤出新资料的手段也是技术。在新考古学的研究中环境的研究很重要，所以他们千方百计地使用新技术去取得新资料。这20多年技术应用实在是太广泛了，这当然不完全是新考古学刺激出来的；战后的科技发展，客观上使新技术在考古学上的应用成为可能。在某种程度上说，这种应用只是对其

---

1. 戈登·威利：《聚落与历史重建：秘鲁维鲁河谷的史前聚落形态》，谢银玲、曹小燕、黄家豪、李雅淳译，陈淳审校，上海古籍出版社，2018年。

他科技的"剩余价值"（peripheral value）的利用而已。第二点是它的求证方法说得很清楚。传统的研究自以为它的方法不言而喻，其实往往比较含糊，前后也不一致（inconsistent）。新考古学的研究，则强调方法的验证，强调前后的一致性，是进了一步，我并不认为新考古学在方法上毫无贡献。但是另一方面，因为他们的主要目的是求原理而不是资料，所以他们的资料只是求原理过程中的产物。你可以看他们在过去20多年里的报告，然后跟他们最初申请经费时的计划进行比较，看看是否前后一致。我没有时间做这个工作，我有一个印象，他们的考古报告或者迟迟不出来，或者出来了也和当初申请经费时的设计大不一样，并不是那么前后一致，还是满传统的。他们的申请报告我看过许多，因为当时尽管新考古学独霸一时，他们的有些申请书还要送到我这里评估。比较他们的申请报告和研究报告是一个很好的题目，你们有兴趣做好了。

我听普里色教授（R. Preucel）的"考古学的理论和方法"课，他把传统的、过程的和后过程的各个考古学派甚至各学派内部的分歧划得很清楚，某人属于某派也说得很具体，但我体会他的划分主要是依据某人所言（声称），而非所行（研究）。所以当我问他张先生属于什么学派时他便不好回答，因为您的著作似乎三者的因素都有，从您对古代美术在中国上古政治上的作用的强调看，把您划入后过程考古学派大概也不为过。从这种意义上说，我们对西方考古学的学习应该是多方面的，不知我的理解对否？

你说对西方考古学的学习应该是多方面的，我完全赞成。我们应该吸取每一个学派的精华。我个人属于什么学派，我也不清楚。我的很多思想和传统考古学很像；我做的研究，很多又是后过程考古学喜欢做的。后过程考古学把新考古学说成是很单纯的学派，也不很正确。新考古学其实不只讲文化生态学，也可以讲宗教和艺术，只是习惯上不做罢了。新考古学也可用来研究宗教、艺术和象征（symbols），不能说研究宗教、艺术和象征就是后新考古学的事情。这种分派我觉得不是很准确，所以多方面学习是最好的。

美国考古学的理论倾向和它的人类学传统相关，这是历史造成的。今天在世界趋于大同，所谓"原始"民族的文化不断消失的情况下，美国考古学的理论倾向是否还会继续保持？民族考古学又是怎么来的？

人类学也是在不断变化的。克拉孔说人类学有三个特点：1）研究人类文化的所有变异，包括从最原始的到最先进的民族文化；2）研究的方法永远是比较的；3）人类学家坚持所有事物都是有关系的。从这种意义上说，人类学并非只研究"原始"民族。新考古学所谓的"美国的考古学是人类学，要不什么也不是"的说法，客观上是由于历史考古学在美国开展得很晚，不过是近一二十年的事情，但毕竟在史前考古学和民族学之间，有了历史时期的考古学。所以美国考古学的人类学取向（dimension）不会消失。但美国考古学只是人类学的说法，现在已经没有多少人坚持了。说到民族考古学，它是从考古学的目的出发，研究民族学的一种学问。1967年，我在《当代人类学》杂志上，发表了一篇《论考古学和民族学的关系》的文章，造了一个ethnoarchaeology，即民族考古学。后来此字在美国生根，变成了一个大家都熟悉的学科，但在讨论民族考古学的起源的时候，没有人提到我的那篇文章。

说到人类学传统，我想起您曾经不断地呼吁考古工作者熟读民族学，也经常告诫我们了解社会人类学的方法。能否请您就商代世系庙号的研究谈一个具体的例子？

这是一个很好的例子。要不是有民族学的材料，我是看不出其中的关键的。关于商代庙号世系的问题，过去有种种说法。在我研究这个问题的时候，我发现商王的庙号有很多规律性的东西，比如，丁和乙、甲在隔世代上的相互交替。我当时在耶鲁大学教书，与一位专门研究亲属制的语言学家郎斯伯利（Lannsbury）同事，我从他那里得到许多启发。怎样解释商王的王位继承问题？中国历史上的王位继承都是从父系的父子相传。我们知道春秋战国时代，齐、宋、晋等国的传承都有变化，但又不是很清楚，不能拿来做解释商代的基础。但是在人类学上，有各种进化程度不同、类型不同的等级社会，可以给我们提供关于王位继承的法则和蓝图。这些蓝图不是只有父死子继，还有很多花样。我参考这些蓝图，根据中国古代文献和考古的材料，提出商代的王室分为两个大支，这两支隔世轮流执政，这样就解释了商王庙号的丁和乙、甲隔世代有规律分布的问题。有人说我的解释是用中国的材料去迎合民族学的理论，这是很大的误解。这恰恰是用民族学已知的各种蓝图，试着把中国的零碎的材料拼成原状。所以主要的根据和基础还是我们的史料。我呼吁大家熟读民族学，就是要大家心中有尽可能多的蓝图，知道尽可能多的拼法。商代的王位继承以及上古史的许多问题，都是很复杂的，它要求我们有开放的心胸、客观的态度去处理。当然商代王位继承的各种说法都不能完全解释材料，这个问题还在讨论中。

看来，用民族学的材料并非不可，关键是应用的方法不能教条。

过去汪宁生先生对仰韶文化研究中利用墓葬材料研究亲属世系的某些做法，有尖锐的批评，发人深省。听说已故的李光周先生通过陶制纺锤研究世系的例子很成功，请您详细谈谈好吗？

成功不成功我不知道，但李先生把方法写出来了。他的研究就在台湾垦丁遗址的报告里，你可以参考。他在垦丁遗址发现有很多网坠和纺锤。纺锤的变化很少，网坠的变化很多。附近高山族的研究显示，男人的生业是打渔，女人的生业是纺布。假如垦丁的纺锤也是女人的专用，网坠是男人的专用。那么，根据纺锤变化少，网坠变化多的现象，他推测男人可能是从各地来的，女人是本地生长的。因此他认为这是一个夫从妻居的社会。这种解释对否，很难说。但他把他研究的根据说得很清楚，步骤也很清楚，不是把教条套在材料上面，说这是摩尔根说的，所以如此。这是和教条主义的根本区别。

我国的考古工作者在80年代以来，对中国文明起源问题进行了多方面的讨论，取得了很多成绩。一些关键性问题的解决当然还要依赖将来的考古发现，但是就目前的发现来说，似乎也可讨论更深入一些的问题，而不是仅仅停留在"在哪里"、"什么时间"这类问题上。请您就中国文明起源的问题谈谈看法。

中国文明起源的研究，当然不只是对"在哪里"和"什么时间"的这类问题的研究。它之所以成为一个问题，有多方面的原因。在20世纪初期，外国学者说中国文明是外来的，中国学者在外国人的侵略下为了给国家争回一点面子，又说中国文明是自己发明的。这都是情绪化的说法。冷静地说，中国文明起源这个说法本身就是问题。什么是中国，什么是文明，什么是起源，在学理上恐怕都需要讨论。比如起源，是文明成熟了，有了一个固有的形式，算是起源，或是它的祖型、前身是起源？文明，是以有文字为文明，或者是以有城市、冶金术为文明？这种列举式的定义，在世界上的许多文明里不能适用。比如南美文明没有文字，中美文明没有青铜，所以要把一个地区的标准当成全世界都适用的标准，那么全世界的考古就不要研究了，举一反三即可，何必费劲。文明的定义是相对的，它只是一个区域的文化变化。要找规律性的东西，先要把各个区域的文化发展顺序搞清楚，然后把它分段，再来看不同的区域之间是否有一个规律性的发展。西方的学者在西方文化扩展的时候，把西方的历史经验拿到世界各地去应用，也拿到中国来应用，从20世纪20年代开始的中国古史分期的讨论，就是要把西方的历史分期应用到中国的历史上。我极力主张中国的古史分期要用中国的材料，要根据中国历史发展的规律，有了这样一个建立在中国材料本身之上的分期，再与其他的文明做比较，中国文明起源的时间和地点的研究才更有意义。我不是说时间和地点的研究不重要，这些都应该研究；但文明的动力的研究也很重要。

文明起源不是一朝一夕可以完成的事情，但是我们的研究总是喜欢找一个起源的点或者线。我很信服您的财富的积累和集中的学说，但是具体做起来是否也不那么容易？我们是否还要人为地给文明的诞生划个界限，然后再根据财富积累和集中的情况下判断？

这是一个鸡蛋相生的问题。财富的积累和集中达到什么程度是文明？这个问题可以见仁见智，但是我觉得财富的积累和集中是可以量化的，可以在考古遗址里找到积累和集中的实际证据。文明是一个概念，是一个标签，只有先把材料集中起来，才可以贴标签。但人们都有这个毛病，就是一旦贴上标签，往往便会忘了它是标签，忘了它并非实际的存在，不知道标签也是可以换的，是可以扩大和缩小的。正确的方法是，根据财富的积累和集中的实际情况，给中国文明贴上标签；然后再根据新的材料，把文明的定义进行修改，或者扩大，或者缩小。

最近几年，南方的重要发现层出不穷。特别是四川广汉三星堆和江西新干大洋洲商代墓葬的发现，更有深刻的意义。要是张先生的大著《商文明》再版，料想一定会有新的阐释。大洋洲还出土了一定数量的青铜农具。我很想听听张先生对这些新发现的评价和意见。

三星堆和大洋洲等南方的发现很重要，它们把中国上古的历史又作了很大的修改。过去的上古史没有大洋洲和三星堆的地位，因为传统上认为那个地区是蛮夷之地。这两处出土的器物都有比殷墟早的，与殷墟处在同等的发展水平上的。说同等当然是主观的判断，不过我们可以想办法建立客观的标准，相信结论也不会差得太远，它们大约还是势均力敌的。当然殷墟有文字，大洋洲和三星堆还没有发现文字，不过我们目前不能因此就断定它们没有文字。巴蜀有文字，其祖先的文字将来也应该有发现。江西商代陶器上已经发现不少文字，以后若有更重要的发现，也不足为奇。这两处的发现，把我们对传统历史满足的心情破灭了，意义非常重大。大洋洲的青铜农具，对我对青铜时代的解释，有很大影响。我认为中国青铜时代的产生，和青铜农具、农业技术的演进所导致的生产力的增加，关系较少；在此前提下，才提到政治的力量，以及政治作为财富积累和集中的工具在上古历史上的作用。因此，新干的青铜农具，对我的解释有很不利的影响。但是在长江下游地区，农具的出现一直都比较早，不仅是青铜，石器比如石犁也出现很早。也许这个区域的动力与其他地区不完全一样。这个地区还是巫术性的法器、美术的一个中心，这一点不能忽视。我还想看看新干的青铜农具是不是仪式性的，是不是只是用金属做的一种特殊法器，这要看实物上有无实用的痕迹。对此我将付以密切的关注。

考古发现不断地更正着人们对世界历史的看法，中国考古学的发展也不断地修正着人们对中国当然也是对世界历史的理解。张先生您一贯主张用中国的材料丰富人类一般进化的法则，依我的理解，人类的历史从一开始就是一个多元的历史，只有实事求是地让中国的材料说话，而非死搬硬套成规，才是真正地为一般的人类法则作贡献。中国近年来的发现比如旧石器时代早期的手斧、河北徐水南庄头以及华南某些洞穴出土的距今万年左右的陶片等，对所谓莫维斯线（Movius Line）以及有关前陶新石器等问题的解决，是否有新的启示？

你说的不错，是要让中国的材料说话。莫维斯线和前陶新石器的概念都是根据当时的材料得出的结论，现在的材料把这些看法推翻了，很正常。比如我对中国文明起源的看法，从1963年至1986年有很大变化，我的《古代中国考古学》从第一版到第四版完全不一样，这不是我的思想变了，而是材料变了，是材料改变了我的思想。现在有人批评我，用我过去的文章作靶子，这是不公平的。莫维斯（Movius）是我的老师，他的亚洲东部无手斧的结论，建立在四五十年代的发现上，当时的材料很少；他要是现在还活着，我相信他也许会根据新的材料得出不同的结论。前陶问题也是这样。有人说全世界的新石器时代都是先有农业再有陶器，这是因为有的地方有农业而无陶器的发现；但是，东亚的很多地方就是先有陶器，后有农业。比如日本的绳文陶器，已经有一万多年的历史，但农业作为主要的生业，一直到绳文时代的末期才萌芽。南庄头有陶器，但是否有农业还不清楚，不过陶器在中国出现很早这一点可以肯定。历史上存在很多一般的法则，但最好现在不要下结论，等到材料够了，再下结论比较稳妥。像陶器在什么时代出现、南方早或是北方早这些问题，每年都有新的材料发现，很多工作正在做，平心静气等几年再下结论岂不更好。

现在回头看看，中国的考古学几乎完全改变了几十年前的上古史的面貌，甚至于连由"古史辨"派批评的先秦古籍，也正获得新的生命。在此意义上说，无论怎样地高度评价中国考古学的成就都不为过。张先生您已经解答了我的许多疑问，最后能否请您谈谈对中国考古学在今后几十年的展望？

"前事不忘，后事之师。"从中国考古学过去几十年的变化，我们可以预料2050年的中国考古学会和今天有很大不同。至少有以下几点可以相信：1）一定有很多新材料出来；2）新材料里一定有许多现在根本想不到的东西；3）外国人对中国的考古学比较重视；中国学者对世界的考古学也应有更多的了解，会打破闭门不出的习惯；4）今后50年要讨论的很多问题，会集中到中国的新材料对世界历史法则的贡献上，并且已有初步的收获。我们现在要做的事情，就是要敢开心胸（keep an open mind），不轻易下结论，还要给假说以足够的弹性。给历史搭架子，不要用钢筋水泥，要用塑胶。这不是投机取巧，没有原则，而是对史料的信任和信心；也是对我们解释能力的客观评价。我们的真理是相对真理，只能向着绝对真理的目标去，现在还不可能达到这个目标。我想假如老师有这个态度，同学有这个态度，一代代的学者都有这个态度，中国考古学的发展就会快一些。根据现在的材料，做一个硬梆梆的钢筋水泥般的结论，就会成为进步的绊脚石。最后，我想对我这一辈的考古学家说，放松一点（relax）；对年轻人说，你的前途实在光明，学考古有福啦！

（《华夏考古》1996 年 1 期）

路易斯·宾福德

当代最具影响力的考古学家

路易斯·宾福德[1]
（Lewis R.Binford）

美国著名考古学家，新考古学（过程考古学）的创始者。

1931年11月21日，宾福德出生于美国弗吉尼亚州的诺福克（Norfolk）。高中毕业后进入弗吉尼亚理工学院（Virginia Polytechnic Institute）学习野生动物生物学（wildlife biology）。大学三年级，因朝鲜战争爆发及家庭贫困，他参军服兵役，在驻日美军担任翻译。其间，他曾与一些人类学家前往美军"二战"期间占领的太平洋岛屿调查研究当地难民的安置情况，还曾在选作美军空军军事基地预备场地的冲绳进行墓葬调查清理工作。这些经历使他开始对人类学和考古学产生了浓厚兴趣，尽管此前

---

[1]. 本文原载《当代人类学》（Current Anthropology）1987（28）：683—694。本次发表得到伦福儒教授的授权。

他从未接受过人类学与考古学的训练。

结束军旅生涯后,宾福德前往美国北卡罗莱纳大学(University of North Carolina)学习人类学,用两年半时间获得学士和硕士学位。1957年转入美国密歇根大学(University of Michigan)攻读硕士和博士学位。其博士论文研究的是弗吉尼亚州美国原住民与首批英国殖民者之间的互动问题,这个选题或许早在他服兵役或在北卡就读做遗址调查时就有了雏形。

1960年,宾福德完成了博士论文。但是直到1964年他才拿到博士学位。1961年,宾福德在美国芝加哥大学(University of Chicago)任助理教授,这也是他的第一份教职。在芝加哥大学,他主要讲授"新世界考古学"(美洲考古)、"统计学方法在考古学中的应用"等课程。1962年,他发表了《作为人类学的考古学》(Archaeology as anthropology)重要文章,在美国乃至国际考古学界都产生了非常重要的影响。此文甚至被看作是"新考古学"诞生的标志。这篇文章给宾福德带来了一些麻烦,但也因此奠定了他的学术地位。1968年,宾福德与夫人萨莉(Sally Binford)将1966年一批志同道合者在美国考古学会提交的数篇论文汇编为《考古学的新视角》(New Perspectives in Archaeology)一书出版,这标志着"新考古学"走向成熟。

1965年,宾福德离开芝加哥大学,到加州大学圣巴巴拉分校(University of California, Santa Barbara)任教;一年后转入加州大学洛杉矶分校(UCLA);1969年,受聘于美国新墨西哥大学(University of New Mexico)。其间,他远赴阿拉斯加研究当代狩猎—采集群体，利用现场所观察的爱斯基摩人的组织行为考察史前时期的考古遗存，取得了瞩目的学术成果。此后，他将主要研究目标转向狩猎—采集群体，其一系列研究成果为史前考古，特别是旧石器时代考古学研究提供了令人耳目一新的研究视角。1978 年，宾福德出版了《努那缪提民族考古学》(Nunamiut Ethnoarchaeology)。此书是他的研究方法的最简明总结，系统地阐释了狩猎—采集民族与考古材料之间的关系。

1991 年，宾福德作为特聘教授前往南方卫理公会大学（Southern Methodist University）任教，直到 2003 年退休。2000 年，宾福德荣获荷兰莱顿大学（Leiden University）名誉博士；2001 年，当选为美国国家科学院（National Academy of Sciences）院士。此外，他还获得美国考古学会（SAA）颁发的终身成就奖。2010 年，国际天文学会命名第 213629 号小行星为"宾福德星"，以表彰他对考古学所作出的杰出贡献。

2011 年 4 月 11 日，宾福德教授因心肌梗塞，在美国密苏里州柯克斯维尔（Kirksville, Missouri）逝世，享年 79 岁。

在长达半个世纪的考古生涯中，宾福德教授共出版学术专著 18 种，发表学术论文 130 余篇。

采访 | 科林·伦福儒[1]

翻译 | 陈胜前[2]

终审 | 李水城

让我们从过去谈起,先谈谈你早年的生活吧。

我在弗吉尼亚州诺福克上的高中,大部分学校时光都是在海边度过的。我对学校不是很感兴趣,倒是更愿意逮麝鼠,在海边泥滩上闲逛。

很多男孩都这样!

我的高中成绩基本是倒数,位于最后面的十分之一范围。直到我上大学后才对正规的学习产生兴趣。

高中毕业之后你干什么?

我上了大学(弗吉尼亚理工学院)。

学的是野生动物生物学,是吧?

没错。

你的父母对野生动物或是人类学问题感兴趣吗?

不,并不真感兴趣。说出来不怕你笑话,直到我在芝加哥大学任教之后,有一天我母亲问我说:"瞧,你还待在学校里。你究竟什么时候离开学校,回家来找份工作?"我的父亲比我母亲和外婆懂得多一点。他是这样支持我的:"上大学是件好事。"仅此而已。

---

1. 英国剑桥大学教授。
2. 中国人民大学教授。

好的，你在大学念的是野生动物生物学。跟现在的课程结构是不是一样？是以生态学为中心的，还是非常传统的？

我想最好的说法是我很有兴趣，而且学得相当不错。有一次系主任把我叫去对我说："你学得很好……，你将来在生物学上可能大有作为，你想过这个问题没有？"我说："是的，我很感兴趣。"他接着说："你知道生物学已是今非昔比了，在我还是学生的时候，还有许多物种没有发现，现在绝大多数物种都已经找到了。当然，在一些洞穴中还有某些盲蝾螈没人研究过。我相信你如果去做的话，可能会找到一种。"这番交谈让我对那个时候的生物学产生了比较负面的看法。

紧接着你参军[1]，去日本做了翻译，是吧？

真是天上掉馅饼的好事，我成了一群人类学家的翻译，他们的工作是安置硫磺岛、塞班岛等地的战后难民。正是跟着他们，我学了点人类学，并接触到考古学。现在我可能不敢称之为考古学。当时战略空军指挥部计划建立远东军事基地，冲绳是主要地点之一。命令下达之前的冲绳基地只有一些破烂的道路，所有军事人员都还住在帐篷里。他们得到一大笔钱修建战略空军基地，正式动工之前首先要推掉一些明显的纪念遗存，主要是坟墓。军队的态度是："好说，这些东西都是近现代的，找到主人，给他们点钱，让他们把坟墓迁走就得了。总之就这么办。"由于我能说日语，所以参加了这项工作，到处去找坟墓所属的家庭。然而，来来回回的核实，最终发现大部分坟墓都是考古范畴的。于是我和一组人草拟了一个计划，应该抢救这些古

---

1. 1951—1954年，宾福德念大学三年级，还没毕业。1951年朝鲜战争爆发，美国扩军。宾福德因经济较困难选择了参军。但他没上过战场。先任后备军官团成员，后由于他拒绝晋升上军校，军队对他进行考核，认为他有语言天分，于是他开始学日语，后来成为日语翻译。

代遗存，把出土物放到那霸（Shuri）的博物馆去。当时博物馆已被炸毁，但按照公共关系法案的规定应当如此。于是我便突然承担了另一个角色，开始和当地历史学家合作，清理这些坟墓，整理出土物，试图发现其含义。此前我从未听说过"地层学"这个词。还好，我身边有些人类学家可以求助。

所以你复员后回到大学开始学习人类学？你是怎么想的？

我刚回国时想去弗吉尼亚学院，军方提供补贴可以去学点什么。但是这里没有人类学系。我得到一些建议，可以去北卡罗莱纳大学，那里离家较近，做出这个决定纯粹出于经济原因。

那里你对谁比较有兴趣？

北卡罗莱纳大学的考古学家有乔菲·科（Joffre Coe，现已退休）。人类学家有约翰·吉林（John Gillin）和约翰·霍尼格曼（John Honigmann），还有一些很有意思的社会学家——其中之一就是盖伊·约翰逊（Guy Johnson，以上三位都已去世）。系的规模虽然不大，但是教授们都非常热情，对教学内容把握得非常好，对学生也是鼓励有加。这是一段美好的学习经历。

好的，这是你的第一堂课。跟你以后的专业有什么关系吗？只是普通的人类学课程？

我按照要求选课，包括语言学、体质人类学、社会人类学以及考古学。此时我发现自己的退伍补贴不够开销了，于是我开始做生意。我在北卡罗莱纳州承包建房，在我硕士研究生毕业离开时，我差不多盖了31栋房子。有段时间我手下人相当不少。我住在退伍兵的房子里,每个周六的早晨,房子外面都排了长长一溜队伍,等着我发工资。也就是说上课之外,我还干了许多事。

这些是你小时候学的技能么?
是的,我高中时就一直参加建筑工作。如果按家庭安排,我应该会成为建筑承包商。家里也一直支持我这么做,而不是跟在动物屁股后面跑。

不错,这让你一直当头。那你的学士还是硕士学位是在这里得的?
我都得到了。我回美国就是想念硕士,这是我的选择。但是我被建议应该在硕士阶段多选一些本科生课程。于是我便得到一个学士学位。我拿得非常快,然后我进入硕士阶段的学习,我也有了相关的背景。我用两年半时间拿到这两个学位。

需要写论文吗?我想知道你是什么时候开始选专业,以及什么时候转向了考古学?
硕士学位涉及论文,我写了论文,但没要学位。因为我知道我在密歇根大学还会再拿一遍。这篇论文后来发展成为我在密歇根大学写的博士论文(1964)。论文是研究弗吉尼亚州印第安原住民与早期英国殖民者之间的关系的,它基于我在北卡罗莱纳时就已经开始的遗址调查工作。这项工作的目的是希望把考古材料与已知族群结合起来。我收集历史文献,搜索殖民时代印第安人的居住地点,并实地调查其位置。我希望通过研究已知族群的材料,了解考古材料特征如何反映族群性质。

你怎么会选择这个题目的呢？我猜可能是由于材料的方便，是吗？

这是部分原因。还有部分原因是因为我进入考古学领域之前的了解。从前我很喜欢在林地里闲逛，我发现了许多遗址。其中有一处连土地的主人都非常感兴趣。当地关于这个遗址有许多记载。17 世纪早期，这个地区就被列为印第安人的保留地，是最早的保留地之一。我对这个地方一直很感兴趣。当我开始考古研究时，有人问："你打算怎么做？"我回答说："我打算就从这儿开始，然后扩展出去，因为我对此已有所了解。我将从这里出发去了解殖民时代的那些群体。"我选择这项研究是基于我十几岁时就开始了解的东西。

你的博士是在哪里得的？

密歇根大学。

所以你从北卡罗莱纳搬到了密歇根。是什么促使你转学的？

从北卡罗莱纳大学毕业后，我向众多学校申请奖学金与补贴。北卡罗莱纳大学主要的考古学教授乔菲·科是密歇根大学的毕业生，他了解那里的情况。吉米·格里芬[1]也在那里工作。他是美国东部的考古权威。选择密歇根大学也就理所当然。另外，密歇根给我的条件不错，所以我开始在那里读博士。当时我已有硕士学位，但密歇根大学有规定，其核心课程是必修的，不管你以前有何学位。所以我又在安娜堡（Ann Arbor）[2]花了一年时间拿了个硕士学位，然后才拿到我的博士学位，但这不是炫耀我拿博士文凭的时间。我拿到学位的时间滞后了，实际上 4 年前就已经完成了博士学位的要求。

---

1. James Griffin，现已退休。Jimmy 为昵称。
2. 安娜堡（Ann Arbor），密歇根大学所在地。

我记得你在《一个考古学的视角》(*An Archaeological Perspective*, 1972) 一书回忆过这段经历，当时遇到了一些困难。

确实如此。

你什么时候开始对考古学作为一门学科的表现感到不满的？

在北卡罗莱纳大学学习考古学的时候。我记得有一次我们一群研究生坐在一起讨论，有位教授走进来，听我们的谈话内容。于是我们转过去问他："您认为我们将来有什么样的前途？"他回答说："如果你们足够努力的话，可能有个文化阶段以你们的名字来命名。"这跟我在学野生动物生物学时听到的惊人地相似。我想我们应该也能够有更大的作为空间。当我在密歇根读博士时，我逐渐认识到，问题并不取决于我，而是考古学本身有很大问题！

那么你跟我们谈谈你在密歇根的日子吧。这些不满是何时浮出水面的？

安娜堡是一个令人鼓舞的地方。这里有一个非常善于启发的教师队伍。教授之间的交流也很多，实际上他们的观点与经验背景并不相同，具有丰富的多样性。

除了格里芬，谁比较有意思？

有意思的地方不在博物馆里，而是在人类学系。这里有莱斯利·怀特（Leslie White，已去世）、埃尔曼·塞维斯（Elman Service，已退休）、迪克·比尔兹利（Dick Beardsley，已去世）三位重量级教授。在美国，我们的学位是人类学，而非考古学。不管是研究石器还是研究骨骼，你的基础教育与考试内容都是关于人类学的。我们选修的课程与参与的讨论都非常有意思。你从安吉尔大楼（Angel Hall）出发——这里是上社会人类学与文化人类学课程的地方，这些课都很有趣。然后你走回到博物馆，看到的则是一群穿白大褂的人在数陶片，完全不同的两个世界！你会不由自主地想，怎么把两个世界联系起来？我的意思是，一边是活生生的人类行为世界，而另一边则是单调、琐碎的材料世界。这些考古材料实际上也是来自同样的地方——人类行为。我们如何从一个世界到达另一个世界呢？考古同行与研究生之间有非常多的讨论，这种思想也不断受到鼓励。于是在系里，考古学家与非考古学家以及人类学家之间自然存在着某种紧张的关系。

因此你们认为那些东西很让人郁闷，问题也都没解决。这导致了哪些具有建设性的行动呢？我的意思是，有人认为应该尝试不同的发掘方法，或尝试运用不同的方法处理材料吗？这个问题是怎么出现的？

最初我的反应是，我们应该学会用不同的方法看问题。不能总是准确记录，而是要采用一种不同于传统的解释方法，学习如何从考古遗存中获取信息。因此问题的关键是，我们如何采用新的途径看问题？这可能是我最早追索的方向。当时我特别关注统计技术、分析方法，希望能够发现仅通过发掘不能发现的材料特征与属性。

此时你开始摆弄烟斗管了是吧？

是的，因为你不得不重新看看你所有的东西。那个时候没人收集燧石碎屑，也没人收集动物骨骼，许多考古材料都被扔掉了，因为没有人知道该怎样研究它们。所以我早期关注的问题之一是，我们能够从燧石石片中获得什么？我们发现的这些普通物品常常是被大多数考古学家弃置不顾的。如果你能从这些普通的东西中获取信息，那么，你就会比只研究稀有物品多一个比较的框架。研究动物骨骼、研究石器废品是第一步。然后，我们开始研究历史遗址中出土的钉子，我们希望从中获取更多的信息。当时这些东西是被扔掉的，人们只收集那些"好"东西。另一件事是如何去整合我们的观察。我所做的早期工作是研究墓葬出土物，它就属于此类研究。从我们对火葬的了解中获取信息，无论骨骼是否遭到焚烧破坏，它都可以提供多层面的关联。所有这些东西结合起来，就不只是列表上有或没有这样的信息了，我们能够获取更多的内容。这也是早期我们"应该怎么看"策略的拓展，而且一旦你开始努力整合，你就会立即注意到社会组织与文化系统方面的问题。

我来问你，此时你读了不少科学哲学与方法论方面的书吧？

没有。我曾经读过一些，不过都是些教材——也就是哲学上的通识教育罢了。

你在密歇根大学待了多长时间？

从 1957 年到 1961 年。1961 年起我任芝加哥大学的助理教授——很低的职位[1]，但我是在编教师。

你是怎么得到芝加哥大学教职的？广投简历了吗？

不完全是。我得到一个面试机会，成功地通过了教师面试与面向学生的试讲，以及相关手续，然后我就得到了教职。那个时候还不需

---

1. 相当于中国大学中的讲师。——编者注

要广投简历，工作机会都是通过人际网络获得的。

你在芝加哥大学教什么？
他们希望我讲授的是美洲考古、统计学与方法论。

你的第一篇重要文章是《作为人类学的考古学》，是吧？
这是我在芝加哥时写的。当时我做了大量的分析工作——主要是墓葬出土物。因为当时美国中西部地区已清楚地发现了许多文化，基本都是以墓葬为标准划分的。还有一些文化是根据我们称之为废弃堆积的材料定名的。当放射性碳十四测年方法开始应用后，很容易发现它们并非毫不相干。在某种程度上，他们是同一文化系统的产物。随着碳十四年代框架的建立，人们开始认识到，我们定义许多东西的方式对了解社会文化系统可以说毫无意义。这促使许多人——不只是我——开始努力思考，如果没有碳十四测年帮助，我们怎样得出同样的结论。显然，我们的方法存在不足，我们看世界的方法有问题。

也就是说，这个问题来自考古材料的同时性？欧洲情况有所不同，我们的问题是传播——谁先来的？如此等等。而你遇到的问题是考古材料的同时性，完全出于意料之外？
对。原以为是时间早晚关系，已经做过分期排队及分区工作。然而实际情况恰恰相反，大部分都是同时代的东西。

真没有想到促进美国新考古学产生的主要因素居然是碳十四测年技术。

是的，一开始碳十四的测年材料还很少，一旦你意识到自己的方法出了问题，所有的东西就都需要重新审视。在中西部地区确实如此。那里发现了许多"文化"，基本都是根据墓葬材料建立的。这个地区的墓葬材料很丰富，因为土墩墓在地表一目了然，挖开即可，因此形成了比较好的材料基础。我记得自己曾参加一个会议，听到有人在认真讨论这个问题："俄亥俄州有许多大土墩墓，但是这里没人居住过，埋葬死者的人们都是从佐治亚州过来的！"原因是他们没能找到所需的材料——具有与墓葬材料相同器物风格的聚落遗址。实际上墓葬中随葬的是明器，聚落遗址中当然不会见到。碳十四测年帮助我们解决了这类问题。

好的，显然你是带着不断强化的怀疑主义态度在进行研究。当时在芝加哥大学有个讨论会，是吧？这种怀疑是在这里形成的吗？请跟我们说说。

芝加哥大学的教学经历是我有生以来最难忘的，因为这里有一个非常好的教师队伍。跟许多学校不同，这里的人是真在搞教育。我们每周一在教师俱乐部开个见面会，详细讨论教学问题——如何组织课程，最好的讲课次序应当怎样——以获得最佳的教学效果。这样就形成了一些非常有创造性的课程。我记得曾经教过一门叫作"人类生涯"（Human Career）的课程，这是我有生以来最美好的经历之一。这是一学年的课，通常由五名本系教师及一位或多位访问学者一起讲授。我参与其中时，基本顺序是这样的，有人从人类早期开始讲起，一年中至少要讲到国家起源。克拉克·豪威尔（Clark Howell，现任教于加州大学伯克利分校）讲授早期人类历史，不过他不是唯一讲早期考古的。他之后是罗伯特·布莱德伍德（Robert Braidwood，已退休），他们之间有重叠。然后是鲍勃·亚当斯（Bob Adams，史密斯森研究院秘书长），他和布莱德伍德又有所重叠。我则与他们两人都有重叠，因为我要把美洲与亚当斯和布莱德伍德讲的旧大陆进行比较。此外，还有访问学者——我们曾邀请到波尔多大学（University of Bordeaux）的弗朗索瓦·博尔德（Francois Bordes，已去世）、德斯蒙德·克拉克（J. Desmond Clark，已退休），哥德堡大学的卡尔—阿克塞尔·莫伯格（Carl-Axel Moberg，已去世），意大利的阿尔贝托·布朗（Alberto Blanc，已去世）。由于这些学者各有专长，所以每年都会带来新鲜的气息。你如果作为一名老师参与其中，那么你就要同时参加与你所讲材料相关的讨论。这真是一个教学相长的课程，也正是在这儿我遇到了麻烦。

路易斯，这是你第一次遇到麻烦吗？
不是的，不过这次相当敏感。因为在此之前，你尽可以写你的小文章，你可以与你的朋友讨论，基本上你不会一周三天在材料上与某些学术权威打交道。我和克拉克·豪威尔相处得很好——我们之间没什么大不了的事——但是与布莱德伍德和亚当斯，在某种程度上说，关系的确有点紧张。

重新审视新石器时代革命！
是的，正是如此。

可能因为这个原因，你写了那篇开玩笑的文章《掠夺的革命》（Binford and Binford, The Predatory Revolution, 1966）。
是的。

是的。我记得你曾经告诉我，那不过是篇开玩笑的文章。你没有想到居然被接受而且发表了，还被一本正经地对待。

编辑知道这是一个玩笑，但是他把它当成一篇正式文章来处理，并且送给同行评议，令人难以置信的是回收到了全部评论。所有评论者都是认真对待的。

但是这位编辑并没有《当代人类学》[1]这样的工作人员协助哦！

编辑把这些回复寄给我。他知道，我肯定会被逗乐的。我可能还保留着一部分回复。我倒是很希望知道是谁写的——这些评论都是匿名的，每篇评论都非常棒。

芝大东方研究所的人可能由此对你刮目相看。

是的。当时我在芝大与大部分学生一起做研究，都是些非常优秀的学生。你只要说："为什么不这么试一试呢？"他们就会全力以赴去研究，然后带回来许多让人耳目一新的成果。芝大的学生群体非常了不得。

华翰维（Henry Wright，现执教于密歇根大学）当时在芝大，是吧？

早期学生中还有比尔·朗埃克（Bill Longacre，亚利桑那大学，现已退休）、斯图尔特·斯特夫（Stuart Struever，[美国]西北大学）、莱斯·弗里曼（Les Freeman，芝加哥大学）、汤姆·林奇（Tom Lynch，康奈尔大学）、梅尔·艾肯斯（Mel Aikens，俄勒冈大学）。这是早期的学生群体。

1.《当代人类学》(Current Anthropology) 每期都有几篇文章附带相关研究者的评论，这些评论或批评或支持文章作者的观点，当然，大多数是批评，往往会形成一个比较热烈的讨论，非常值得一读。——编者注。

真是一个出类拔萃的群体！

然后是鲍勃·惠伦（Bob Whallon，密歇根大学），迪克·古尔德（Dick Gould，布朗大学）是从哈佛大学转过来的。后来，华翰维从密歇根大学转过来。克瑞斯·皮布尔斯（Chris Peebles，印第安纳大学）也来了——他本来就是芝大本科毕业生。接着是吉姆·希尔（Jim Hill，加州大学洛杉矶分校）以及其他一大批学生，的确是一个相当出色的学生群体。

这些人可能大多是与新考古学初期崛起联系在一起的。

是的。在分析方法上出色的有朗埃克、希尔、斯特夫、惠伦，这方面有重要影响的工作大多是他们做的。在考虑问题方面，弗兰纳利（Flannery，密歇根大学）无疑是最好的，因为他是一个出类拔萃的田野工作者。弗兰纳利拿学位的麻烦是你不能把他从野外召回来，让他有足够的时间参加考试！所以在这个群体中，你不仅仅是与一帮聪明的人在一块研究，而且他们具有丰富的田野经验，从而使得合作交流富有成效。

那么是在什么时候——随后还是更长的时间之后，某种意义上整个群体凝聚了一种共识？即人们所说的新考古学，包括你与这些人的研究。

这有些嘲讽意味。当时，我们尝试各种研究途径——寻找方法、考虑分析策略、建立模型、反思过程，如此等等。并没有一个什么群体，都是一些个人行动，通常都是彼此隔绝的。如霍华德·温特斯（Howard Winters，纽约大学）都不知道在博物馆的什么地方做研究。当时整个美国也不存在这样一个群体。当我们凑到一块开会时，也不只是一篇论文,而是六篇,于是我们被视为一个群体,就像一个社会组织一样,而不是互不关联的个人。所以说,人们对我们的称谓与实际情况之间有那么点联系。"新考古学"这个称谓是批评我们的人发明的。"哦,又一篇'新'考古学家的文章!"有点尖刻,但是我们决定接受它,并且也让他们勉强接受了。

我记得是在一次学术会议的讨论分会上,当时提交了许多论文,这是你第一次产生重要影响。

1963年,在科罗拉多州的博耳德市(Boulder),我们第一次在美国考古学会会议上提交了一批论文。稍后,我想是65年或66年,我们又写了一批,后来结集出版,此即《考古学的新视角》(*New Perspectives in Archaeology*, Binford and Binford, 1968)一书。

你在芝加哥待了多久?
我1961年去,1965年离开。

你为什么要离开芝加哥大学?
我被解雇了。

请解释一下原因。
我按照要求在规定期限内完成了博士论文,当最后限期到来时,大家也都可以说:"我们不知道他是完成了还是没完成博士论文。"于是乎,我是否有学位也就成了个问题,这只是问题的一方面。还有一个方面是我和布莱德伍德的关系,他似乎已忍无可忍了,所以我离开芝大也就顺理成章了。

你转到了加州大学圣巴巴拉分校,是吧?

是的。

你在圣巴巴拉待了大约一年时间?

我在圣巴巴拉待了一年整,然后转到加州大学洛杉矶分校。

请跟我们谈谈这个时期你的基本研究状况,你所考虑和研究的问题。你已经通过博士论文,研究了原住民与殖民者接触的相关问题。然后你似乎转向了更新世之后的人类适应变迁这个问题。这是你当时主要思考的问题吗?

我第一次真正接触到莫斯特石器工业材料时,我感觉遇到了有生以来最大的挑战。旧大陆的考古学解释比新大陆的更加空洞无物。

你做了个类比研究[1],然后说:"好的,我可能知道问题出在哪儿了。"

我一直想研究旧大陆考古学。很早的时候我就考虑过这个问题,但一直没有可能,因为我没有钱。搞旧大陆考古学的都是一帮有钱人,而且限制也多。

你是什么时候第一次去欧洲,即旧大陆的?

1958年。作为学生,这是课程内容的一部分。所以我利用这个机

---

[1] 指宾福德去考察努那缪提(Nunamiut)爱斯基摩人,努力寻解决莫斯特(Mousterian)难题的途径,对于这方面的经历,读者可参考《追寻人类的过去——解译考古材料》一书(上海三联书店,2009)。书中详细谈到他所遇到的最大挑战,以及何谓"莫斯特难题"。——编者注。

会去了欧洲，并参加田野工作。此后，我开始比较系统地阅读旧大陆考古学方面的著作。

在圣巴巴拉分校教书后你转到了洛杉矶分校，那里的氛围如何？适合教书么？

我深感挫折。完全是一个陌生的体验。其学系的规模非常之大，学生众多，我的第一印象是："天啊，我都不知道谁是老师！"似乎每个月都会遇到某位新人，并得知他或她是我的同事："你不认识这位吧！"印象之二是跟学生的关系。这里的教育方式是大食堂式的，跟我在芝加哥大学习惯的方式迥然不同。从来没有例会讨论教学问题。这里的哲学是我们不聚会，我们彼此都不见面；每位老师就教自己那点东西。学生去找老师，寻求指导。如果有位学生找到你，你就一直管他毕业拿到学位为止，你只需要按要求做就是了。我认为学生没能接受到比较宽口径的教育，视野相当狭窄。我也不喜欢这种指导关系，也就是："这是谁谁的学生，这是谁谁的学生，这是另外某个人的学生，他们只研究这个，他们只研究那个。"结果自然是一个极度分裂的学系——就老师而言，就是如此。如果你走进哪个同事的办公室对他说："上我的导论课的学生将要到你的班上，你认为我怎么做才有帮助？你介意我上这个部分，放弃那个部分么？"他们马上就会寻思你说的话的背后动机。尽管芝加哥与圣巴巴拉关系也很复杂，但教师之间有交流。无论是正面的还是负面的，你总可以从同事那儿学到一点东西。但在加州大学洛杉矶分校，你每天行走在大学校园里，跟学生见面，上课，然后回家——没有见到任何人，没有听到任何想法。

60年代后期，人类学系的规模大得离谱。在加州大学洛杉矶分校，我的导论课上居然有 1300 名学生！我都看不清他们的脸，你站在明亮的讲台上，你甚至都看不到学生。还有因为讲授进化论，我们时不时受到炸弹威胁，这都是奥伦奇县（Orange County）的基督教原教旨主义者干的。那个时候加州大学洛杉矶分校就像个动物园，哪里有学府的味道。所以我在一两次会议上放出风来，我想转到一个学系规模稍小的学校去，大家能够一起合作从事教育。一天，当我在办公室时，接到一个电话："你愿意到阿尔伯克基（Albuquerque）来吗？"[1] 我只考虑了两秒半钟便说："行。"然后问："我坐火车到哪儿下？"我下了车，找了半天，完成了面谈，感到这正是我想来的地方。于是 1969 年初我就去了阿尔伯克基。

好的。我想从这里开始考察一下新考古学。通常人们认为新考古学始于你的论文《作为人类学的考古学》，完成于你主编的文集《考古学的新视角》以及同年出版的戴维·克拉克（David Clarke）所著的《分析考古学》。现在回顾新考古学的历程，你有什么感想？我们说新考古学 1968 年成熟了。你认为新考古学此时取得了怎样的成绩？

当时我们在寻找考古遗存所具有的形态。我们寻找的形态是用传统的方法难以发现的。而当时使用传统的方法已没有什么帮助，下一步还没走出去。这个问题是："如果我们处在传统考古学家的位置上，我们该怎么做到呢？我们如何形成一种新的方法论呢？下一步我们该如何做呢？"就这些问题的争论相当激烈。我一直认为当时我们并不知道该怎么做。也正因为此，我暂时从争论中抽身

---

1. 即美国新墨西哥大学所在地。——编者注。

出来。1960 年代晚期到 1970 年代早期，美国举行了许多会议，无休止地讨论这些问题，每个人都站出来强调自己的主张。我的反应是，"我没什么好说的"。站出来说出某些还不完善的主张——这件事我已经做过了。说出我们应该怎么做——我并没有信心。到谢菲尔德（Sheffield）会议（Renfrew，1973）召开时，我已在阿拉斯加研究努那缪提（Nunamiut）爱斯基摩人了。我的回答是："我们应该到狩猎—采集者群体中去，看看能不能找到一些更有价值的东西。"

你如何看待当时英国，或者更准确地说欧洲考古学的状况？

我对当时欧洲考古学的发展感到有点惊奇。因为即便在芝加哥大学时，我们从来没有考虑到要给认识论的问题一个哲学答案。我们更多考虑的是如何进行推理，什么合乎逻辑，什么不合逻辑，哪些可行，哪些不可行。基本上你需要反复强调，人们才会注意到演绎推理。演绎推理对于评估现有观点相当有效，但是很少有人知道如何运用演绎推理产生新的想法。这些问题都是哲学问题，而非考古学问题。所以在我参加谢菲尔德会议时，我感到有点不可思议。回到美国后，我们开始从考古遗存及形态特征来寻找问题之所在，看看哪些问题需要解释。但是谢菲尔德会议的侧重点则有所不同，人们讨论哪位哲学家是对的，哪位哲学家错了。我不认为这是真正问题之所在。

邂逅埃德蒙·利奇（Edmund Leach）[1] 感觉如何？

非常好，很开心，相见恨晚。他讲的内容正是我希望社会人类学

---

1. 埃德蒙·利奇（Edmund Leach, 1910—1989），英国社会人类学家，曾在缅甸进行民族学调查，提出社会结构与文化变迁理论，与法国列维·施特劳斯的结构主义有所区别。——编者注。

家所讲的（Leach 1973）。在我看来，社会人类学的视角一直都是参与到所研究文化中的研究者的视角，而不是要努力解释这个文化系统的研究者的视角。这样的研究者试图解释的是，他为何要参与到一个文化系统中？为何他要这么做？因此当利奇站出来坦陈自己所做的研究时，振聋发聩，令人深思。所以我经常引用他的观点。

就是黑箱……

黑箱——正合吾意。我笑着说："现在我们有一个可以长期引用的东西了。"对我来说，社会人类学的主要问题应该是如何解释不同个体的行为，然而当时的重点仍然是研究为什么个体如此行动；答案总是人们如此行动是因为他们习惯于这么行动，文化成为个体行为的解释。从某种意义上说，这是对的。但是这没有解释为什么文化系统彼此差异明显。我不认为这是考古学家的专长。考古学家研究的单位是文化整体的特征，并不能严格还原到个体行动层面上来。

奇怪的是，社会人类学它也曾将文化视为整体。然而在发展过程中，它远离了功能主义，逐渐失去了早期的看法，这个变化相当有意思。

确实如此！在我看来，当代人类学比我做学生时更糟糕。它日益滑向相对主义阵营，越来越靠近怪异的人本主义——"人类文化丰富多彩，我们只是孤芳自赏。"——没有人去解释什么。唯一可靠的新事物是被观察的行为群体，这还有点意思。这样的研究都是在社会生物学框架中进行的，虽然有所不足，毕竟是很好的科学研究。在当代社会人类学中，这些研究处在边缘、远离中心——生态学的中心。我很厌恶当代社会人类学研究，我宁可去读小说，这样的研究小说家写得比他们好！

那么你会把列维-施特劳斯（Lévi-Strauss）的大部分文学创作放在这个范畴吧？

是的！他太可怕了，读他的书相当费劲！我宁可去读科幻小说。

好的，我们回到谢菲尔德会议时的英国考古学这个话题吧。你认为英国与美国考古学具有类似的发展是否值得注意？比如说在分析考古学上。

为什么的问题并不是我想研究的问题。我所做的是观察，了解那些对事物发展有重要影响的因素。当时我学习了数学与统计学，是通过计算尺学习的。后来有了巨大突破，手摇计算机出现了。但是做一个6×6的卡方（Chi-square）检验仍然要花几个小时，因此运用数量材料寻找考古材料形态特征的工作实际上难以进行。我们知道怎么去做，我们具有数学知识，但是具体去做的工作量令人望而却步。一旦我们有了计算机，这些都迎刃而解了。虽然那时的计算机跟现在的水平相比相当幼稚，但是我们可以去寻找考古材料的形态特征了。直到我们有了发现考古材料形态特征的手段之后，我们记录这些材料的努力才值得。我的意思是，如果没有办法分析这些材料，那么我们为什么要坐在那里测绘每一件石制品呢？如果我们不能研究一件陶器，为什么我们要详细描述其特征或是类似的东西呢？对考古学家来说，没有计算机的帮助，要在大量的考古材料中识别其形态特征的确是勉为其难的。计算机的出现与碳十四测年差不多同时。此外，当时没有很好的办法确定年代，如果你回顾一下20世纪四五十年代的考古文献，就会发现那个时候的主要工作是如何从考古材料中推导年代。时间是我们希望得到的控制因素。一旦我们另有办法了解流逝的时间（通过碳十四测年），就考古材料的内容来说，我们重点研究的问题也就截然不同了。下面三个方面的进展结合起来，于是我们有了独立年代框架，我们有办法分析巨量的数据，我们可以在年代研究之外思考考古材料的问题了。这其实是每个人都希望了解的。我做学生的时候，唯一的方法论——从科学方法的意义上说——就是分期排队，这就是我所学的。

这不仅仅是因为分期排队的方法以年代为中心，更因为当时考古学家只有这个相对科学的方法，去把握考古材料的特征。

对。从某种意义上说，一旦年代问题解决了，我们就可以用考古材料去解决其他问题。我们有了新的方法审视考古材料，发现过去看来不明显的形态特征，这必然会影响到考古学研究。我在给戴维·克拉克的信中多次表示，我参考过《分析考古学》，但是我认为它是最佳的传统考古学著作，而非新考古学的。

他读到这里没有勃然大怒？

没有。为什么我这么说呢？因为整本书都在讨论如何去发现考古材料的形态特征，而没有去质疑传统考古学的基本前提。

他还是在老问题上打转。

对。我所考虑的是基本前提问题，如何组织现象的观察去解决问题，而我完全没有发现他考虑到这个问题。他还是在传统考古学范式中研究，引入新的技术和方法而已。这也正是克拉克与我的研究之间最大的区别。

好的。现在让我们回顾一下新考古学随后的发展变化。其早期的清晰的目标似乎没有坚持下去。新考古学无疑有些很不错的进展，但它并没有全方位地取得进步。

对此我并不感到意外。传统考古学是一个观念体系，包含一系列预设前提，即关于世界的先验观念。如果我们怀疑这些前提，倒是可以很快了解个大概，大致知道是对是错，有用还是没用。我想完成这项工作完全可以相当迅速。然而，随后我们该怎么做才能替代被打倒的传统考古学呢？我们也确实推导了一些自认为比较可靠的知识，至于究竟什么东西可靠，并没有讨论。除了破以外，我们还需要去立，但是我们并未找到清晰的途径。于是大家只能随意选择，"这是我相信的"，"这就是我们要找的方法"。我们有不少纲领性观点，来自生态学、地理学、社会生物学或是其他学科，但是还是没有一个系统的研究策略，替代被我们打倒的传统考古学方法。惯性很强大，大家都不知道怎么去做。那些60年代很活跃的同行到了70年代也不知道该怎么做了。共同的反应是，"我还是做我现在做的研究吧"，"我们还是一以贯之吧"，而不是努力去寻找更有成效的方法。至于我所做的研究是否有成效，自有他人评说，但是我的研究能自成体系，我对此深思熟虑过。我知道我们需要了解什么，我们应该回到材料中去，看看下一步我们需要了解什么。就我所做的研究而言，它具有一定的系统性。我想我已经掌握一些东西。但是我不知道是否可以在基础理论层面上形成基本的体系。

某种意义上说，戴维·克拉克的话"纯洁性[1]的丧失"确实是一个

---

1. Innocence，实际含义是指"幼稚"、"天真"，即考古学不再简单、轻信。

正确的说法。新考古学在处理传统考古学的预设时也丧失了纯洁性，不再天真，新考古学并不知道下一步应该做什么。

对，事情还在继续。我想当时许多观点都只是一些不成熟的想法，并不知道有成效的研究策略是什么。就我来说，当我决定要努力做点什么的时候，我试图找到一种有效的研究策略，至少也要尝试一下以前没用过的方法，好歹这还有点新鲜感。

我们来讨论你的下一个研究阶段。你决定了，"看来从这些莫斯特石器与动物化石中没有什么好学的，我打算去阿拉斯加考察"。

我的头脑中有许多问题需要解决。一是我想知道一个文化系统多大程度上具有内在一致性，我需要调查具体的情况。人们各种有组织的活动在其生活的区域中会留下怎样的差异性呢？不仅如此，我还希望能用一些可靠的变量加以衡量。回到生物学领域，我曾经关注生态学，但是只要我们用一种类型学方法来研究环境，就会被卡住。只要我们谈到环境时，还在说有没有橡树或山胡桃林，我们就会进退两难。理论构建中需要变量，我们需要了解生物量、转换率、生产力，以及环境在能量层次上的差异程度。

名称变量是不够的？

仅有名称变量是不够的。我非常急切地想发展出一种方法，就像是用同一副眼镜，观察所有的变化。我希望这副眼镜跟考古学家密切相关。我注意到动物骨骼。关注它的原因是因为我曾经花了大量精力研究石器，但是没能找到关键的影响因素。在研究动物时，你很容易发现你所研究的动物具有某些意义的特征，这些特征古今一致。当时我努力在寻找那些稳定的变量，通过它进而去发现与了解古代文化系统的行为变化,这是方法论上的目标。如果我要研究欧洲中更新世的情况,我的目标应该是研究一个类似的苔原环境,因为当时法国多尔多涅(Dordogne)地区就是一种冰缘环境。通过了解当代世界——它跟古代世界具有真实可靠的可比性,从而把知识建立起来。

所以你理所当然地选择了往北走而不是往南,是吧?

对。这是一个跟我的通识教育背景相关的决定。从这个背景出发,我总是希望看到一些经验事实,这也是方法论的目标。我学习过,结果就应该是经验事实。通识教育的目标通过这个经历实现了,完全超乎我的想象。一旦开始寻找文化系统的内在差异性,我就发现所有的东西——除了动物骨骼,都有了迥然不同的意义[1],比如说技术的组织。这个经验构成了我许多文章的基础。我曾经写过工具是如何以不同方式进行组织的——不管这个工具是不是现代的铝制盆。技术组织的原理才是关键的,这非常有启发,完全出人意料。正是通过研究动物骨骼之后,我注意到人们所有的活动都是以一些组织原理联系起来的。所以到阿拉斯加去从事民族考古学的研究,对于我以后所有的研究来说,都是至关重要的。这确实改变了我的思考途径,帮助我认识到哪些值得一做,以及哪些是我们在发掘中应该重点关注与保留的。

从这之后,实际上你很少写有关莫斯特的文章了。这对于我们讨

---

1. 这是宾福德思想中最有原创性的视角。他注意到狩猎采集者对于空间、环境的运用不仅有功能上(活动区、不同功能的遗址)的差异,而且还有季节、年份、生命周期(童年、少年、成年、老年)的区别。即同一群体完全可能创造出不同组合的器物特征,很容易被误认为属于不同的文化。——编者注

论更早的旧石器时代颇有帮助，但是似乎看不出对莫斯特问题有何帮助。这么说公平吗？

可以这么说，但成效很快可以看到。在我去阿拉斯加做研究时，我还是尽量把莫斯特看作近似于现代人的文化系统。当我真正开始狩猎—采集生活的研究后，我首先问自己："全球范围的情况如何？""作为考古学家，我们应该如何从一个有组织的视角来研究它？"我开始认识到这是可能的，变化的范围是全球性的。我逐渐清楚，莫斯特时期的人们跟我们不同。我在研究一个特殊领域，决定其生活的组织原理在现实世界中找不到任何可以比较的对象，不论是现代狩猎—采集者，还是旧石器时期晚期的人们。这是一个非常有成效的研究，虽然结果是与研究目标相矛盾的。

因此，如果莫斯特时代的人们不同于我们——从种属意义上说，那么我们就需要以一种不同的途径来考察这个物种。某种意义上说他们就是动物。如果我不能从人类行为的角度研究他们，那么我应该追寻到更久远的年代，寻找他们在莫斯特时代之前的特征。这就是我的研究策略，迄今为止还是相当成功的。莫斯特时代是两个时期之间的过渡期，这两个时期代表两极，各有各的组织原理。目前我们逐渐弄清了这两极的情况，我们可以从更有意思的角度来讨论这个问题。

我注意到你最近的讲述中把"文化"基本限定在莫斯特时期之后。此时文化作为人类身体之外的适应手段究竟发生了怎样的变化？

我认为文化是人类的体外适应手段，但是还有其他途径，同样能够做得很好。现在我们知道动物也制作工具——黑猩猩会砸坚果，甚至会"储备工具"，如此等等。所以说技术，尽管自然界中不常见，仍然可以通过非文化的途径来组织。早期人类可能就是最好的例子。

"文化"按你的说法是否涉及象征符号的运用？

是的。这可能跟文化本身的面貌密切相关。因此，与其说文化是考古学解释的一部分，还不如说文化本身就需要被解释。我开始谈到技术在人类适应中的核心作用，或者说技术完全跟生物学因素有关，只起到辅助作用。我认为我们需要探讨所有这些东西，因为我们不知道文化是如何形成的。我们不能简单通过一个定义来解决问题。

在你看来，只有完全的现代人才拥有文化，文化看起来很了不起。但问题还是远没有解决。你一会儿说人类没有文化，一会儿又说人类有文化——这是否是上帝之手呢？我们是否又回到了讨论的起点？又到了西斯廷教堂的穹顶[1]？

不，不是的，科林。我可以从几个方面来评论这个问题。如果我们从欧洲的角度看待旧石器晚期过渡的问题，基本上都会认为，我们是在讨论一个短暂的史前时期，即从距今44000年到34000年这段时间。另一方面，我们已经了解到世界其他地方的发展序列。就这方面而言，南非的考古材料非常有挑战性。这些材料具有欧洲旧石器晚期的许多特征，其年代超过距今50000年，有的甚至早到距今90000年。这些特征的出现比欧洲早数万年。这里还有解剖学意义上现代人化石材料的证据，比世界上其他任何地方的证据都要古老得多。我们从欧洲的角度出发来审视旧石器晚期的过渡，看起来异常迅速，但是

---

1. 1506年，教皇儒略二世（Pope Julius II, Giuliano della Rovere，又称朱理二世）为了纪念叔父教皇西克斯图斯四世（Pope Sixtus IV, Francesco della Rovere），命令米开朗琪罗重新绘制西斯廷教堂穹顶壁画。米开朗琪罗独自一人于1508年开始设计创作壁画，并命名为《创世纪》，于1512年最终完成壁画。此幅穹顶画描绘了《旧约·创世纪》中的9个场景，场面宏大，气势恢宏，人物众多。而西斯廷教堂也正因为拥有米开朗琪罗最有代表性的两大巨制壁画《创世纪》和《最后的审判》而闻名于天下。伦福儒用此典比喻难以解决的问题。——编者注。

审视整个过程，如果欧洲不是起源地——也就是说旧石器晚期过渡是在世界上其他地区发生的，欧洲的过渡不是基于本土起源，而是来自现代人的辐射，那么欧洲的旧石器晚期过渡也就没那么了不起。这是其一。第二，即便是我们发现更古老的时间，变化也没那么神奇，变化任何时候出现都令人注目。旧石器时代早期基本缺乏一系列我们视为人类现代行为特征的标志。对时间深度的认识就是特征之一。想到这些早期人类生活在一个有鲑鱼与驯鹿（我们知道它们那时跟现在的行为方式差不多）的环境中，却没有食物储备，没有积累的习惯，真不可思议！到处是堆积如山的食物，他们逮到一条鱼，吃掉，饿了就再去逮。他们不会一次逮500条鱼，储备起来，将来再吃。其行为中很少有时间计划，这可以说是旧石器时代早期到中期早段的基本归纳。你也许会问："是什么导致了时间计划的形成呢？"是智力，就是它。世界上有许多拥有高智力的动物，它们的时间计划能力各有不同，其他方面也是如此，但是哪一种动物都不能像人这样。如果你去问那些研究思维的人，你得到的回答将非常简单：如果你能够赋予一个词或是经验以意义，你就能够通过这些符号进行推理——就像你做数学计算一样，能够预测结果而不是经验之。换句话说，就是你能够从经验中抽象出东西来，你认为这些东西可以通过一种简化的方式推导出你所不能经验到的情况。如果你随后能经验到相关的情况，那就说明你的推理相当准确。时间计划的长度确实取决于预测能力，所有早期人类显然缺乏这一能力。当它出现后，当我们从考古材料中看到相关证据之后——砰！它突然冒出来了。我猜这是因为语言。我不是说人类意义上的语言才是唯一有效的，我也不是说更早阶段就没有交流手段——所有动物都有。我不是说这些交流手段没有效率，我只是说其中没有象征符号功能，无法使得抽象成为可能。一旦人类拥有这个能力，他们在世界上生存的潜力就大不相同了。这就是这种变化所导致的。从行为观点来看，它是一个主要的组织原理上的变化。它绝不同于生物学意义上的交流手段，我没有发现还有哪一种手段能够带来如此巨大而迅速的变化。这完全是一种发明——人类能用得更好。

我们人类做得更好，但这些乔姆斯基（N. Chomsky）[1]等人早就说过，人类有这样的能力。我们需要谈及起源，以及这种能力的形成过程，是吧？

随着时间推移，人类的能力一直都在发展。智力在提高，交流能力也在提高。

但是并没有同样的爆炸性的交流形成？

科林，我不打算完全反驳这个观点。但是我认为，考古材料所表现出的形态特征的确是爆炸性的。人类行为变化的规模相当惊人。这不是渐变——如达尔文所想的，经过漫长时间的积累。许多东西都是积累的——脑容量的扩大，可能还包括智力，甚至还有交流能力、生产技能、技术应用的范围等，这些都是逐渐提高的。但是从组织原理的角度说，向完全现代人行为的转变不是逐渐发生的变化。

是一个巨大的间断性发展。

---

1. 诺姆·乔姆斯基（Noam Chomsky），1928年生于美国费城。当代世界最著名的语言学家、哲学家，美国麻省理工学院教授。乔姆斯基被誉为"哥白尼式的人物"、"当代认知科学之父"、语言学界的"爱因斯坦"。1957年，他凭借《语法结构》一书掀起了语言学的革命，开创了转换生成语言学，奠定了现代语言学的基础。作为语言学"遗传理论"的倡导者，乔姆斯基不满足于观察言语行为的表面现象，而是探索其内在的语言能力。他认为语言是人类特有的才能，人类大脑细胞中天生就输入有语言程序和普遍语法规则的密码，这一程序限制了所有语言形式，也构成了所有语法的基础。乔姆斯基教授著作等身，目前最为引人注目、传播最广的是他所写的言词犀利的政论文章。在美国"当代最具影响力" 100名公共知识分子评选中，他排名第一。目前，他是美国《科学》杂志评选出的20世纪全世界前10位最伟大科学家中唯一健在者。——编者注。

是的。我打个比方，可能不是很合适。如果我们得到一台存储能力惊人的计算机，但是没有软件，我们怎么办？一旦你想打开存储器，分析里面储存的内容，你就需要智能，这是一个必需的基本组件，通过抽象从经验中提取"相关的"信息。

你强调解释，按照你的体系，你很清楚文化本身不能解释自己。我想语言也不是自身的解释。

我同意这个说法。我不擅长这个领域，这个方面我也需要求助于心理学家与那些做大脑研究的人。我的意思是我可以思考这个问题，而不认为我有什么解释。

好的，这很公平。我记得你有时谈及想去研究布须曼人。

某种意义上说，我的确做了大量的布须曼人研究，但是不需要自己亲自去做，很早我就让学生去做了。

是的。

我一直鼓励学生去做这样的研究，尽管我一直都知道我们需要持续的狩猎—采集者研究，但是我总是急切地想回到考古材料上去。

你还做了哪些全球性的研究？你在中国做过一阵子研究，是吧？

是的，那是 1985 年夏季。

你有什么收获？

这些都跟对早期人类的研究有关。一旦我开始注意到一个区域的形态，很自然就会关注这一形态是否同样见于其他地区，是否因地区而异。这种形态在我看来具有人类活动规律上的意义。完全现代的狩猎—采集者的活动随环境条件的变化，具有不同的活动规律，随地域的改变而有所差异。在我最初的印象中，早期人类似乎没有这样的变化，同样的组织原理见于任何地方。因此我迫切希望研究旧石器时代早期的情况，看看世界各地最早的考古材料是否存在微妙的变化，这些变化具有地理上的意义，或是发现不同环境条件中人类依然具有同样的组织原理。另一个难题是早期人类的辐射。当你谈到后来的旧石器晚期过渡时，你必须要问的是，"如果早在1000000—700000年前人类已经辐射到欧亚大陆，那么这里随后发生的变迁是否都来自这些祖先呢？或是说有一系列辐射，或是存在基因流动，导致边缘地区令人困惑的局面？这确实是一个热点。我必须从全球的范围考虑这个问题。从世界角度来看，真正重要的遗址也不是很多。我们非常缺乏材料。所以我当时努力去做的事情之一就是去考察大部分遗址。现在已经完成了不少，我非常想去奥杜威峡谷（Olduvai Gorge）开展田野研究，因为全世界也没有这么好的地方，在这里你看到的不是有限的一点堆积遗存，而是整个剖面所代表的环境，你不仅可以看到古生物材料，还可以从远古环境剖面上看到人类化石、动物骨骼以及石器。这种规模的材料正好可以用来检验有关人类行为与组织原理的观点[1]。

对。还有一两个问题：一个是假想的测验题——如果你能够重新开始，假定我们还是在讨论考古学，你认为哪些问题首先值得去解决？我的意思是，如果你现在是一个学生，没有你曾经做过的思考与研究准备，而要选择一个研究领域，哪些考古学难题具有挑战性呢？

---

1. 后来，宾福德申请去奥杜威研究的经费没有成功。——原注。

我从两个方面回答你的问题：如果我的人生能够重来，我想我还会这么做。另一方面，如果我已经部分了解到我现在知道的，我可能早在 1956 年就下田野去做狩猎—采集者研究了，我直到 1969 年才下定决心做相关研究，早一点去研究这些会有更大收获。

因为机会正在流失？

如果我 50 年代就有这种先见之明，那么 60 年代末我的研究会有收获得多，但现在都是事后诸葛亮了。现在我打算从第三个方面回答你的问题。就考古学家所面对难题的范围而言，有哪些真正重要的问题尚未解决呢？就像我们开玩笑说的，其"原始野蛮的"方面是我们不知道如何度量环境。我们仍旧运用类似于分类的方法。这是一片松树林，那是一片什么林，如此等等——我们没有找到合适的变量来度量环境。我有点担心这个问题，但我一直没有发表这个观点，我没有什么非常好的看法。另一方面，从"文明的"角度来看，这也是你的角度，我认为存在同样的问题。研究者还在想着通过分类的方法来研究，他们没有真正去想如何找到合适的变量，度量那些文化系统。我认为，旧石器考古方面现在开始做得好一点了。从我的角度说，我们需要用这种方法来研究环境；我们正在进行的考古学研究取得了良好的进展。从你的角度来看，是否想弄清环境取决于你，但是你必须搞清楚考古遗存。我们需要通过变量而非类别来研究。

是的。我也认为你说得对，材料的丰富有时真是适得其反。

想起来都不寒而栗。你只要说，我打算研究陶器——无比丰富的材料，我们有 800 万种陶器类型，15000 个文化区域，如此等等。这于事无补。我们必须考虑如何进行度量。我们要搞清楚陶器中盛的是什么，它们包含多少社会信息，并且要研究变化的尺度。这也就是我从全球范围内就这一问题的"宏大陈述"。

后　记

　　2011年4月11日，路易斯·R.宾福德博士在密苏里州去世。在考古学史上，宾福德博士无疑是一位里程碑式的人物，通常他被认为是"新考古学"的开创者。他认为考古学家在构建文化历史的框架之外，应该能有更大的作为。他认为考古学家在回答"什么时候"、"什么地方"、"是什么"等问题后，应该回答文化是"怎么"发生变化的，以及"为什么"会发生变化。考古学获得所有有关过去的知识都是推理，为了建立可靠的推理，考古学家需要借助"科学"，考古学也应该发展成为一门科学，在研究中应以问题为中心，发展抽样统计、计算机模拟等方法，全方位地了解史前文化系统。在新考古学的发展陷入僵局的情况下，宾福德开创了考古学的"中程理论"（middle range theory），1969—1973年他赴阿拉斯加研究当代狩猎—采集群体，将其组织行为原理用于考察史前遗存，取得了非常丰硕的成果。1990年代以后，他更是集中精力研究狩猎—采集者，为史前考古，尤其是旧石器考古研究提供了极其宝贵的参考框架。在他的学术生涯中，还提出了一系列极为关键的问题，如"石器的风格问题"、"莫斯特难题"、"周口店是否是中国猿人之家"、"考古学是否是一门科学"，如此等等。这些问题都引起了激烈的争论，至今没有解决，但是它们激发了考古学家的思考与探索。斯人已去，但他留下的丰厚学术遗产将惠泽后世。此时，重温科林·伦福儒博士对他的访谈，我们可以通过一种更亲近的方式了解这位创造性的学者所经历的学术历程，这对我们了解"新考古学"的形成以及了解这位考古学家本人都将非常有帮助。作为他的学生，我也希望通过这种方式缅怀他，重读其言，又仿佛聆听到他的教诲。

陈胜前

（《南方文物》2011年4期）

切尔内赫

欧亚大陆冶金考古的掌门人

切尔内赫（Е.Н.Черных）

1935年出生于俄罗斯首都莫斯科，1958年毕业于莫斯科国立大学历史系考古专业。同年进入俄罗斯科学院考古研究所工作。1959年，进入金属研究所学习金属分析方法，1963年获副博士学位，1972年获博士学位。2006年，被选为俄罗斯科学院通讯院士。

切尔内赫博士长期从事冶金考古学研究。他所研究的空间范围从欧亚大陆西部的东南欧巴尔干、黑海沿岸越过乌拉尔山，直至西伯利亚和东亚的蒙古国境内，时代从距今6000年左右的红铜时代到公元前1千纪的早期铁器时代。他是当今国际知名的欧亚大陆冶金史研究领域的专家和执牛耳者。其代表作有：《古代保加利亚的采矿和冶金》(Горное дело и металлургия в древней Болгарии, София: Изд-во Болгарской АН)；《欧亚大陆北部的古代冶金》(Ancient Metallurgy in the Northern Eurasia)；《苏联的古代冶金》(Ancient Metallurgy in the USSR)；《欧亚大陆草原地带：游牧文化现象》(Степной пояс Евразии: феномен кочевых культур)。

采访、翻译 | 张良仁[1]

终审 | 李水城

我知道俄罗斯（包括前苏联，下同）有许多考古家庭（指考古夫妻、考古父子或考古母女等）。您是这种情况吗？您是怎么进入到考古学的？您的父母对您的职业选择有什么影响吗？

我的父母对我的职业选择没有起什么作用。他们都是工厂工人，是斯大林工业化时代的典型"产物"。父亲和祖母出生于基辅（乌克兰首都）的一个贫穷家庭，后到莫斯科工作。母亲来自一个贫穷的农民家庭，后来从尔泽瓦（Rzheva，伏尔加河上游的一个城市）附近的农村到了莫斯科。在俄罗斯的十年制教育中，父亲只上到六年级。母亲可以写字，但有些困难。祖母完全不认字。无论是第二次世界大战以前还是第二次世界大战以后，我们家里都没有一本书。我的第一个妻子（2006年去世）是一位考古学家，她的研究方向是碳十四测年，我是在工作以后娶的她。现在的妻子是第二任，也是一位考古学家，不过她是做植物考古的。

第二次世界大战期间您年纪尚小。当时您的家乡城市莫斯科被德军包围，您是如何度过那些年的？这场战争对您的学术生涯有何影响？

"二战"时期及结束后的几年，我记得的情况是极其艰苦的，饱受饥饿、亲人的死亡以及刺骨的寒冷煎熬。我的父母所在工厂要迁出莫斯科。在我6岁生日时，我乘坐一辆"暖车"[2]，车厢内挤满了人，一

---

1. 南京大学教授。
2. 斯大林时代运输牲畜的车厢。

直塞到不能再塞进为止。机车载着这种"暖车"从莫斯科一直拖到古比雪夫（Kuibyshev，今萨玛拉［Samara］），路程总共有 1000 千米，在天寒地冻的冬天，我们足足走了一个半月。在古比雪夫我开始上学。到了 1943 年末，我跟随母亲回到莫斯科，在郊区继续上学，念二年级。三年级时，我对读书开始有了无法抑制的嗜好，直到今天都没能解脱出来。五年级时，我已经读完了学校图书馆里所有的书籍（当然，图书馆也不大）。当我成为中学生时，开始疯狂地走访莫斯科的各个图书馆。我中学时代的梦想是成为一名地质学家和旅行者，我也非常喜欢历史和地理（当时我还没有听说考古学）。最后我的梦想成真。

您是怎么开始学习冶金考古并成为欧亚大陆古代冶金史研究的奠基者的？是因为您所在考古所规划开展科学考古[1]吗？

当我开始学习冶金考古时，其实是在寻找一条自己的学术道路。我从事冶金考古的动力来自我所在考古研究所规划的新方向。1959 年我大学毕业，然后到考古研究所工作，当时是做一名实验室助手。当年所里已开始筹备自然科学方法实验室。我自己提出运用放射性金相分析研究金属，但在此之前我几乎完全不知道这种方法的存在。为了掌握实验室的工作和组织方法，我到金属研究所[2]学习，接受了第二次教育。同时，我决定了解其他实验室的光谱分析方法。到了 1960 年末，考古研究所实验室建成，并检测了第一批古代金属的分析数据（当然，那时实验室仅我一人从事放射性光谱分析）。后来，实验室不断扩大，到 60 年代末和 70 年代，人员增加了一倍。实验室最活跃的

---

1. 即将科学方法应用到考古学中来研究古代科技。
2. 现在的莫斯科钢铁与合金研究所。

研究活动集中在古代采矿和金属生产方面，由我所在的小组进行。

您获得了哪些学位？为获取这些学位，您撰写了哪些论文？

在前苏联的教育体制里，我一共获得了4个学位。第一个是"考古学—历史学"专业，这是我在1958年本科毕业时获得的学位。为了得到这个学位，我要参加很多考试并撰写毕业论文。可惜这个论文没有发表。当然这种本科论文也不是必须发表的。第二个学位是"历史学副博士"，相当于西方的博士。我是1963年答辩的，毕业论文是《金相分析和东欧古代冶金史》，整篇论文发表在我的专著《东欧古代冶金史》[1]中。第三个学位是"历史学博士"，1972年我进行答辩，论文题目是《东欧青铜时代晚期的冶金史》，论文内容后来发表在两本专著上，即《乌拉尔河和伏尔加河流域的古代冶金》[2]和《苏联西南的古代金属生产》[3]。我的第四个学位是俄罗斯科学院通讯院士，这个头衔不需要特别的专著，而是鉴于我已有的学术成就，在2006年当选。

20世纪60年代至80年代，您领导开展了几次大规模的采矿遗址调查，地点包括巴尔干、乌拉尔、卡拉库姆、帕米尔—天山和蒙古。您做这些工作的学术背景是什么？您的调查队有多少成员？您如何寻找和发现古代采矿遗址？您为何要发掘保加利亚南部的艾伊·布纳尔（Ai Bunar）遗址？为何没有选择发掘其他遗址？

我第一次调查古代铜矿遗址是在1967年，地点在乌拉尔山的东麓。田野调查比较艰苦，但是我们得到了一辆汽车，有驾驶员，这大

---

1. 莫斯科，1966年，144页。
2. 莫斯科，1970年，180页。
3. 莫斯科，1976年，302页。

大方便了我们的工作。我有一个助手，是我认识的一个人，但他不懂考古。在这之前，我有机会阅读了大量有关铜矿和多元金属矿的地质勘探报告，里面记载了乌拉尔、高加索和其他几个地区历史时期或古代的采矿遗址[1]。我在过去勘探工作发现的采矿遗址中选择了一些感兴趣的点。在田野工作中，我做的第一件事是到当地的地质管理部门，请他们帮助寻找具体的采矿遗址。通常地质学家不会拒绝我的请求，这让我至今都对他们怀着深深的感激之情。就这样我开始了田野调查。在此之前，在前苏联几乎没有人做过这种工作。在田野工作中，我采集矿石和炼渣，然后带到实验室进行分析。我们马上意识到，这项工作将揭开冶金史研究史上一个全新的、人们尚未认识的领域。1969 年以后，我有机会到保加利亚研究古代冶金生产。在乌拉尔，尤其是在北高加索工作的基础上，我同保加利亚考古学家联合组织了一个工作队，对巴尔干半岛北部、保加利亚境内的古代金属和采矿遗址进行了调查。结果是，我们研究了保加利亚全境的所有金属器和许多古代采矿遗址。这项工作最重要的成果是，1970 年我们在南保加利亚发现了艾伊·布纳尔铜矿（多元金属矿）的采矿遗址。这座铜矿的开采年代早到公元前 5 千纪，而且保存状况特别好。1971、1972 和 1974 年，我们发掘了这座遗址，发现了最早的开采遗迹，其开采技术和方法与以往考古学家所见的情况完全不同。保加利亚境内其他的采矿遗址我们没有发掘。因为艾伊·布纳尔遗址的发掘非常复杂，且耗费人力，我们几乎将所有时间都放在了这个遗址。我在保加利亚所做的所有冶金史研究都发表在一本大部头的专著中[2]。

---

1. 所有报告都保存在苏联中央地质档案馆中。
2. E. N. 切尔内赫：《古代保加利亚的采矿和冶金》(Горное дело и металлургия в древней Болгарии)，София：Изд-во Болгарской АН, 1978. 388 стр.。

您在卡拉库姆和蒙古的田野调查发现了什么？此外，您发表的论著给我的印象是，您的精力集中在青铜时代。如果是这样的话，那么是何原因使您不关注铁器时代？是因为缺少样品，还是因为您忙于青铜时代的资料？毕竟早期铁器时代的游牧文化以数量庞大、种类繁多（金、银、青铜、铁）的金属器而著称。您如何解释这些游牧民族的财富和生产能力？

我们 1977 年在中亚（卡拉库姆和帕米尔—天山）的田野工作发表于我的研究生卢赞诺夫（V. D. Ruzanov）的著作里，不过这本著作的出版拖了一段时间。后来他才有机会参加后苏联时代乌兹别克—德国的田野工作。这些工作发现了一些古代铜矿和锡矿，研究成果我们发表在德国的出版物中（Anschnitt etc.）。

从 1979 年到 1983 年的五年中，我和朋友波尔科夫（V. V. Bolkov）几乎跑遍了蒙古共和国全境，历史时期（或古代）的铜矿遗址我们发现不多。在田野工作之前，我一般都要查阅地质勘探资料，但这类资料很少。另一个困难是没有很好的地图，所以我们无法找到已知遗址的具体位置。而且外蒙古的土地基本都是沙漠和半沙漠，在那儿很难指认遗址。这个田野工作结束不久，波尔科夫就自杀身亡了，我们的铜矿调查课题也就"结束"了。

铁器时代文化的遗址我没有特意研究，只是在田野工作中碰上了才有些接触。青铜时代的大量资料占去了我几乎所有的时间，因为我觉得需要集中精力来研究古代的矿冶生产。

我想指出的是，虽然斯基泰—萨尔马特文化圈的贵族墓出土了极其丰富的金属器，但是没有或几乎没有任何考古学资料显示这些文化本身从事金属生产。同样，我们也没看到确切证据说明这些游牧民族从事采矿业。因此，要解答"斯基泰黄金"之谜，我们需要走出传统的思维模式，不过这是将来的工作。我最新的著作已经对这个现象作了一些解释。

在您的英文著作《欧亚大陆北部的古代冶金》（*Ancient Metallurgy in the Northern Eurasia*）一书中，您说您已经分析了 5 万余件金属器、炼渣和矿石样品。这些样品数量惊人，而且在时间和空间上跨度都很大，所以您后来得以探讨一些大问题。您是否有意从发掘者手中索取样品，或者是发掘者自愿把样品送到您的实验室？前苏联是否有什么法律和规定要求发掘者提供金属样品供你们分析研究？

我已经介绍了我们实验室做过的分析样品数量。绝大部分样品是我的同事和研究生从前苏联和其他国家的博物馆藏品中采集来的。发掘者自己交给我们实验室的样品所占比例要小得多。但是它们的价值要大得多，毕竟它们具有更为确切的背景资料。在前苏联及后来的俄罗斯，古代金属的分析研究没有任何限制，无论法律上还是经费上。

正常的、不间断的金相分析研究持续了 30 年，即从 1960 年到 1989 年。在这段时间，我们收集并分析了实验室收藏的大量金属样品。此后由于前苏联的政治和经济危机，我们的分析工作停顿了 18 年。2007 年我们才得以恢复，而且我们采用了新技术，即 X-荧光金相分析技术。

您的《欧亚大陆北部的古代冶金》似乎是您过去提出欧亚大陆冶金史理论体系的扩展。您的分类体系及冶金省、冶金中心和冶金核心的提法非常新颖。您是如何形成这种分类体系的？为何剑桥大学出版社会请您写这本书？您和出版社是如何合作的？各国考古学家如何评价您的这本书？

要理解整个欧亚大陆古代冶金发展的一般规律，最根本的一点当然是收集和分析广大地域和时间范围内的金属器。需要强调的是，在研究金属器的化学成分之外，我从来没有排斥器物形态方面的研究。反过来说，进行这方面的研究是不可或缺的。这些研究，加上对矿石来源的认识，成为研究古代冶金的几个法宝。此外，我们实验室也开始系统、有序地建设欧亚大陆古代文化的所有重要金属器物群的资料库。

多学科研究可以帮助我们认识庞大的体系，即大型冶金和金属加工中心——它们具体表现为相互交流并因此出现相互接近的产品。这个体系我称之为冶金省。我们划分出第一个冶金省大概是在1971年，当时我们是想界定环黑海省的重要细节。到了1976—1978年，我们已经命名了一系列冶金省，主要分布在欧亚大陆西半部。后来，我的这些论文引起剑桥大学出版社的兴趣，于是他们邀请我合作。《苏联的古代冶金》(*Ancient Metallurgy in the USSR*) 一书早在1983年就写好了，但译成英文拖了很长时间，前后总共花去了9年！最后我又加了几节，使书稿得以跟上时代。可惜，不是所有的东西都加进去了。据我所知，世界上很多国家的考古学家对这本书的反应相当正面。导致这些正面评价的原因，总的来说是书中发表了大量的、外国学者不了解的欧亚大陆北部的材料，而且是以新的、相当可信的体系出现的。此外，本书发表的金属器跟其他考古学文化有着密切的联系，可以帮助我们在错综复杂的材料中找到某种共同点。

1989年至2002年，您在南乌拉尔的卡尔尕利（Kargaly）遗址开展大规模的发掘。我们知道，在这段时间，俄罗斯考古学家经历了严酷的经济危机。您是如何能够得到足够的经费来做这项发掘的？同时，您还邀请了很多专家参加这个项目，包括考古学家、冶金学家、古动物学家和古植物学家，这对当时的世界考古学来说是开拓性的。您是怎样组织这个工作队伍的？

首先，早在1968年我们就想调查卡尔尕利遗址。但是由于一个荒唐的缘故我们没能做成。21年后，即1989年一个偶然的机会，我们的工作队终于可以调查卡尔尕利采矿遗址群中的一个。我们因此得以了解这个庞大遗址群的轮廓，1968年不能考察这座遗址的遗憾也得以了结：如果没有此后20年间我们在欧亚大陆许多地区——从巴尔干到蒙古——开展采矿遗址的调查经历，恐怕我们还是新手，以至于无法正确衡量这个无与伦比的遗址群的价值。

从1989年到1990年代中期，前苏联解体，俄罗斯成立不久，情况糟糕得跟"二战"期间差不多。学术经费匮乏，食品和设备短缺，汽油不足，我们的汽车无法正常行使，至今回想起这些都觉得艰难和沮丧。人们同样难以理解的是，我们如何在这种条件下开展工作。不过，工作不仅进行，而且进行得相当成功。当然，我们取得成功的原因主要在于同事们的工作热情。我们的实验室开始收集发掘出土的骨骼，其他城市的考古学家也参加了工作。从1993年开始，外国考古学家开始加入卡尔尕利的发掘，其中最活跃的是西班牙人。

当时我们即意识到卡尔尕利遗址群拥有许多鲜明且独特的地方。这些特征引起许多学者（地理物理学家、古植物学家、古人类学家、碳十四测年专家）的注意。此时我们已经能够吸收这些专家加入到卡尔尕利课题中来（我们的实验室已经有古动物学家和古植物学家）。我们努力广泛发表成果，包括在国外。

您已经做了大量的金属分析工作，建立了一个宏观理论，而且在卡尔尕利遗址进行了多学科的研究计划。就未来的工作而言，您认为还有什么潜在课题可做？

2002年，我们停止了卡尔尕利遗址的田野工作，集中精力对已经取得的大量资料进行多学科研究。在不长的几年里（2002—2007），我们出版了5本以卡尔尕利命名的报告，里面呈现了我们所有的成果。我们是有意停止田野工作的：卡尔尕利仍然是一个巨大的遗址群，后代的考古学家可以带着更好的方法和想法来继续做工作。

我们出版了5本发掘和研究报告后，"卡尔尕利"课题就此结束。目前我们手头有两个研究项目：1. 欧亚大陆北部的早期金属时代[1]考古学文化的碳十四年代框架。我们已积累了数千个准确的年代数据。2. 自然科学方法的使用与新考古学观念的建立。不过这是我个人的项目。

在欧亚大陆考古中，有一个重要的问题，即印欧语系民族的起源问题。您经常讨论古代冶金工匠的流动和冶金术的传播，但是您从来不谈印欧语系民族的问题。您这样做有何考虑？

结合考古学资料和古代语言学资料研究印欧语系民族和他们的发源地，我在70年代就做过。当时我们与著名语言学家伊万诺夫（V. V. Ivanov）和伽姆克列利策（Gamkrelidze）曾有过密切交流。可惜这次合作没有产生任何有价值的成果。看起来在考古学和猜测性很强的语言学之间存在着很深的鸿沟。

20世纪50年代，中国的考古学家向苏联考古学学习了很多，并

---

1. 铜石并用时代至早期铁器时代。——编者注。

重建了中国考古学。60年代以后，因客观原因，两国考古学家间的交流也因此停顿下来了。今天两国的政治经济障碍已经消除，两国的考古学家可以重新相互学习。您认为，过去50年来，俄罗斯的考古学有什么优点和不足？

关于过去50年俄罗斯考古学的优点和缺点，我很难回答。所有的东西奇怪而且紧密地纠结在一起：在优点中不难看到明显的缺点，反之亦如此。前苏联考古学的一个最突出方面是它与世界考古学是隔绝的。这指的不仅是与欧美之间，而且是与中国之间。1970年以后，"铁幕"有所松弛，有一些外国考古队开始到前苏联工作；同时慢慢地，前苏联考古学家也可以到国外考察，认识外国同行并进入图书馆（主要是西方）。

在20世纪50至70年代，由于所谓的"新建设"工程（主要是大规模的水电站工程），考古学家得以开展前所未有的大规模田野调查和发掘。由此积累的资料不可计数，使我们得以认识此前闻所未闻的一些古代社会。在其中我们看到了前苏联考古学的力量。然而与此同时，当时获得的大量材料连博物馆的门都没进就丢失了。发掘资料仅限于一些简短的、不含多少信息的文字。我们的考古学家的失败在这里得到了充分体现。

前苏联和俄罗斯考古学的缺点还表现在一位考古学家平均要照顾7000平方公里的面积。其范围之大，西方人恐怕难以想象。不过，俄罗斯考古学家的强项表现在他们都努力驾御并且确实驾御了如此之大的面积。前苏联解体后，原来基于自然科学方法的研究项目急剧减少，专门实验室的专家流失，支持学术的国家经费极度缺乏。面对这些变化，他们措手不及。现在大量的新资料跟以往一样，是伴随着新的工程出现的；不过，现在大多是小工程，也就是经济寡头们的别墅或者宾馆。

我知道您对中国的考古材料有浓厚兴趣。如果有机会，您想和中国考古学家做些什么课题？同时，您和库兹米内赫（C. B. Кузьминых）合著的《欧亚大陆北部的古代冶金》中文版即将出版。我们非常感谢您提供版权并且增加了新的资料，所有这些对中国读者来说都很重要。如果我们想更深地理解欧亚大陆内古代文化之间的互动，您认为还可以做些什么？

20 世纪 50 年代以来，欧洲考古学家相信，人类的所有成就（至少在欧亚大陆）都来自"东方之光"（Ex Oriente Lux）。当时理解的东方是指美索不达米亚和埃及。在西方（以及前苏联），人们经常说中国也受到这个生命之"光"的照耀。但是通过分析考古学材料，我们知道的情况不是这样的，文化发展的画面看起来要复杂得多。旧的观念正在走向死亡（或者已经死亡），而新的观念还没有形成，我们已经深入理解的地方还远远不够。

在欧洲的历史考古学里，"东方"始于黎巴嫩和巴勒斯坦，但事实并非如此。这里不妨简要介绍一下自己的看法。我认为真正的西方是欧亚大陆西部，即所谓的"亚伯拉罕"宗教——即基督教、伊斯兰教和犹太教——统治的地方。东方指的是受中国古代文明熏陶的区域。东方正统的意识形态完全不同于西方的"亚伯拉罕"文明。同样明显的差异存在于两个世界的物质表现。我对草原地带东半部的深刻印象是 1979—1983 年我在蒙古工作期间形成的，为此当时我扎实地学习了那里的文化。关于西半部，以往我就了解了很多。

欧亚大陆草原地带是游牧民族的熔炉，也是沟通东西方的"桥梁"。虽然草原世界对西方和东方都不友好，但它有意无意地充当了纽带的角色。此外，由于自身的生态特征，这个"桥梁"又自然成为隔绝东西方的"屏障"。不过，在天山和阿尔泰山脉之间有一些缺口，我们可以称之为"准噶尔通道"。由东而西或由西而东（至少塞依玛—图尔宾诺人出现以后如此）迁徙并发动战争的文化必然经过这些通道。今天，这些通道已经成为四个国家——中国、蒙古、哈萨克斯坦和俄罗斯——的边界所在。看起来，今天欧亚大陆的政治格局在青铜时代就已经基本形成了。

至于将来——我们共同的愿望——中俄合作项目，我建议搞"草原地带的文化和它们与东西方文明的互动"这个课题。我的新书《欧亚大陆草原地带：游牧文化现象》(*Степной пояс Евразии：феномен кочевых культур*) 已经对此作了一些讨论。

（《南方文物》2010 年 1 期）

欧弗·巴尔-约瑟夫

寻找最后的猎人与最早的农夫

欧弗·巴尔-约瑟夫
（Ofer Bar-Yosef）

国际知名的考古学家。2001年至今当选为美国国家科学院外籍院士；2003年以来当选为格鲁吉亚共和国科学院外籍院士；2005年以来当选为大不列颠科学院通讯院士。现任教于美国哈佛大学人类学系。

巴尔-约瑟夫是以色列犹太人，毕业于特拉维夫著名的希伯来大学，1963年获考古与地理学学士学位；1965年获史前考古学硕士学位；1970年获史前考古学博士学位（毕业论文是《巴勒斯坦的旧石器时代文化》）。1967—1970年在希伯来大学考古系任助教；1970年升任讲师；1973年升任副教授；1979年任教授。鉴于他的学术声望，1988年被美国哈佛大学人类学系—皮博迪博物馆聘为格兰特-麦克科尔迪（George G. and Janet G. B. MacCurdy）

史前考古学教授。

20世纪70年代以来，先后在美国达拉斯南卫理公会教会大学人类学系、加州大学伯克利分校人类学系、密歇根大学人类学博物馆、哈佛大学皮博迪博物馆，以及以色列魏兹曼科学院同位素系、化学系、环境研究与能量研究系做访问学者。同时担任以色列、美国、法国等一些专业学会的会员、顾问、主席，并先后担任《古代东方》、《以色列探险》、《人类学》、《世界史前学》、《人类进化》、《地中海考古》、《当代人类学》、《人类进化》、《第四纪科学展望》、《考古学回顾》、《古代》(Paleo)[1]、《史前学》[2]、《欧亚考古、民族与人类学》(俄罗斯)、《圣经考古》杂志的顾问；现任《地质考古》(波士顿大学)、《欧亚史前学》(皮博迪博物馆)联合编辑。

欧弗·巴尔-约瑟夫教授长期在以色列、近东、欧洲等地进行考古。其研究领域涉及旧石器晚期考古、现代人起源、近东农业的起源、东南欧旧石器考古等。进入21世纪以来，他开始参与东亚和中国的考古，并与中国学者合作探索长江流域水稻起源的考古学研究，参与了湖南道县玉蟾岩遗址的发掘研究。

欧弗·巴尔-约瑟夫著作等身，已经发表多部学术专著和300余篇文章。主要的代表作有：《黎凡特地区的畜牧业：人类学视角中的考古学材料》(*Pastoralism in the Levant: Archaeological Materials in Anthropological Perspective*, 1992年与哈赞诺夫编著)、《约旦河谷新石器早期村庄》第1部分《内提

---

1. 法国史前学的专业杂志。——编者注。
2. 匈牙利史前考古学的专业杂志。——编者注。

夫·哈哥都德的考古工作》(*An Early Neolithic Village in the Jordan Valley, Part I: The Archaeology of Netiv Hagdud*, 1997年与高弗编著)、《关于欧洲和大地中海地区尼安德特人与现代人的地理研究》(*The Geography of Neandertals and Modern Humans in Europe and the Greater Mediterranean*, 2000年与皮尔比姆编著)、《斯特兰斯卡·什卡拉：捷克共和国摩拉维亚的布尔诺地区旧石器时代晚期的起源》(*Stranska Skala: Origins of the Upper Paleolithic in the Brno area, Moravia, Czech Republic*, 2003年与斯沃博达合著)。

采访 | 吴小红[1]

终审 | 李水城

我很荣幸能参与严文明先生和您共同主持的湖南稻作农业起源的合作研究项目，并有幸参与了2004—2005年的田野工作。在与您一起工作时，您对考古学的执着和热爱给我留下了深刻印象。因此不由地想问：是何原因促使您选择从事考古事业？从何时起您知道您终将成为一名考古学家？

我在以色列的耶路撒冷长大，当我开始懂得阅读时，就对历史书产生了浓厚兴趣，这使我有机会接触到埃及和苏美尔人的历史。接着我认识到，田野考古学家的发现帮助了语言学家判读象形文字或楔形文字。小时候，我的家里有几件文物，主要是铁器时代带把手的壶，那是我父亲在距耶路撒冷开车约半小时路程的贝斯·舍麦什土丘（Tell Beth Shemesh）废墟采集到的。1921—1922年，我父亲在美国人办的东方研究学校成为第一批研究考古的学生，现在这所学校已更名为奥尔布赖特学校（Albright School）。后来这所学校停办，我父亲也改行在巴勒斯坦的英国政府部门任职。可以说，最初是我的家庭氛围引发了我的考古兴趣。我开始在我家周围一带寻找古物、符号或刻痕，并开始在裸露的岩石那儿搞起了发掘。在念小学五年级时，我召集了一伙小朋友协助我在一个看似小洞穴的地方挖掘，其实那里并非洞穴，而是一个地下储物室入口。当时我11岁，自那时起我就向往成为一名考古学家。当我读八年级时，奥尔布赖特（W. F. Albright）的《巴勒斯坦考古》（*The Archaeology of Palestine*）一书被译成希伯来

---

1. 北京大学考古文博学院教授。

文出版，那时我已经在我家的周围干起了勘察，并发现了几座犹太人第二圣殿时期或早期罗马时代的石砌坟墓。

是否您在中小学度过的时光帮助您确立要成为一名考古学家的愿望？

我很幸运，在小学和中学时期都遇到了好的老师指点。我的一位小学老师是研究历史的，教了我很多古代史。后来进入中学，我的一位老师对考古感兴趣，在我15岁时送给我一本有关考古的英文书。但我不是一个学习外语的好学生，当时读英文书对我来说太难了，但柴尔德（G. Childe）的《古代近东》（*Ancient Near East*）这本书我还是读了很多。

我在1955年10月到1958年5月服兵役，或许这段经历对我成为一名考古学家有更重要的影响。我在中学的最后一年成为青年运动的一名成员，与来自海法（Haifa）和耶路撒冷的一伙青年人一起去部队。其中有两三个来自海法的年轻人因为参观过卡尔迈山（Mt. Carmel）史前洞穴[1]，对考古产生了兴趣，对史前史也有较多的了解。当时我们驻扎在内盖夫（Negev，以色列南部），经常一起在营房周围采集燧石器，其中还发现有石箭头。

那个年代，我们也住在吉布兹（Kibbutz，以色列人的公社）里。有一天，来自另一公社的一位考古学家做广告，为斯特克里斯（M. Stekelis）教授征聘志愿者发掘卡巴拉洞穴（Kebara Cave），于是我和小组的另外两位成员一起参加了1957年春季的发掘，在那儿工作了一周。当时我们住在距洞穴不远的另一公社，每天上午10点茶歇时，斯特克里斯教授给我们上简短的普及课程，讲述尼安德特人

---

1. 英国考古学家德罗希·加罗德（Dorothy Garrod）于1929—1935年进行发掘。

（Neanderthal）、克罗马农人（Cro-Magnon）和旧石器中晚期的其他变化。

您是什么时候在哪里开始学习考古学的？又是什么原因使您选择了史前考古学？

我在军队服役结束后，又留在公社一年多，直到1959年夏季才返回耶路撒冷。那时我知道我最感兴趣的还是旧石器时代考古。可以肯定，我在卡巴拉洞穴的经历在很大程度上影响了我的决定。不过当时我认为，后段的研究因为有历史文献参考而来得相对容易，或者说不那么富有挑战性。希伯来大学是当时唯一能够学习考古的地方，特别是史前史。那时，一名本科生必须在两个系注册，我选择了考古学和地质学，我觉得这种组合很好，特别是对理解古代环境的变化很有利。

为了获得更多的考古经历，我拜访了斯特克里斯教授，自愿参加他所主持的在卡迈尔纳哈尔·奥润台地（Nahal Oren Terrace）遗址的发掘。那座遗址的山脚下堆积有旧石器时代卡巴拉文化和纳吐夫文化（Natufian）遗存，也有前陶新石器 A 和 B 阶段的村落。第一年，我们在约旦河谷乌贝迪亚（Ubeidiya）一座旧石器早期遗址进行首季发掘。现在我们知道，这个遗址有 150 万年之久。在这个令人兴奋的遗址工作是非常好的经历。遗址的地层被详细划分，达 45—70 级之多。那里发现的动物骨骼和石器非常令人振奋。更令人高兴的是能在三位教授：斯特克里斯（考古学家）、哈斯（G. Haas，古生物学家）、皮卡德（L. Picard，地质学家）的指导下工作。而且学生们也来自三个不同的院系。在那儿我初次遇见了切尔诺夫（Eitan Tchernov），一位动物学家、古生物学家和动物考古学家，自此我们开始了长达 42 年的合作。

这一年快结束时，斯特克里斯教授发现我画石器画得很好，于是邀我和他一起工作。在接下来的几年里，我们春季在乌贝迪亚遗址发掘，夏季有机会专门做史前考古，比如在加利利海附近科尔季姆地区进行巨石文化调查和发掘。

当时您作为一名年轻的考古工作者，人类进化整个进程中的哪个阶段更加吸引您的关注？

我决定要成为一名旧石器考古学家。这个决定与60年代的一系列发现有关，特别是利基（Leakey）家族在奥杜威（Olduvai）峡谷的发掘、人类化石的发现深深吸引了我。但当时因为没有经费支持，我无法前往东非。我跟着斯特克里斯教授继续在卡巴拉洞穴发掘。1964年初次遇见了范德米尔什（B. Vandermeersch），他当时正在卡夫泽（Qafzeh）洞穴发掘。1933—1935年，纽维尔（R. Neuville）和斯特克里斯在这个洞穴中发现了旧石器中期的化石。

是否由于发现乌贝迪亚遗址这个偶然原因，诱发了您对旧石器时代早期考古研究的兴趣？

可以肯定地说，乌贝迪亚遗址的发现和第一年在那儿发掘带给我的振奋吸引了我，再加上当时玛莉·利基（Mary Leakey）和路易斯·利基（Louis Leakey）的来访让我意识到这项工作有多重要。虽然在1960年代尚不知道这个遗址的确切年代，但它与奥杜威峡谷Bed Ⅱ在类型学和石器技术上的关联引发了我的想象和思考。这里我需要指出，那时第四纪的起始年代被定在66万年前，这主要基于阿尔卑斯山冰期序列得出的结论。到了1969年，人们清楚地认识到，这么短的年代框架不准确，海洋同位素数据与米兰科维奇

（Milankovich）计算结果之间的相互印证，开辟了一个验证年代框架的新方法，使长距离之间的对比成为可能。作为一名学过地质的学生，所有这些科学进步都使我对气候变化产生越来越浓厚的兴趣，并长期影响了我对其他史前历史事件的解释。

据我所知，您一面在乌贝迪亚遗址发掘，一面撰写您的晚更新世石器工业的学位论文。您是如何做到这一点的？

从1967年到1974年，每年夏季我和切尔诺夫一起在乌贝迪亚遗址发掘。这个项目由以色列科学与人文科学院资助并主持。在炎热潮湿的夏季结束时，我们通常转移到哈尤尼姆（Hayonim）洞穴发掘。我们在那儿每季只发掘三周。一方面是乌贝迪亚遗址的发掘促使我思考有关旧石器早期和人类第一次"走出非洲"的问题；另一方面我们与艾润思伯格（B. Arensburg，体质人类学家）和切尔诺夫一起开始发掘哈尤尼姆洞穴，这使我有机会接触遗址上层包含的纳吐夫文化遗存（距今14500—11500年）。当时我就觉得同时做两个题目很有趣，可以促使我思考史前时期的更多问题。我写的有关晚更新世石器工业的学位论文与纳吐夫文化很好地联系了起来，因为这些狩猎—采集者是纳吐夫人的祖先。当回顾我的学术生涯时，似乎看到这种双重性的持续关注主导并决定了我的事业。

您是否觉得同时展开两个不同时段的研究对您的学术进步很有利？或者说这实际上使您的研究变得肤浅？

我认为我很幸运能开展这种"双向学习和研究"。首先是当时我还年轻，其次是在网络时代以前，当时田野工作很少，发表的文章也少，这意味着我能跟踪大部分旧石器早期和近东旧石器晚期的英文和法文文献。后来,以色列、约旦、法国新一代的考古学家陆续介入,要做到这一点就相对困难了。

在那些年,我学会了如何把握两个不同领域的学习和研究。同时感觉对文献掌握也相对顺畅。1970年代末,我参加了我的朋友范德米尔什主持的卡夫泽洞穴(旧石器中期)的发掘,并开始了黎凡特(Levant)新石器时代的工作。不论是对旧石器中期还是新石器时代的研究,我都成功地保持了一个开放的思路。后来,当我对中国旧石器晚期和新石器早期文化开始产生兴趣时,我也采取了这样一种开放的学习方式。

是何原因,您又是如何介入到尼安德特人和现代人的研究中的?

生活中某些事情的发生源自突然的灵感或纯粹的偶然。1964年我认识了范德米尔什,那时他初次来到以色列,并于第二年开始在卡夫泽洞穴发掘。那时我们常常到彼此的考古工地互访,我们在哈尤尼姆洞穴奥瑞纳文化层和纳吐夫文化层下面发现了莫斯特文化层。在与艾润思伯格一起发掘洞穴时,我同时注意到了尼安德特人人骨遗存和早期现代人遗骸,这些都是20世纪30年代早期在卡麦尔和卡夫泽洞穴发掘中发现的。后来在卡夫泽洞穴又发现了一些早期现代人,我对这些问题就更熟悉了。不过我研究的动因更多地是出于好奇,而非对生物进化感兴趣。

1968—1972年,我和范德米尔什一起学习、共同研究纽维尔和斯特克里斯1933—1935年在卡夫泽洞穴发掘出土的石器。在几个星期的时间里,我与范德米尔什之间建立了友谊。这批石器的一部分被希伯来大学史前学系收藏,另一部分收藏于耶路撒冷古城洛克菲勒博物馆。1967年六日战争(Six Day War)以后,耶路撒冷古城归属了以色列，此后这部分藏品就比较容易看到了。

1973年，我参与范德米尔什的工作，只待了几天，就这几天让我揭开了原发掘者纽维尔1935年所做的文字描述与所绘图之间的谜团。1977年我参与了他所主持的整个发掘，与整个工作小组一起度过了非常愉快的时光。接下来参与了1978年和1979年的整个发掘。在这段时间，我在自然地理方面得到很多训练，同时开始对地层学发生兴趣。我们之间有很多讨论，最后写成了一篇比较塔班（Tabun）洞穴和卡夫泽洞穴的小文章，提交给1980年6月在法国里昂召开的第一次黎凡特（Levant）史前文化会议。在这篇文章中，我们认为卡夫泽人的年代很可能是10—8万年前。这个结论得到切尔诺夫的认可，他认为小型脊椎动物化石也暗示了近似的年代。

为了读者能理解，我在这里还需要作些说明。当时，在以色列斯库尔（Skhul）和卡夫泽洞穴发现的早期人类化石被认为属于原始克罗马农人，也就是说他们是旧石器晚期文化的直接祖先。当时多数学者认为，尼安德特人是现代人的祖先，并且有生物学上的联系。虽然不是所有学者都接受这个观点，但有一点是基本一致的，即认为斯库尔洞穴和卡夫泽洞穴发现的人类化石不会早于5—4万年。我们的研究表明，近东当地的尼安德特人化石很可能晚于"原始克罗马农人"。当时，所有参加里昂会议的人都说我们错了。为了证实上述观点，我们选择了一个新遗址进行发掘，即1982年在卡巴拉洞穴的发掘。1983年，在这个洞穴发现了尼安德特人化石，并立即请法国科学院的瓦拉达斯（H. Valladas）对卡巴拉洞穴和卡夫泽洞穴的莫斯特文化层进行热释光测年。1987年，我们在《自然》(Nature)杂志发表了研究结果，证明卡巴拉洞穴尼安德特人的热释光年代为6—5万年。一年后，又一篇文章在《自然》发表，给出卡夫泽洞穴的热释光年代为 9.2 ± 5 Ka

BP。证明我们1980年给出的结论是正确的。

就我个人而言，对复杂地层进行测年比我们原来的计划更进了一步。在卡巴拉洞穴发掘伊始，我们就邀请了法国科学院的梅纽（L. Meignen）来研究该洞穴出土的莫斯特文化器物，后来又邀请希伯来大学的哈佛斯（E. Hovers）研究卡夫泽洞穴范德米尔什发掘出土的石器，与希伯来大学的贝尔福·科恩（Anna Belfer-Cohen）一起，对两座洞穴出土的旧石器晚期遗物进行研究。我依旧保持对旧石器中期综合研究的兴趣，综合考虑地层学、年代、每平方米出土器物的密度和自然遗存占有程度等问题。

最后我与梅纽一起组织发掘了哈尤尼姆洞穴，在距今22—14万年的地层发现了莫斯特早期文化层。在田野中，我们实行一种多学科合作的工作方式，即每个参与研究的成员都必须参加田野发掘，其中有地质学家戈尔德伯格（P. Goldberg）和拉维尔（H. Laville），矿物学家维纳尔（S. Weiner），考古学家梅纽、贝尔福-科恩和我，动物考古学家斯提纳尔（M. Stiner）和切尔诺夫，人类学家艾润思伯格、提利尔（A. M. Tillier）和范德米尔什。年代测定由瓦拉达斯、莫塞尔（N. Mercier）和施瓦茨（H. P. Scwarcz）完成。

目前有关黎凡特文化的年代学和生物学方面的认识，是否比二三十年以前更加清晰了？

尽管这正如我们对每个考古学研究所预见的："知道得越多，我们所能问的问题也就越多。"但是我相信，现在确实比过去有了更好的认识。最重要的进步在于：我们对这样一个长时段有了很好的年代学框架，并且对我们称之为莫斯特文化的石器工业有了更好的描述。旧石器中期始于MIS7（Marine isotope stages）期间的距今25—

22万年前，结束于距今5—4.9万年前，即旧石器时代晚期来临之时。大多数研究者认为，尼安德特人出现在黎凡特文化阶段的8.5—7万年之间，是莫斯特晚期文化的标志。现代人大约在5万年前走出非洲，带来旧石器时代晚期的文化。这引出了一个问题：谁是莫斯特晚期文化的创造者，因为我们在斯库尔洞穴和卡夫泽洞穴发现的人类化石属于现代人，而占据黎凡特地区的尼安德特人同样也扩展到了伊拉克和伊朗扎格罗斯山地和格鲁吉亚的高加索地区。基于对莫斯特文化中期到晚期石器的分析所看到的文化连续性，少数学者进而认为，这些尼安德特人实际上应是当地人而非真正的尼安德特人。但他们并不否认沙尼达尔洞穴[1]被定义为尼安德特人的化石就是真正的尼安德特人。另有少数人认为，塔班洞穴发现属于莫斯特中期文化的尼安德特妇女的化石，年代可以早到最后一次间冰期。我的直觉认为，这只是一个时间问题，如果我们能得到更多的数据和人骨化石，最终结果应该如我前面所描述的。

您是否认为有关西亚的旧石器时代中期还有很多值得研究的课题？

我的感觉是，这些新问题主要与莫斯特文化遗址的大小和分布以及对动物化石群的解释有关，同时也还需要获取植物遗存信息。目前，只有卡巴拉洞穴发现了植物遗存。当然，还需要解答为何石器制作技术是保守不变的。与中国多数地区不同，好的石料（燧石）在黎凡特地区到处都能得到。我们应当努力寻找莫斯特晚期（距今25—14/13万年）遗存中的人骨化石。我们在哈尤尼姆洞穴的长期发掘得

---

1. 沙尼达尔洞穴（Shanidar），位于北伊拉克扎格罗斯山。

到大量年代数据[1]、人类用火证据以及各类被制造和使用的石器。需要强调，在这个遗址我们称为石片剥离碎片（"laminar debitage"）的东西占了统治地位，即石片工具占绝对优势，但至今尚未发现人类化石。需要加强黎凡特、安纳托里亚高原、扎格罗斯山区和伊朗高原不同遗址之间的比较研究。

这么多年您组织了多学科团队在洞穴发掘。关于这些，您有没有什么特别想谈的？

或许这其中最重要的认识是，每一个洞穴都是一次新的挑战。在地中海地区，大多数洞穴堆积都与人类活动有关，这意味着当人类还没有在洞内活动时，自然堆积很少，甚至无法识别。然而在北部地区，更新世气候经历了冷暖波动，洞穴内常有自然堆积，或由于洞穴顶部冻溶形成的堆积，或洞外冲进来的沙或黏土。因此，组织多学科专家团队进行发掘是非常有必要的。在卡巴拉洞穴和哈尤尼姆洞穴，通常我们有5—10位专家每天在现场工作，其中包括地质考古学家、动物学家和石器分析专家、考古学家，他们全都直接参与发掘。同时，我们还会邀请一些别的专家来现场工作1到2周。比如年代学研究方面的专家（碳十四、热释光和电子自旋共振）、矿物学家、地质学家等。在发掘过程中，我们会一次次地停下来，大家全都站到探沟前面，或发掘区内，针对各类发现进行分析讨论。因为对出土骨头和人工制品的首次登记和分类是在现场，这类讨论不仅可以帮助大伙对洞穴堆积形成过程有个总体了解，而且可以对文化现象有个初步解释。现场所做的最重要决定是对地层单位的分析和定义。洞穴堆积时

---

1. 这些年代数据显示出该洞穴被占据的时间很短。

常由一系列的透镜体堆积组成,这些堆积并未覆盖洞穴内的整个活动面。所以,当我们查看可以识别的地层时,要弄清楚哪些透镜体应该划在一个地层单位,而且要在全体队员中达成共识,这就显得非常关键。这种现场讨论和决策,对我们发表卡巴拉洞穴和哈尤尼姆洞穴遗址的原始报告和目前正着手编写的最终发掘报告都很重要。

您曾经在沙漠工作过吗?与在森林地带工作有何不同?

在沙漠工作相对容易些。当你做田野调查时,可以通过地面散落的文物发现遗址。遗址一经确定并在地图上定位,通常我们会按照 1×1 米或 0.5×0.5 米的网格采集文物。接着在一个几平方米的面积内试掘,看看下面是否有遗存。如果确实有相关遗物埋在下面,我们会继续发掘。

我在西奈(Sinai)沙漠所做的多数田野工作都与抢救性发掘项目有关。因为那片很大的区域被用作训练各种部队,或用来发展对当地民众有利的项目。从年代上看,我在那儿发掘的所有遗址都可以追溯到旧石器时代晚期和新石器时代。我发掘的旧石器时代晚期遗址是一些各自独立的小规模石片工业遗存。我们用筛子收集所有文物,甚至能将石片一个个复原贴回到石核上,通过利用这些方法来观察古人废弃物的分布情况。这些遗址的年代大多在距今 3.5—2.8 万年范围,而旧石器时代晚期遗址的年代大多分布在距今 1.3—1.0 万年范围。

我们在西奈南部发掘了几个遗址,至多 250 平方米,我们确认所发现的那些圆形建筑是冬季营地,而西奈山谷小山顶上大片的开阔地是夏季营地。在前陶新石器时期(前 8500—前 6200),我们在当地贝都因人的遗址也能看到同样的现象,他们也有冬季和夏季营地之分。就我个人而言,这是我在描绘古人社会经济蓝图上迈出的第一步。在一个边缘区域,最初狩猎—采集者与种植者同时生活在这个地中海东岸地区——下一步应该是跨入谷物栽培与驯化的核心区。

您是旧石器考古研究专家。是何原因吸引您研究新石器考古的?

由于我喜好同时展开两个时段的研究。当我针对旧石器中期的问题进行研究时,就已经涉及了不少新石器领域的研究。我从地理学角度认为,与其去寻找一个大的新石器时代遗址进行长期发掘,倒不如从新石器遗址的分布图入手,即寻找那些年代范围在距今 11500—10500 年(经校正的日历年代)、我们称之为前陶新石器 A 和年代范围在距今 10500—8200/7800 年,前陶新石器 B 阶段的遗址。这个定义源自肯雍(K. Kenyon)1952—1958 年在杰里科(Jericho)遗址的发掘。

我发现,从边缘地带入手更易于理解种植者居住的村落。我希望有一个社会学的视角或者说聚落的视角,来感受新石器居住地(属地)的概念。我开始在西奈沙漠和干旱区域工作,发掘了几处狩猎—采集者的居址,有房屋基址、猎杀的山羊、羚羊和一些鸟骨,包括春季从欧洲向南飞行、途经地中海迁徙而来的鹌鹑(quail)。从 1971 年到 1980 年,我和我的学生、同事一直在西奈工作。后来转移到约旦河谷,在那儿开始了前陶新石器时代早期(PPNA)遗址的发掘。

从 1982 年到 1986 年,由于经费的原因,我们在那儿的发掘中间停了几次。当时文物部门让我重新开始在死海附近、约旦沙漠一个叫纳哈尔·赫马尔(Nahal Hemar)的小洞穴进行发掘。这个洞穴是为户外举行某种仪式而建的一个储藏室,器物类型和年代数据显示它属于前陶新石器时代晚期（PPNB）。一方面我体验了早期农业遗存，另一方面发现了一个祭祀场所。同时，在这些农业聚落之外又看到了狩猎—采集者的遗存，由此开始对如何勾勒黎凡特地区，甚至以外地区新石器时期更大的蓝图产生了兴趣。所谓的黎凡特以外地区主要是指安纳托利亚。黎凡特的农民移居到那里，或者迁移到高加索南部，因此那里有来自黎凡特的"农业因素"。简而言之，我开始着手撰文分析，或试图阐释黎凡特地区的农业革命：种植与家畜饲养（如山羊、绵羊、牛、猪等）起源的动因。正是因为这些原因，激发了我对发生在中国的这个阶段的文化进程的兴趣。

请讲讲您是怎样进入中国史前研究的？

在西亚工作多年后，我有一个机会访问中国。当时中国科学院古脊椎动物与古人类研究所的徐钦琦教授邀请维纳尔（以色列魏兹曼科学研究院教授）、戈尔德伯格（美国波士顿大学教授）和我研究北京周口店遗址的用火问题。我们在1996—1997年开展了这项工作，结果发表在1998年的《科学》（Science）杂志上。1999年，我们在中国科学院古脊椎动物与古人类研究所的一个会议上汇报了这项研究成果。会后我们去安徽。我们去参观遗址时需要步行穿越一片收割后的稻田，这引发了我想了解中国农业起源的问题。当时，如同前面所提到的，我已经对西亚地区的农业有了相当了解，因此我想或许可以通过与中国学者合作开展田野工作帮助我了解更多。也没准儿，基于我长期研究的经验，或许能对中国的史前研究作点儿贡献。

2000年春，北京大学的李水城教授从宾夕法尼亚大学转到哈佛大学做访问学者。我听说他是与马尼士（MacNeish）合作在中国仙人洞—吊桶环遗址发掘团队的成员。通过焦天龙[1]，我们见了面，并一起讨论我去中国参与探索长江流域稻作农业起源的可能性。当时，我参与指导的博士研究生焦天龙恰好进入论文选题阶段，他曾研究过中国华南地区的新石器，读博士期间和美国学者一起到台湾做过石器方面的调查，并希望能继续做中国华南地区与南岛语族关系的研究。但当时这个选题有些难度。因此，如果我们能与中国展开这方面的合作，对焦天龙的论文选题将会有很大帮助。通过这次会谈，我们初步商定，一方面由李水城教授介绍焦天龙利用暑假的机会前往中国湖南、江西和福建等地做初步的考察，与当地考古学家接触，并了解新的考古发现[2]；另一方面，李水城就此项合作的意向征求了中国政府管理部门和严文明教授的意见。

感谢你的同事——北京大学的严文明教授和李水城教授，在他们的帮助下，我有机会前往中国进行稻作农业起源研究。2001年，我与长期合作的伙伴维纳尔和戈尔德伯格再次访问中国。为促成这项合作，李水城教授作了大量工作，并陪同我们前往湖南。在那里，我们与袁家荣先生[3]一起前往湘西北的澧阳平原、湘南的道县和广西桂林市、临桂县，考察了一批旧石器晚期和新石器早期遗址，后来我们（哈佛大学）与湖南省文物考古研究所、北京大学考古学系三方签署了合作协议，并得到了中国国家文物局的批准。这以后，我有幸参与了道县玉蟾岩洞穴的小规模发掘。这些你都了解，因为你也是这个团队的成员，参与了发掘，并与以色列魏兹曼科学研究院的同事们一起完成了碳十四年代检测研究。我们成功地揭示出，玉蟾岩出土的陶

---

1. 时为哈佛大学人类学系博士研究生。
2. 正是通过此次考察，促成了日后焦天龙博士与中国福建省考古学家的合作。——编者注。
3. 原湖南省文物考古研究所所长。——编者注。

器可以早到距今 1.8—1.7 万年。上述工作引发我重新思考马尼士在中国江西仙人洞和吊桶环所做的发掘和研究报告。我的直觉告诉我，如果在江西和中国南方其他几个可能的遗址也发现了早期陶器的话，这或许可以解释日本绳文时代早期陶器的起源问题。在西亚有两条主要的大河：幼发拉底河和底格里斯河，随着土耳其山上积雪的融化而快速流淌，后流速渐趋减缓。中国的河流坡度普遍较缓，流速也较慢，有很多河流穿越这个国度流入中国海，这意味着河流的航行可能很早就出现了。由于保存这些航行证据需要饱水的地层，所以我后来仅在跨湖桥遗址看到保存下来的早期独木舟。应该还会有更早的水中航行证据被发现，这将有助于我们理解 45000 年前的人是如何在澳洲出现的。如果陶器制造术在狩猎—采集者之间的传播得益于河流航行技术这个观点成立，这也可以解释为何中国北方和西伯利亚在农业出现前很早就有了陶器，这一切又是如何发生的？不必赘言，后来发生的农业知识及产业传播也可能依赖于同样的途径。关于陶器引发出另外的问题，我寄希望于我的中国同仁能够解决，如早期陶器的用途是什么？它们是用来制作某种特殊液体的呢？还是用来储存种子的？我们还没有看到确凿的证据可以说明新石器早期的陶器主要是用来做饭的。

  对中国南方和北方出土的旧石器晚期陶器研究，激发了我对下列问题的关注：野生植物的栽培（如粟、稻）是为什么？它们是如何、在哪儿、何时发生的？系统的栽培导致了驯化植物类型的出现，人类大多数导致经济变化的技术革命发生在"核心区域"。基于我们对英国工业革命的了解，核心区可以是一个相对大的区域，其中，城市和乡村居民间有着持续的交流，整个画面就像是马赛克。也就是说，某些地方（城市或乡村）发展得快，某些地方发展得慢些。

去年我与你的同事王幼平教授商议，共同完成一本关于中国新旧石器的手册，用中英两种文字书写。这能够让中国年轻一代的学者尽快熟悉西方学者通常使用的描述器物类型特征的学术术语。

所有这些都带给我很大兴趣，去关注中国南方和北方旧石器时代晚期和新石器时代早期的研究。我相信，对中国石器工具的研究，可以挑战西方学者试图从环境变化的角度解释石器工具形态和制作技术变化的概念。

您认为当前考古学界最重要的学术课题是什么？

如果我们想理解全球性人类进化的话，有几个问题非常重要，下面是整个世界史前研究正忙于解决或者需要厘清的几个问题。

一个主要问题是 180 万年前的人类扩散（dispersals）。所有可以得到的人类化石证据显示，人类进化的第一步发生在非洲。少数观点认为，东亚地区是早期人类另一个可能的起源地，但这个假设由于缺乏好的年代数据和早期石器的证据而不能被证实。非洲发掘的一些遗址已有详细报道，由此使得非洲起源说在实证方面有着更多的权重。在欧洲和西亚，近一个多世纪的研究显示：近年在格鲁吉亚德马尼瑟（Dmanisi）发现的几具早期人种，是直立人或更早的类型；匠人（ergaster）仅为 177 万年。而非洲发现的人可早到 190—180 万年。最近在印度尼西亚弗洛雷斯（Flores）岛发现的弗洛雷斯人提出了这样一个问题：是否古人最早从非洲走出？或者他们后来有了亚洲直立人的介入？

当我们检讨现代人的出现这个问题时，有关现代人迁徙或扩散的研究显得至关重要。分子遗传学方面的证据均证实，现代人的祖先首先出现在 20 万年前，然后从非洲向外扩散。由于欧亚西部的旧石器时代晚期文化开始于5万年前，使得这个故事变得不再简单。关于这个问题也有着不同看法，某些学者认为，石器技术上的主要变化在南非早期文化中已奠定了基础。另有观点认为，这些在5万年前突然发生的变化应归于人类神经系统的变化，但这还无法从人类化石上得到证据。在西方学者中展开的关于"现代人行为"（Modern behavior，西方有些学者把艺术等与意识形态相关的人类行为称为现代人的行为）的讨论也使得关于现代人的问题更趋于复杂，但并非所有学者都赞同关于"现代人行为"文化属性的讨论。从技术角度入手应该相对容易。比如，当时已开始首次系统使用贝壳、牙齿、骨头和象牙制珠子和挂件。同样，在早期狩猎—采集者中已开始使用骨器和角器，并进行刮、削和抛光的处理。另外，多数学者同意梭镖等一类投掷工具也起源于那个时期。在这些发明中，没准儿还包括制作温暖的衣服，使得狩猎—采集者可以跨越北界而能在北极存活。

旧石器时代晚期，这些发明导致了人类向美洲殖民。这一切是怎样、又是何时发生的呢？依然悬而未决。我们知道，智利南部有个1.2万年的蒙特维尔迪（Monte Verde）遗址，似乎东北亚的殖民发生在末次冰期（LGM）前后。

在晚更新世，整个世界被狩猎—采集者占据，接下来的几千年时间里，我们看到，在世界几个出现农业社会的地区：中国、西亚、墨西哥和后来的非洲，种植者不断扩张，最终导致狩猎—采集者人口下降。我们想知道，为何人们采用耕作的方式？中心在哪儿？农业这种模式是如何扩散的？某些区域在一个世纪前就开始了这种系统的研究，而其他区域还在试图寻找考古、植物考古和年代学方面的基本信息。

后　记

　　2009年8月，北京大学考古文博学院吴小红教授与哈佛大学人类学系欧弗·巴尔-约瑟夫教授等中外学者一同，前往江西万年仙人洞遗址进行年代学标本采样工作。其间，吴小红教授利用工作之余，对欧弗·巴尔-约瑟夫教授进行了初步采访。一个月以后，吴小红教授前往美国哈佛大学燕京学社做访问学者，并于年底完成了采访。

致　谢

　　此次采访中某些专业术语和地名的翻译得到了北京大学考古文博学院博士研究生（现为北京大学考古文博学院讲师）曲彤丽的帮助，在此向她表示感谢！

（《南方文物》2010年1期）

科林·伦福儒

考古学的科学哲学思考

科林·伦福儒
(Colin Renfrew)

英国著名考古学家。他的名字与20世纪许多重要的考古学理论建设相关,包括"过程主义考古学"、"新考古学"、"认知考古学"、"前印欧语系"的起源等。伦福儒早年就读于英国剑桥大学,受到格林·丹尼尔(Glyn Daniel)教授的很大影响。1981年,他接替退休的丹尼尔教授,成为剑桥大学迪斯尼讲席教授(Disney Professor of Archaeology)。这个位置创立于1851年,很可能是世界上最古老的考古学教职。2004年,这一职位由格兰厄姆·巴克(Graeme Barker)教授接任。此外,伦福儒还担任过剑桥大学耶稣学院院长、麦克唐纳考古研究所的创建所长。目前,他是英国上院议员、男爵。

关于伦福儒教授的记述和文章很多,相关采访也不少。但很多文章关注的都是20世纪七八十年代出现的"过程主义"与"后过程主义"的理论争辩。这里,我们将他的履历再向前提早10年,充分展现伦福儒1960年代的个人成长经历,以及他对英美考古界的种种看法和印象。

在采访者看来,伦福儒的回答有两点特别有趣。一是他强调自然科学,尤其是科学哲学对考古学的影响。剑桥大学的教育强调学科间交叉,卡尔·波特的观点被贯彻到本科教育之中。很多人相信:科学进展存在于对已知框架的反对和传统学科的边界上(采访者对此有着切身的感受)。在人类学领域,另一位剑桥大学的长者杰克·古蒂(Jack Goody)将一切冲突与矛盾都置于"边界"与"外围"的讨论之中。人类学以边境为祖国。20世纪考古学理论的发展似乎遵循了这个轨迹。其核心问题是:"考古学的边界在哪儿?是历史学,还是人类学?是生态学,还是社会学?"科学哲学的影响对伦福儒来说虽然是个人的,但关于"边界"的问题却笼罩了20世纪考古学的所有"主义"之争。

另一个有趣的问题是考古学家的政治立场。伦福儒的回答是:一个人应该把政治生活与学术生活区分开来。从青年时代的社交和阅读看,他是一个保守派的学生。有趣的是,在那个左派思想在学生中盛行的年代,"剑桥联合会"中的保守派学生却在政治生涯中大获成功,至少有4到5人成为了撒切尔—梅杰时代的内阁大臣。迈克尔·霍华德更是一度成为保守党的党魁。60年代的英美,左派与右派同时向自由主义转向。持左派观点的考古学家愿意清楚地表达自己的观点(类似柴尔德的姿态),持右派观点的学者更倾向于晦涩自己的政治立场,而质疑问题本身(卡尔·波特的态度)。今天,西方学术界中前者的声音更大,而伦福儒则以后者的姿态登场。晚年的伦福儒并没有把太多精力投入到政治生涯。他仍是保守党的上院议员,仍潜心于学术研究。也许我们要问:考古学到底有没有受到考古学家政治立场的影响呢?

采访、翻译 | 刘歆益[1]

终审 | 李水城

您是如何开始学习考古学的？

我在剑桥大学一开始是学习自然科学[2]的。二年级的时候，我开始对考古学产生了兴趣。那时我仍在读自然科学，也很有兴致。我选修了物理、化学、生物化学、数学和一些科学史与科学哲学的课程，但这时我已经在发展对考古学的兴趣了。十分幸运的是，格林·丹尼尔[3]是我所在的圣约翰学院的院士，人很随和，他和我说，想转系的话是很容易的。

在剑桥学习期间，您的老师有哪些？哪些人对您产生了较大影响？和您同龄的学生有哪些？

当时戈德·布赫达（Gerd Buchdahl）[4]正在讲授科学哲学。一年级时，我选修他的课，颇有启发。转入考古学系以后，我在圣约翰学院的学术督导（Director of Studies）是格林·丹尼尔。他是一个既有魅力又好玩的人，幽默感十足（非常好笑），在考古界结交甚广。他对我影响很大。格拉汉姆·克拉克（Grahame Clark）[5]对我的影响主要

---

1. 美国圣路易斯华盛顿大学人类学系副教授。
2. 剑桥大学本科的"自然科学"教育（Natural Sciences Tripos）不分系，也没有固定的课程。学生通常被要求选择包括数学在内的至少 4 个不同领域课程。考古学不属于 Natural Sciences Tripos，所以需要转系。
3. 格林·丹尼尔，1974—1981 年任剑桥大学迪斯尼讲席教授（伦福儒为其后继者）。主攻欧洲新石器时代考古。著有《考古学一百五十年》。因为参加 BBC 的益智类节目："动物、植物还是矿石？"丹尼尔和莫蒂默·惠勒（Mortimer Wheeler）一度在英国成为家喻户晓的人物。丹尼尔曾以 Dilwyn Rees 为笔名发表过推理小说，著名的有《剑桥凶案》等。
4. 戈德·布赫达（Gerd Buchdahl），剑桥大学科学史家。1914 年出生于德国的犹太家庭。著有《形而上学与科学哲学》与《古典的起源：从笛卡儿到康德》，主张自然科学起源与古代意识论和形而上学。
5. 格拉汉姆·克拉克（Grahame Clark），1952—1974 年任剑桥大学迪斯尼讲席教授（格林·丹尼尔是其继任者）。主攻欧洲北部中石器时代研究。以"古代经济学"理论和对英国中石器时代遗址斯塔卡尔（Star Carr）的发掘而闻名。

来自他的著作。作为教师，他不是那么有趣。进入研究生课程以后，我才和他熟识起来。我喜欢他，也尊敬他的为人。在考古学系，艾瑞克·希格斯（Eric S. Higgs）[1]是一个不容忽视的存在，他也是一个非常有趣的人。

在哈登图书馆（Haddon Library），我遇到了我未来的妻子，简·欧班科（Jane Ewbank）[2]，她是我最重要的同龄人。

上大学时，我同巴里·坎里夫（Barry Cunliffe）[3]、查尔斯·海汗（Charles Higham）[4]关系甚好。和保尔·梅勒斯（Paul Mellars）[5]不那么熟，但保尔和我同一年级。我还认识马丁·拜德尔（Martin Biddle）[6]，我很喜欢他，他好像长我一岁。还有皮特·阿迪曼（Peter Addyman）[7]，是我考古学系的同学。我私下的朋友大多是在剑桥大学联合会[8]认识的哥们儿，包括雷恩·布列坦（Leon Brittan）[9]、迈克尔·霍华德（Michael Howard）[10]、约翰·古莫尔（John Gummer）[11]。这哥儿几个

---

1. 艾瑞克·希格斯（Eric Sidney Higgs），一般被认为是"剑桥古代经济学派"（希格斯学派）的代表人物。强调遗址形成的地质过程及古代经济的生态特征。这一学派的思想后来受到"后过程主义"的攻击，但该学派也为现代的科学考古奠定了基础。
2. 简·欧班科（Jane Ewbank），英国植物考古学的先驱。与伦福儒结婚后更名为简·伦福儒（Jane Renfrew），代表作有《植物考古学》。
3. 巴里·坎里夫（Barry Cunliffe），英国考古学家，主攻罗马时代考古，牛津大学欧洲考古学教授。
4. 查尔斯·海汗（Charles Higham），英国考古学家，主攻东南亚考古。以发掘柬埔寨的吴哥窟而闻名。现任新西兰奥塔戈大学教授。
5. 保尔·梅勒斯（Paul Mellars），剑桥大学旧石器时代考古学教授。
6. 马丁·拜德尔（Martin Biddle），牛津大学中古时代考古学教授。
7. 皮特·阿迪曼（Peter Addyman），英国考古学家，曾任英国约克考古基金会的会长。
8. 剑桥联盟协会（Cambridge Union Society），即剑桥大学著名的"辩论"协会。成立于1815年，是世界上最早的"辩论"协会。
9. 雷恩·布列坦（Leon Brittan），英国保守党政治家，大律师。曾任撒切尔政府的内政大臣。
10. 迈克尔·霍华德（Michael Howard），2003—2005年任英国保守党党魁。其继任者是当前的英国首相——大卫·卡梅伦。1962年，霍华德担任剑桥大学联合会主席。那届联合会中的不少保守派学生成为了撒切尔-梅杰政府的高级官员。
11. 约翰·古莫尔（John Gummer），英国保守党政治家，曾任保守党主席。曾任撒切尔政府农业、渔业和食品大臣；梅杰政府环境大臣。

后来都成了内阁大臣,我们一直是朋友。

您觉得戴维·克拉克（David Clarke）[1]教授如何？

他比我们年长几岁,曾经给我和巴里·坎里夫上过辅导课,那时他已经是研究生了。毫无疑问,他是一个有启发力的人。当时他应该正在撰写《分析考古学》(*Analytical Archaeology*)这本书,但我们听到的不多。记得我们去"史前史协会"（Prehistoric Society）听他讲陶器的矩阵分析。在那个时候,他的方法听起来相当前卫。

在大学读书时,您可能读过不少柴尔德的著作？当时您是如何看待柴尔德的？后来又是怎么理解的？

的确,从自然科学转到考古以后,我认真阅读的第一位作者就是柴尔德。像很多人类学家一样,我被他的《人类创造了自身》(*Man Makes Himself*)以及《历史发生了什么？》(*What Happened in History*)深深地吸引并影响着。你可能注意到了,我的《文明的曙光》(*The Emergence of Civilization*)一书就是献给柴尔德的。那本书引用了柴尔德的著作达18种之多,比引用其他作者的都要多。

尽管我尊敬柴尔德,并对于他关于文化过程的写作,尤其是他在近东研究领域的建树表示敬重,但我已经意识到他的理论中的"修正式传播论"（modified diffusionism）味道。他对欧洲的讨论有重大瑕疵。这一点我在1973年出版的《文明之前》(*Before Civilization*)一书中有深入的讨论。尽管他对多瑙河流域的史前考古材料十分熟悉,但他在梳理近东（以及特洛伊）与欧洲（如温查文化）的联系上出现了问题。

---

1. 戴维·克拉克（David Clarke）,英国著名考古学家,其代表作《分析考古学》曾轰动一时。其学说强调系统、定量、科学内涵在考古学中的重要性。他也是"过程主义"考古学的主要力量之一。

自然科学和科学哲学的背景如何影响您的考古学思想？

我的高中时代及在剑桥学习自然科学的经历，使我坚定了对科学方法的信心。我开始意识到，科学方法可以有很多用途。你用不着成为每个特殊领域的专家，但要善于使用各种方法。这个道理也适用于数学和统计学。这两门学问告诉我们在世界中所处的位置，考古学也一样。

理解"科学"是如何被建构起来是有意义的，也是"科学"的认知论根源。前面提到，戈德·布赫达在这方面对我很有启发。我还听了布莱斯维特（R. B. Braithwaite）[1]的课。通过布莱斯维特，我接触到卡尔·波普尔（Karl Popper）[2]的思想。后者是当时认知学领域的重要人物。受此影响，我已经开始有点怀疑卡尔·汉普尔（Carl Hempel）[3]的学说了。这些知识在后来关于"新考古学"的辩论中都起到了关键作用。

您在早先的文章中提到，您的考古学框架更多的来自剑桥大学的自然科学传统，而非美国的"新考古学"思想。

是这样的。再多说一点，我的确读过受美国学者推崇的卡尔·汉普尔的文章。他认为所有解释，包括历史解释都要符合科学法则。这个理论后来变得很流行。但我在读本科时就接触到布莱斯维特的《科学解释法》（Scientific Explanation）和卡尔·波普尔的《科学发现的逻

---

1. 理查德·毕文·布莱斯维特（Richard Bevan Braithwaite），英国哲学家和科学哲学家。出生于辉格派家庭，后转入圣公会。1955年发表了著名演讲："经验主义视角下宗教信仰的本质"，认为"上帝"和"宗教"是被构建的，并没有独立意义。1953—1967年，为剑桥大学"骑士桥"道德哲学讲席教授（Knightbridge Professor of Moral Philosophy）。著名的维特根斯坦打波普尔（壁炉用的挑火棍）这一公案便发生在布莱斯维特位于国王学院的办公室。
2. 卡尔·波普尔（Karl Popper），20世纪重要的科学哲学家。提出从"实验中证伪"的评判标准。在政治上，他批判极权主义和马克思主义，著有《开放世界及其敌人》。
3. 卡尔·汉普尔（Carl Hempel），德国哲学家。逻辑实证主义的主要干将。

辑》(*The Logic of Scientific Discovery*)。这些著作十分明了地告诉我们，科学方法是什么。所以我不太理解为什么大家都要讲汉普尔。布莱斯维特讲的是科学家建立了一个理论或者模型，然后你需要用真实的存在去检测这个理论或者模型。在严格的哲学意义上，没有什么"实证主义"。后来对"新考古学"的批评在这一点上搞错了。

能谈谈 1964—1965 年您在希腊萨利亚哥斯（Saliagos）[1] 的发掘吗？那是您第一次主持考古发掘吧？

太棒了！我们在黎明出发，乘小艇（caïque）去岛上，通常要花20—25 分钟，有时风浪很大。萨利亚哥斯是一个很小的岛，小到午休时你可以围绕它游泳一周，从一个点下水，然后再游回这个点。我们的工人全都是安提帕罗斯（Antiparos）岛的村民，关系很融洽，我学了不少希腊语。每天晚上我们都跳希腊舞……萨利亚哥斯遗址很丰富，是基克拉泽斯群岛（Cyclades）发现的第一个新石器时代遗址，有制作黑曜石的丰富遗存。作为第一次考古发掘来说，十分地完美。

当然，这不是我第一次参加考古发掘，但却是由我和约翰·伊文思（John Evans）[2] 一起主导的首次考古发掘。此前，我曾随谢珀·法瑞（Sheppard Frere）[3] 在坎特伯雷一起工作过好几年，也同马丁·拜德尔一起在南撒施宫（Nonesuch Palace）[4] 工作过。

看来您在 1965 年非常忙碌。这一年，您完成了博士论文，结了婚，

---

1. 萨利亚哥斯（Saliagos），位于希腊南部萨利亚哥斯岛的新石器时代遗址。
2. 约翰·伊文思（John Evans），英国著名考古学家，主攻地中海考古。1958 年在伦敦大学学院考古研究所接任了柴尔德的位置。
3. 谢珀·法瑞（Sheppard Frere），牛津大学罗马帝国时代考古学教授。
4. 南撒施宫（Nonesuch Palace），英国都铎时代皇家宫院，为亨利八世所建。

而且搬去了谢菲尔德。您和简还去了趟保加利亚。能讲讲这一年吗?

是啊,那真是繁忙的一年!我好像是 3 月份或 4 月份博士毕业;4 月份我和简结婚;婚礼之后我们去巴黎度蜜月。那年初夏,我们一起去希腊的萨利亚哥斯遗址进行了第二次发掘(也是最后一次)。发掘结束后,我们去希腊北部旅行,到了西塔格洛伊(Sitagroi)方墩遗址[1](之后我们发掘了那座遗址)。回到英国之后,9 月份搬家到谢菲尔德,拿到我的第一份教职,任助理讲师。同时,我还得到了一份圣约翰学院"研究院士"(Research Fellow)的工作。我们住在谢菲尔德,每周乘火车回到剑桥,在学院作些辅导工作。的确事情很多!

之后的一年,1966 年,我和简都获得了英国研究理事会的资助,资助我们夏天去保加利亚旅行。我们访问了保加利亚主要的博物馆,参观了几个铜石并用时代的遗址,包括卡拉诺沃(Karanovo)[2]。这次旅行使我清醒地认识到欧洲新石器年代学中存在的问题。这个问题后来在第二次放射性同位素测年革命中得到了解决。

1967 年您访问了美国。在美国都遇到了哪些人?您和路易斯·宾福德(Lewis Binford)[3] 的第一次接触有怎样的印象?

1967 年在加州大学洛杉矶分校访问的那个学期给我留下了良好印象。我是受玛丽亚·金布塔斯(Marija Gimbutas)[4] 邀请访问洛杉矶分校的。此前,我和简在萨利亚哥斯发掘时,她曾前来造访。离开谢菲

---

1. 西塔格洛伊(Sitagroi),位于希腊东北部,东马其顿—色雷斯地区新石器/青铜时代的重要遗址。
2. 卡拉诺沃(Karanovo),保加利亚新石器时代考古学文化。在巴尔干半岛年代序列中,卡拉诺沃通常被看作时间标尺。
3. 路易斯·宾福德(Lewis Binford),美国考古学家,"新考古学"代表人物。曾任教于美国芝加哥大学、新墨西哥大学、南方公理会大学等。60 年代曾在加州大学洛杉矶分校(UCLA)短暂执教。
4. 玛丽亚·金布塔斯(Marija Gimbutas),美籍立陶宛裔考古学家。当时任加州大学洛杉矶分校欧洲考古学和印欧研究教授,以研究新石器时代与青铜时代文化的"古老欧洲"根源而闻名。她提出了著名的"库尔干假说",认为在东欧草原上以库尔干墓葬(封土坟冢)为代表的人群是最早的原始印欧语言使用者。

尔德去美国那半年，简代我在谢菲尔德上课，任助理讲师（后晋升为讲师）。在洛杉矶分校，玛丽亚同我规划了西塔格洛伊的发掘。1968年，不少洛杉矶分校的师生加入到我们在西塔格洛伊发掘的队伍中。其中包括有奥涅斯丁·厄斯特（Ernestine Elster）[1]、尤金·斯特鲁德（Eugene Sterud）[2]、罗伯特·伊文思（Robert K. Evans）。我也结识了洛杉矶分校的其他一些同事，包括克莱姆·梅根（Clem Meighan）[3]和吉姆·萨凯特（Jim Sackett）[4]。当然还有路易斯·宾福德。他很友善，给我留下了深刻印象。从那以后我们一直是朋友。此后，他来谢菲尔德参加了"解释文化变化"（Explanation of Culture Change）会议。我也到阿尔伯克基（Albuquerque）访问过他几次，他安排我从那儿前往参观了查科峡谷遗址（Chaco Canyon）[5]。

1967年访美期间，我还去了墨西哥。那是我第一次到访墨西哥。该国的国家博物馆令人震惊。我参观了特奥蒂瓦坎（Teotihuacan）[6]和其他一些遗址。那个学期末，我访问了美国一些大学，做了些演讲，也见了些人，包括当时在赖斯大学的弗兰克·霍尔（Frank Hole）[7]，密歇根大学（安娜堡）的詹姆士·格里芬（James Griffin）[8]，芝加哥的罗伯特·布莱德伍德（Robert Braidwood）[9]，纽约哥伦比亚大学的拉尔

---

1. 奥涅斯丁·厄斯特（Ernestine Elster），当时为金布塔斯的学生，后来一直在UCLA任教。曾著有《西塔格洛伊发掘报告》。
2. 尤金·斯特鲁德（Eugene Sterud），当时为加州大学洛杉矶分校的博士生，后任教于宾汉顿大学（纽约州立大学系统）。
3. 克莱姆·梅根（Clem Meighan），加州大学洛杉矶分校教授，主攻加州、下加州半岛及墨西哥史前史。
4. 吉姆·萨凯特（Jim Sackett），加州大学洛杉矶分校教授，致力于法国南部旧石器时代晚期遗址索维尔（Solvieux）的发掘。
5. 查科峡谷遗址（Chaco Canyon），10—12世纪美国新墨西哥普韦布洛人的中心聚落遗址。
6. 特奥蒂瓦坎（Teotihuacan），位于墨西哥城附近的古代印第安聚落遗址，以太阳金字塔和月亮金字塔而闻名。
7. 弗兰克·霍尔（Frank Hole），近东史前农业考古专家。1980年离开赖斯大学，去耶鲁大学任教。
8. 詹姆士·格里芬（James Griffin），北美考古学家。
9. 罗伯特·布莱德伍德（Robert Braidwood），美国著名考古学家，近东史前考古的领军人物。

夫·苏列齐（Ralph Solecki）[1]等。那是一次对美国考古学界的全面接触与学习！

考古发掘方法在20世纪60年代经历了很大变革。从以往流行的"惠勒探方"法转向更多地使用开放式方法。这个过程是如何发生的？它仅仅发生在英国吗？

"惠勒探方"对于具有复杂地层的遗址确实有用。比如英国罗马时期的城镇居址等。这类遗址一般会有比较复杂的叠压和打破关系（近东的台形遗址也类似）。但盎格鲁—萨克逊时期的遗址可能更适合开放式的发掘。布赖恩·霍普—泰勒（Brian Hope-Taylor）[2]在诺森伯兰郡的伊沃灵（Yeavering）[3]的发掘对"开放式发掘"的普及具有推动作用。我呢，则比较喜欢身边有个剖面，所以我从未完全放弃"惠勒探方"法。我第一次看到整座遗址都是开放式的发掘不在英国，而是1962年在保加利亚一处很好的新石器时代遗址。随后，在捷克斯洛伐克的柏兰伊（Bylany）遗址[4]也见到过类似发掘法。

1960年代是美国在文化和政治上紧张的十年。越战、黑人民权运动以及妇女解放运动都是在那十年发生的。您认为这些运动和思潮对于考古—人类学的构建有没有潜在的影响？您自己的思想有没有受到影响？

---

1. 拉尔夫·苏列齐（Ralph Solecki），美国考古学家，以发掘伊拉克北部库尔德斯坦的山拿达尼安德特人遗址而闻名。
2. 布赖恩·霍普—泰勒（Brian Hope-Taylor），英国早期历史专家。1961—1967在剑桥大学任助理讲师。1966年撰写和主持ITV考古类节目："谁是英国人？"
3. 伊沃灵（Yeavering），位于英格兰东北部诺森伯兰郡的盎格鲁—萨克逊时期遗址，被认为与7世纪的伯尼西亚王国（Bernicia）有关。
4. 柏兰伊（Bylany），位于捷克斯洛伐克的波希米亚"长房"遗址，年代为公元前5世纪第五纪。该遗址对于理解欧洲的线纹陶文化十分重要。

这些事儿肯定会影响每个人的社会生活，尤其是政治立场。在美国那一年，我十分关心黑人民权运动[1]的动向。之后我也一直关心民权运动的发展。20世纪60年代的那些事件，对于当时的老师和学生肯定产生了影响（就像现在的社会运动对你们的影响一样）。因为有了这些影响，很多学生倾向于接受左派的政治立场。但60年代下半段的社会/政治事件并未直接作用于考古学。（60年代）仍是"过程主义"和"新考古学"盛行时期。所谓的"后过程主义"要等到70年代才出现。少数几位考古学家（申克思和提雷[2]）接受了比较激进的政治立场。真正受到60年代思潮冲击的是女权主义背景下发展出来的性别考古学，其形式各异。其实这个领域来得很早。德罗希·加罗德（Dorothy Garrod）[3]是剑桥大学有史以来第一位女性教授。我和简在巴黎度蜜月的时候，在格林·丹尼尔安排下见了德罗希和凯瑟琳·肯雍（Kathleen Kenyon）[4]。后者是近东地区杰里科遗址的发掘者，也是伦敦考古研究所的重要人物。

我的立场是，将我的考古学研究和我的政治生活分离开来。我至今仍将"科学"视为正确方向，是我们追寻的本来之义。"后过程主义"或"解释考古学"中那些政治上激进的立场，其实更贴近法国、意大利、斯堪的纳维亚半岛（墨西哥也是）的新马克思主义知识分子传统。在美国，政治激进主义（指左派）无论是过去还是现在都没有太多的空间。

---

1. 1965年，即伦福儒到达美国前，洛杉矶市曾爆发了大规模的黑人暴动。
2. 迈克尔·申克思（Michael Shanks）和克里斯·提雷（Christopher Tilley），后过程主义考古学的主要力量，深受到法兰克福学派和新马克思主义影响。他们两人合著了《重建考古学》《考古学中的社会理论》。申克思后来任教于美国的斯坦福大学，提雷后供职于英国伦敦大学学院。
3. 德罗希·加罗德（Dorothy Garrod），英国旧石器时代考古学的先导人物。1920—1930年代在中东地区发掘了一系列重要遗址。1938—1952年成为剑桥大学迪斯尼讲席教授（格拉汉姆·克拉克是她的继任者）。她也是剑桥大学和牛津大学两所学校历史上的首位女性教授。
4. 凯瑟琳·肯雍（Kathleen Kenyon），英国女性考古学家。中东新石器时代考古专家，杰里科遗址的发掘者。曾任牛津大学圣休学院的院长。

您到洛杉矶那一年,吉姆·莫里森(Jim Morrison)[1]发行了名叫"大门"(The Door)的专辑。同年又发行了"奇怪的日子"(Strange Days)。1967年的洛杉矶,在流行音乐和文化方面是不是很有趣?

加州大学洛杉矶分校的校园生活让我挺忙碌的。再加上我每天要开车上下班,从托庞佳(Topanga)峡谷沿日落大道开到海边才能到达校园,晚上要原路返回(玛丽亚把她花园里的一个房间租给了我)。所以大多数的音乐我都是从电台里听到的,我听"海边男孩"(The Beach Boys)[2]多过吉姆·莫里森。我观察到的社会生活也主要是在校园(我后来才知道有威尼斯海滩[3]这回事儿)。记得有一次,蒂莫西·利里(Timothy Leary)[4]来到校园,宣传精神药物(LSD)的伟大功效,并且要求听众"激发热情、向内探索、脱离体制"(Turn on, tune in, drop out)。我不认为加州大学洛杉矶分校的很多学生因为听了他"脱离体制"的建议而退学(但估计有不少人"激发热情"了)。那个学期末,在返回英国的路上,我去了旧金山和伯克利。那里的气氛不大一样。在伯克利的校园里,"权力归花儿"[5]的气氛十分明显。不少学生选择一丝不挂。校园的广告栏里贴着诸如"杰弗森飞机"(Jefferson Airplane)、"感恩致死"(Grateful Dead)、"创造之母"

---

1. 吉姆·莫里森(Jim Morrison),美国歌手和诗人,"大门"(The Door)乐队主唱。
2. 海边男孩(The Beach Boys),20世纪60年代美国著名的西海岸摇滚乐队。
3. 即Venice Beach,洛杉矶西区的海滨。20世纪60年代曾是垮掉的一代诗人和艺术家的聚集地。
4. 蒂莫西·利里(Timothy Leary),美国心理学家、作家,以迷幻药研究而闻名。他的口号"激发热情、向内探索、脱离体制"使他成为60年代颇受争议的人物。尼克松称他是"全美最危险的人"。
5. 艾伦·金斯堡提出的口号,主张以和平方式对抗战争。他提出,示威者将群众之花(Masses of Flowers)给予警察、传媒、政治家和旁观者。穿着色彩鲜艳的衣服,头上戴花,这些后来成了嬉皮运动的象征符号。

（Mothers of Invention）一类的迷幻音乐海报。我收集了不少海报，从当地书店买了不少。不过，除此以外，我没有过多地卷入"嬉皮"领域。

（《南方文物》2015 年 4 期）

菅谷文則

我是北京大学考古系培养出来的

菅谷文则

1963年毕业于日本关西大学文学部史学科，所学专业为日本古代史。1981年，作为改革开放后的首位日本考古学高级进修生，进入北京大学历史系考古专业学习中国考古学，指导教师为宿白。

从1968年起，曾在奈良县教育委员会任考古技师。1972年负责发掘著名的飞鸟宫遗址，因确认飞鸟净御原宫的位置以及太极殿大殿而取得重要学术成果。1981年主持法隆寺内发掘，明确了若草伽蓝和西院伽蓝的规模及相互关系。1984年主持大峰山顶的发掘，确认了开山与山岳信仰始于天平时代。1986年在奈良丝绸之路博览会期间，组织了丝绸之路文物展，并获得成功。从1995年至2007年，转任滋贺县立大学人间文化学部教授，并兼任大学院教授。2009年至2019年，担任奈良县立橿原考古研究所所长。

此外，还在茨城大学、名古屋大学、大阪大学、神户大学、同志社大学、龙谷大学、关西大学等11所大学及大学院兼职，开设讲座、讲授考古学课程，并在日本国际文化研究所、中国社会科学院考古研究所等机构任客座研究员，同时还担任日本考古学协会常务总理事、日本考古学研究会代表、日本古代武器研究会及东亚铸造学会会长等职。

主要著述有：《鉴耀齐鲁：山东省文物考古研究所出土铜镜研究》(文物出版社，2009年)、《鏡范—汉式鏡の製作技術》(八木书店，2009)、《日本人和鏡》(同朋舍，1988)、《法隆寺昭和資時帳工芸8鏡》(小学館，1988)、《唐史道洛墓》(編著)(勉誠出版，1999)、《北周田弘墓》(編著)(勉誠出版，2000)、《安岳三号墳出行図札》(韓国精神文化研究院、清溪大学，2016、2017、2002年第16卷17号)等计23册及《考古调查报告》21册。发表研究论文400余篇，代表作有《晋の威儀と武器について》(《古代武器研究》)、《中国南北朝の木製刀剣》(《古代武器研究》)等。

采访丨李水城、秦小丽[1]

翻译丨秦小丽

你是怎么喜欢上考古的？大概从什么时候开始学习中国考古？有家学传统吗？或者说你曾受到某人的影响？

应该说是受明治维新的影响。我们家从曾祖父起便失去了所谓的"家学"传承。但是比我年长19岁的大哥是学中国六朝文学的，所以家里藏了很多线装书。初中三年级的时候，老家有一次古坟调查活动，我有幸参加了几天。虽然仅仅是帮忙运运土，但这算是我第一次接触到考古。而真正进入考古学领域则是进入大学之后，由小野胜年[2]先生和大庭脩[3]先生引领入门的。

你在日本哪所大学接受的教育？最初你学的是什么专业？

1961年，我考入关西大学文学部史学科，主攻中国考古学，师从末永雅雄[4]教授。虽然学的是中国考古学，但当时中日两国尚未建交，两国的研究者也没有往来。考古三大杂志（《考古学报》、《考古》、《文物》）需经香港转入日本，我们看到的时候往往已经是几个月之后了，除此之外没有其他接触中国考古信息的手段。我只好先从日本考古学学起，所以最早的研究领域为日本古坟时代考古。

你在大学学习考古时，哪几位老师对你的影响比较大？

对我影响较大的老师有末永雅雄先生、森浩一（1928—2013）先

---

1. 复旦大学教授。
2. 小野胜年（1905—1955），曾留学北京大学。
3. 大庭脩（1927—2002），汉史专家。
4. 末永雅雄（1897—1991），文化勋章获得者。

生、小野胜年先生和大庭侑先生。

20世纪70年代末，你从日本橿原考古研究所插班进入北大历史系78级考古班留学。当时的北大（包括北京和中国）与今天相比有很大不同。能说说你刚到北京时的感受吗？

1979年，中国与欧美、日本的留学生交换活动正式开始。与英国、德国的交换是从1979年春节开始的，而与美国、日本的交换则晚到1979年9月。我有幸成为第一批交换生，于1979年9月27日进入中国大陆。当时，所有的留学生都必须先到北京语言学院（现在的中国语言大学）报到，11月起陆续分配到全国各地的大学。当时能接受外国留学生的仅有数十所大学，没有任何研究机构，与如今中国全国的大学、研究机构都可以接收留学生、访问学者的盛况相比，可谓天壤之别。同样，日本方面接收留学生、访问学者的情况也发生了天翻地覆的变化。以我曾经任过教的滋贺县立大学人间文化学部来说，仅在我任教期间（1995—2008）就有4名日本考古（学）研究生到北京大学、山东大学、吉林大学和西北大学留学，同时接收了3名从（中国）湖南省来的留学生，分别为现在湖南大学的向桃初教授、湖南师范大学的冉毅教授和湖南省文物考古研究所副所长顾海滨研究员。

我留学期间（1979年9月—1981年10月）正值中国高等教育的恢复期，留学生极为稀少，很多单位也不知如何与留学生接触。1979年11月，我向北京语言学院外事处提出了想到中国社会科学院考古研究所参观访问的请求，但被教育部拒绝了。后来还是通过新设日本驻中国大使馆里的熟人，坐着外交官的车，在外交人员和翻译的陪同下访问了中国社会科学院考古研究所，并拜见了当时的所长夏鼐先生以及安志敏先生。后来又通过乌恩先生牵线、北京大学宿白先生推荐，我与中国社会科学院考古研究所取得了联系。当时无论是宿白先生的家还是北京大学考古教研室都没有电话，来往于相距较远的北京大学与北京语言学院之间，还真不太容易。

1980 年 7 月 1 日，我才搬入北京大学的 26 楼。从 1980 年 9 月起，外国留学生不再需要经由北京语言学院，可以直接到接收大学报到。当时，只有北京大学接收考古学的留学生。北大的留学生宿舍"勺园"也于 1980 年开始建设（1981 年建成），并开始接收留学生。早期的留学生，女生住 25 楼，男生住 26 楼。

还记得我第一次与宿白先生见面，会面的场所不是在考古系，而是在未名湖南岸的北京大学贵宾接待室（临湖轩），由外事办公室的领导和历史系的张秀成老师陪同。之后，我每周到考古系上一次课，旁听宿白先生每周四下午的考古课。1980 年春节过后，老师说我的中文水平提高了不少，应该可以搬到北京大学了，但还没有得到北京语言学院外事处的批准。就这样一直等到 1980 年的 7 月 1 日，我才终于搬到北大留学生（住）的 26 楼。同年 10 月，又迎来了德国的罗泰（伯恩大学）、高有德（哈佛大学）和日本的谷丰信[1]、佐川正敏[2]，以及其他来自德国、加拿大、希腊、意大利等国的留学生。当然，那时赛克勒博物馆还不存在。

在北京大学留学 1 年零 4 个月的生活非常充实，我得到了考古专业各位老师的悉心照顾。另外，我提出参加发掘调查的请求也得以实现，在夏超雄先生和张秀成先生带领下，前往山东省诸城县前寨遗址参与了短期发掘与调查。当时，我们所有留学生都住在诸城县招待

---

1. 现任职于东京国立博物馆。
2. 现任职于日本东北学院大学。

所，每次往返工地和招待所都由警车开道。而同行的78级中国同学却住在工地所在村落的农民家里。直到离开诸城之前，我们这些留学生们才被允许到县城中心转转。从加拿大来的金发碧眼的女留学生一出现在大街上，便引起当时很少见到外国人的当地民众的一阵骚乱，因此被陪同的公安人员马上拉回车里。作为日本人的我为了不引人注意，特意穿了一件当时流行的蓝色衣服混在当地人中，既有作为外国人的感受，也体验到了当地人的生活，至今想起来都觉得很有意思。

还有一件事令我难以忘怀，在香港举办的世界杯排球决赛，中国队战胜了日本队，夺冠了。大批留学生和在校生以及他们的朋友聚集在26楼的2层，围在当时并不普及的黑白电视机前观看比赛实况转播。当中国队夺冠的那一刻，所有的人，包括留学生们，兴奋至极，一起叫喊着来到北大三角地，不知是谁燃放了鞭炮，还有人从学生宿舍窗口扔下燃烧的纸片。广场上人山人海，大家又从西南门涌出，来到中关村，开始往东行进，队伍中有人举着燃烧的扫把当作火把。当行进到三叉路口附近时，校领导宣布，一旦女排队员回到北京，将在第一时间邀请她们来北大与大家见面。于是，队伍才全部掉头返回校园。后来，当女排队员们真的来到北大操场的时候，欢呼声震耳欲聋。我当时坐在靠前面的第三、四排，亲眼目睹了那个激动人心的场面，体验到了那种可以改变历史的能量。以前只是在书上读过，也曾听一些北大老师讲过1949年10月1日新中国成立前夜天安门广场的情形。那一天，我好像也感觉到了那种能量。

你在北大跟随宿白先生学习魏晋南北朝—隋唐考古。请谈谈你对宿白先生的印象和交往。

除了上宿白先生的课之外，每周四我还要到宿先生的家里接受个别辅导,时间是傍晚 7 点到 8 点。我清楚地记得,宿白先生当时住的是北大 10 公寓 3 层,对门是教宋代历史的邓广铭教授。这种一对一的辅导一直持续了一年半,除了宿先生出差或者我自己外出之外,基本上每周一次。每次都是我问问题,先生作答。我记得第一次准备的是在日本读报告书时就想了解的一个问题,什么是"五色土"?之后还问了一些关于隋唐考古方面的问题。先生总是非常认真地回答我的每一个问题,并一边绘图一边作答。一个月之后,我带着刚买的一本书向先生请教,于是辅导方式变成了一周之内读到第几页,下次见面要复述所读的内容。当时先生笑着对我说:"你提的问题很有深度,但你的中文却只够小学生水平。"有时,安家瑶、陈英英同学也会陪我一起去先生家里,他们还帮我制定了西安、洛阳等地的参观计划,以及选择、介绍见面的人等。1980—1981 年那会儿,外国人从北京去其他地方必须要申请国内旅行证。首先要征得宿先生的同意,然后再到历史系办公室申请,最后由留学生办公室发放旅行证。后来,当我 1981 年 8—9 月回国的时候,已经改为到北京饭店西侧的外事办公室直接申请,交了手续费之后,第二天就可以拿到旅行证。但拿到旅行证之后,还要到留学生办公室领取全国粮票。有些留学生会借机多申请一些粮票,然后到中关村的农贸市场从农民那里换烤白薯、水果等。当时,农民是不发粮票的,全国粮票比地方粮票更吃香。

1981 年 8 月 4 日,我有幸跟随宿白先生参加了为期两周的敦煌石窟参观访问,同行的还有安家瑶和陈英英。宿白先生乘飞机到兰州,安、陈两位从北京乘坐火车,我则是在参观完了江南的博物馆和遗址之后,从上海乘坐火车,最后大家在莫高窟汇合。先生们住在莫高窟的招待所,而我在头三天被安排在市内的县招待所。因为 8 月 7 日邓小平、王震等国家领导人要来视察敦煌石窟,莫高窟招待所不允许接待外国人。安家瑶有个初中同学的父亲刚好是邓小平的随行人员之一，托他们的福，我有幸在数米开外目睹了中国国家领导人的风采。当时，常住北京的常书鸿、李承仙两位先生也赶回敦煌陪同领导人，并随行担任讲解。经由宿白先生的介绍，我见到了常先生夫妇。

敦煌石窟的访问结束以后，工作人员开车把我们送到兰州，并安排我们参观了博物馆、炳灵寺石窟等。但就在我们返回北京的前一天，因为暴雨，兰州以东的列车全部停运，我们被困在了兰州。当时在兰州可以接待外国人的饭店只有兰州饭店一家，因为房间不够，我竟然和宿白先生在一个房间住了两晚。宿先生第三天乘飞机回到北京，因为留学生不允许乘坐直航北京的飞机，我只好经由长沙飞回北京，而去东北参观旅行的日期就在第二天。当时订飞机票不像现在这么简单，需要一段一段地买，从长沙飞回北京的机票是托一位叫何介钧（湖南省文物考古研究所）的朋友帮助买的。这也是我第一次在中国国内转机，发生了一件不可思议的事情，长沙飞往北京的飞机竟然要在太原停留三个小时，让乘客吃午饭。相比之下，安家瑶他们就更惨了，她俩从兰州乘坐长途客车，辗转了好几天才回到北京。经宿白先生介绍，我有幸结识了各地的很多学者，并与他们进行交流。比如西安的王仁波先生、新疆的王炳华先生、吉林的林沄先生等。宿白先生不只教我们考古学，同时还承担了建筑史、古文献等方面的课。

除了宿白先生，我还上过北大其他几位老师的课，包括严文明先生、俞伟超先生、邹衡先生、高明先生、李仰松先生等。另外还上过周一良先生专为留学生开的课。记得因为教室不够，严先生的课是在晚饭之后，印象很深的是教室特别地冷。俞伟超先生经常来到26楼下面，坐在一楼的椅子上给我们讲"文化大革命"中的故事，结合1949年9月30日建国大典前夜的兴奋情景讲述以帝王为中心的汉代考古，以及《汉书》中的记载与实际情况的差异等。（他）还给我这个中文听力跟不上的留学生补过课。在他转调到中国历史博物馆（现在的国家博物馆）以后，我每次到北京都会专程去拜访他，也因此促成了信立祥先生在日本橿原考古研究所访问工作两年的机会。有关南海水下考古项目的开展，也是在俞先生督促下，由我协调日本方面的田边昭三先生最终实现的。这件事也可以说是我留学北京大学的成果之一。

邹衡先生的课是通过陶器了解商王朝，因为听不懂先生的方言，我是通过其他同学的辅导才勉强跟上。邹先生还曾邀请考古专业的留学生们到他家里做客。给我印象最深的是我们在日本的唯一一次见面，先生赴美国讲学，归国时途经日本大阪，深夜接到先生打到家里的电话，要我第二天早上9点赶到伊丹机场。原来从美国出发时可以带2件行李，但从日本到北京却只准带1件，超出的部分需要额外收费。先生把他一半的行李分出来交给我，让我下次去北京时带给他。

至今还常常想起高明先生的古文字课。我留学之前没有学过古文字学，所以从先生那里学到的东西受益至今。回国前收到先生的一本新著，想请先生签个名，结果不但得到了签名，先生还抄写了《论语》的"学而篇"，其中有孔子的名句"学而时习之"，因为当时（1981）社会上有批判孔子的思潮，先生还嘱咐我把书放在箱底带回日本。

回国以后，你常回来与中国合作开展一些考古调查和发掘，特别是与宁夏文物考古研究所的合作机会较多。能否谈谈那个阶段的工作？有哪些重要的发现和收获？

1981年10月我在北大的留学结束，回国后我主要从事法隆寺的发掘和调查。之后曾多次参与组织中国的文物展（如下表），并邀请多位中国考古学家来日本访问。

奈良丝绸之路大文明展	主管	奈良县组织
秋田县甘肃省文物展	监督	秋田县组织
社会科学院考古研究所展	监督	读卖新闻
中国金银玻璃器展	监督	ＮＨＫ组织
中国出土金银器展	监督	福冈市博物馆
陕西省博物馆日本考古展	组织	橿原考古研究所
中国黄帝陵展	组织	橿原考古研究所

从 1990 年起，我参与了一个为期数年的中日合作研究项目——"中日古代稻作文化的关系探索"（由西日本新闻与佐贺电视台资助）。当时中方的项目负责人是严文明先生。除了严先生为此多次来日本之外，我们还邀请了中方项目组的其他成员，如游修龄以及来自云南、浙江、江西、上海等地的专家。

我与中国社会科学院考古研究所（白云翔为中方项目负责人）的合作研究项目为"铜镜及其铸造"，自 2000 年开始一直持续到现在。我们调查研究了所有从山东省、河南省出土的两汉时期的铜镜，出版了山东省的铜镜出土总目录，以及有关战国时代齐都临淄铜镜铸造模型的研究报告。

与新疆维吾尔自治区博物馆的合作项目是对改革开放以后从新疆库车县出土的萨珊帝国金银币的调查研究，相关的报告已出版发行。西北大学文博学院的冉万里教授正在准备报告书的中文版发行事宜。

2011 年，我们与陕西历史博物馆合作，在西安市举办了一次"日本考古展"，展期为 2011 年 11 月 21 日—12 月 11 日，展品是从橿原考古研究所精选出来的一批旧石器到平安时代（794—1192）的藏品。自 1973 年以来，中国考古展在日本的展出已经超过 100 次，而日本的考古展在中国展出还是第一次。当时日本驻华大使、陕西省副省长等出席了开幕仪式。

迄今为止，我已在《东南考古》等杂志发表过数篇中文论文，在宿白、徐苹芳两位先生的纪念文集上也发表过文章，当然还发表了多篇以唐代研究为主题的日文论文。另外，经中国国家文物局批准，有关宁夏固原的调查发掘报告，包括中文版（文物出版社）与日文版（日本勉诚出版社）均已出版发行。

作为第一批留学中国的日本考古学者，理应成为中日考古、文物界之间交流的桥梁，这一点我自认为做到了，今后也会在自己的有生之年继续努力。"我是北京大学考古系培养出来的"，这是我经常说的一句话。

你所研究的领域包括东西文化交流的重要时段，特别是在粟特人来华这个方面的研究颇有些建树，请谈谈你在这方面的研究以及日本和中国在这个领域的研究与交流情况。

粟特人在很多方面对唐文化的发展有巨大贡献。20 世纪 20 年代以来，这类研究在文献学等领域，特别是音乐史和舞蹈史方面取得了很大进展。随着陇海铁路洛阳段的修建，清理出许多北魏至隋唐时期的墓志及石棺，这些材料使我们对粟特人来华、安禄山、史思明等历史事件与人物有了更为明确的了解。宿白先生的老师向达先生（1900—1966）是这方面研究的先驱者。1996 年，我参与了宁夏固原史道洛墓的发掘调查。除了墓志铭之外，从这座墓中还发掘出了东罗马时期的金币、陶俑、木俑，以及墓主的头骨。当时委托中国社会科学院考古研究所的韩康信研究员鉴定这件头骨，为了不影响判断，作了所谓的"影子评估"，即没有告诉他有关这件头骨的任何信息，如墓志中有关粟特人史道洛的记载。头骨是由我跟宁夏的罗丰[1]、卫忠[2]

---

1. 现宁夏自治区文物考古研究所所长。
2. 北京大学考古系 83 级、现任宁夏自治区文物局副局长。

三人一起搬运去的。当时，韩研究员听说是从唐墓出土的头骨，很不想接手。后来还是（我们）先把头骨交给了他的师兄，再由他的师兄出面说服他接手。大约一个月之后，我在固原接到他的电话，说鉴定结果出来了，是白色人种（Caucasoid 高加索人种）。这时我才把墓志的事情告诉他。随后，我马上将这一消息告诉了宿白先生、徐苹芳先生，陕西省考古研究所的韩伟先生和西北大学的王世和教授等。在当时，从西安唐墓出土的人骨并不会引起很多人的关注，而我用自己的研究方法推测出土的人骨应该是粟特人，并得到了验证。在秦墓研究领域，也有关于秦始皇陵出土修陵者人骨的研究，但除此之外的调查（中），只对人骨性别进行鉴定。可以说，我的研究是将人类学与考古学结合起来的一个典型案例。研究证实史道洛是粟特人。以往通过文献资料推测他为粟特人与汉人的后裔，或粟特系的汉人，现在这些结论得到了修正。之后，固原一些没有墓志的墓葬中出土的人骨也被确认为粟特人。西安北郊大明宫区的史君、安伽墓出土的人骨经测定也被确认为粟特人种。近年来，遗传学的研究分析也证明，在大唐的官僚、军事组织中存在汉人以外的人种，这些发现提示我们可以从另外的角度去理解唐墓壁画中的人物形象。

天平胜宝五年（753），鉴真和尚东渡的随行人员中就有粟特人安如宝，表明扬州粟特商人也加入到了东渡行列之中。关于这一研究，可以参见我的文章《鉴真弟子、胡人安如宝与唐招提寺药师佛像的埋钱》(《鑑真弟子胡国人安如寳と唐招提寺薬師像の埋錢について》)。此论文已被译成了中文。

2015 年，橿原考古研究所与奈良县立大学开始了一项合作研究"粟特人与拜火教"，并召开了有德国、塔吉克斯坦、印度、中国等国学者参加的研讨会，并于 2017 年 10 月召开了第二次研讨会。研究结果显示，现在伊朗人（古代的萨珊王朝）的粟特教"礼仪、墓制"与阿尔巴尼亚、乌兹别克斯坦地区3—8世纪的琐罗亚斯德教的"礼仪、墓制"存在较大差别。从固原、西安等地粟特人的墓制也可以看到明显唐化的琐罗亚斯德教，这给我们带来了一个新的研究课题：如何看待佛教与琐罗亚斯德教的关系？两教合一是一部分学者的观点。

从绘画史与民俗史的角度看，琐罗亚斯德教分支之一的摩尼教绘画作品主要分布在福建省周围。这些绘画作品在中国、日本、美国各地多有收藏，但大多被当作佛教的"十王图"或"十王十戒图"。虽然与考古学没有直接关系，但这些研究可以说是从中国粟特人研究领域中派生出来的。宿白先生早已注意到曾经影响唐文化的外来因素并非来自萨珊王朝——即波斯中部文化，而是来自以乌兹别克斯坦为中心的中亚地区，这一观点后来也通过齐东方教授的金银器研究得到论证，期待今后能有更大的发现与突破。

能否谈谈你与中国考古学界一些老先生的来往和（你的）印象？比如说，中国社会科学院考古所的徐苹芳先生、王仲殊先生、安志敏先生和杨泓先生等？他们在日本考古学界有着怎样的影响？

不光在留学期间，就是学成归国后的40多年，我也得到了很多中国考古学界、历史学界老师的指导与帮助，并一直心存感激。留学期间，中国有一部分地区尚未对外开放（比如当时的北京丰台区），但我还是访问了很多地方。我访问过的单位有北京大学、（中国）社会科学院考古研究所、吉林大学、西北大学、西安碑林、敦煌研究院、浙江考古研究所、江西省社会科学院、山西大学、广州市博物馆、新疆（维吾尔）自治区博物馆、上海博物馆、湖北省考古研究所等。之后，对外开放的地方逐年增加，到现在已经全部开放，与中国研究交流的机会也越来越多。

徐苹芳先生作为元大都研究者的大名，在我留学之前就知道了，第一次访问考古所时有幸与先生相识。之后，不管是我在中国还是在日本，都得到了先生的很多指导。20世纪90年代，先生从所长位置上退下来后，我还到先生在北京的四合院拜访过几次。徐先生担任所长期间，经日本读卖新闻社事业部的努力，（中国社会科学院）考古研究所在日本的展览得以实现。其中，妇好墓的出土文物在当时的日本社会引起了极大的反响。这次展览也促成了很多中国学者来日本，加深了中日学者之间的交流。

最令我难忘的是与杨泓先生的研究交流。橿原考古研究所的第一任所长末永雅雄先生（1897—1991）是日本古代武器研究的先驱者，研究水平极高。他认为应该邀请中国学者来日本访问研究，于是在1983年向中国社会科学院考古研究所发出邀请。在夏鼐先生的努力下，这一活动得以实现。当时只有副研究员以上职称的人才能去海外出差，之后助理研究员也可以了。于是橿原考古研究所、关西大学、京都大学、东京国立博物馆、九州大学等机构先后有中国访问学者前来交流、研究、讲学。对这件事最为高兴的是当时尚健在的一些"老北大"，比如关野雄（1915—2003）、三上次男（1907—1987）、江上波夫（1906—2002）、小野胜年（1905—1988）、日比野丈夫（1914—2007）等老先生。1958年首次访问中国的日本考古学访问团成员，如冈崎敬（1923—1990）、樋口隆康（1919—2015）、敦煌学研究者藤枝晃（1911—1998）等，与中国访问学者之间的交流与相互理解可以说是另一种成果。如杨泓先生以及之前来日的宿白先生的高研究水准，给日本学者留下了极为深刻的印象。对于宿白先生对云冈石窟与居庸关的研究，以前京都大学人文科学研究所的学者是持反对意见的，通过这次交流，双方终于得以相互理解。这次交流还使解放前的日本留学生重新捡起了中文，宿白先生也想起了日文。

我与王仲殊先生之间有关三角缘神兽镜的讨论，可以参考我写的悼文，这里就不重复了。与张政烺先生的会面是在1981年8月，经北京大学80级的邢军介绍，我到位于东长安街的张先生家中拜访了他。张先生是著名的古文字专家，当时送了我一幅字"妇好"，并笑着和我说，"你可以将其理解为你有一位好夫人"。回国后，我将这幅字裱糊好，并在我太太生日的6月3日那一周将其挂在家里。我准备将这些题字、书信等作为考古学史料移交给橿原考古研究所。

也请你介绍一下你所熟悉的做中国考古研究的日本老一代学者，以及他们所作的学术贡献。

在留学北京期间，我有好几次被问到"滨田耕作（1881—1938）先生是否还健在？""梅原末治（1893—1983）先生和水野清一（1905—1971）先生还好吧？"可见当时中日学术界之间隔绝了有多久。滨田耕作先生在我出生之前就过世了。水野清一、冈崎敬（1923—1990）、樋口隆康（1919—2015）等中日建交之前的学者，为了能更接近中国与韩国，对长崎县对马（即《三国志》里的对马国）进行了考古学调查。冈崎、樋口先生曾好几次对我说，非常遗憾没能去中国留学。

中日两国一衣带水，两国考古学界的联系非常紧密。近些年来由于两国政治关系陷入低谷，学界的交流也不是很乐观，这不是我们想看到的。对此你怎么看？如今日本的年轻人又怎么看？

"学问无国界"。两国的考古学界都应该抱着这样的理念去切磋、交流与合作。我曾在中国求得一幅字："枯鱼过河泣。"这里的枯鱼是指与中国断绝的日本，而河则指文化上的祖国之河——黄河。亚洲各地的古文化研究离不开与祖地中国的比较研究，这一直是我的一个研究信念。

(《南方文物》2019年1期)

雷德侯

研究东亚文化艺术的德国汉学家

雷德侯
(Lothar Ledderose)

德国海德堡大学东亚艺术史系教授，世界上最有影响力的汉学家和东亚艺术史学家之一。1942年7月出生于德国慕尼黑。1961—1969年在科隆、波恩、巴黎、台北、海德堡等地学习东亚艺术、欧洲艺术、汉学、日本学；1969年以论文《清代的篆刻》获海德堡大学哲学院系东亚艺术史专业博士；1969—1971年，先后在美国普林斯顿大学（Princeton University）、哈佛大学（Harvard University）做博士后；1971—1972年在台北故宫博物院从事翻译和研究工作；1973—1975年任日本东京大学东亚文化研究所（Institute for Oriental Culture, Tokyo University）特约研究员；1975—1976年在德国柏林国立博物馆的东亚博物馆（Asian Art Museum, East Asian Art Collection, National Museums in Berlin）任职；1976年在德国科隆大学（University of Cologne）任教并获得教授资格，同年被聘为海德堡大学（Heidelberg University）教授，执教于东亚艺术史系至今。

其间，1976—2010年曾任系主任（即东亚艺术史研究所所长）。1978年兼任海德堡大学哲学和历史学院院长。

雷德侯教授先后担任德国东方学会副会长、会长（German Oriental Society, 1978—1996），德国汉堡国际亚洲和北非学会主席（International Congress of Asian and North-African Studies [ICANAS], Hamburg, 1986）。1983—1984年被评为德国柏林学术院院士；同年被评为德意志考古研究所通讯员（German Archaeological Institute, 1984）；1986年被评为海德堡科学院院士（Heidelberg Academy of Sciences and Humanities）；1996年被评为英国学术院通讯院士（British Academy）。此外，他还担任日本《东亚研究》(*Scuola di Studi sull'Asia Orientale*)、斯德哥尔摩《远东古物博物馆刊》(*Bulletin of the Museum of Far Eastern Antiquities*)和台北《美术史研究季刊》、巴黎《亚洲艺术》(*Arts Asiatiques*)四家学术刊物的常任评（编）委。

雷德侯教授还被聘为：剑桥大学（Cambridge University）荣誉教授（1992）；芝加哥大学（University of Chicago, 1996）、台湾大学（1997）、东京大学（Kyoto University, 1997）客座教授；美国洛杉矶盖蒂美术馆（Getty Research Institute, Los Angeles, 2000—2001）（访问）学者；华盛顿国家美术馆（Mellon Lecturer, National Gallery, Washington D. C.）、堪萨斯大学（Murphy Lecturer, University of Kansas）特约教师。2014年荣任中国故宫博物院首批四位特聘国际学术研究顾问之一。

雷德侯教授在德国主持举办的展览有"紫禁城的珍宝"（Palastmuseum Peking. Schätze aus der Verbotenen Stadt, 柏林，1985）、"长城那方：中国第一个皇帝和他的兵马俑大军"（Jenseits der Grossen Mauer. Der erste Kaiser von

China und seine Terrakotta-Armee，多特蒙德，1990）、"日本和欧洲"（Japan und Europa，柏林，1993）、"中国明清绘画"（Im Schatten hoher Bäume. Malerei der Ming-und Qing-Dynastien aus der Volksrepublik China，巴登、科隆、汉堡，1985）等。雷德侯教授的专著有《米芾与中国书法的古典传统》（*Mi Fu and the Classical Tradition of Chinese Calligraphy*，普林斯顿大学，1979年初版）、《兰与石——柏林东亚艺术博物馆藏中国书画》（*Orchideen und Felsen: Chinesische Bilder im Museum für Ostasiatische Kunst Berlin*，1998，柏林出版）、《万物》（*Ten Thousand Things: Module and Mass Production in Chinese Art*，普林斯顿大学，2000年初版）等。其中《万物》一书于2002年荣获列文森图书奖（Joseph Levenson Book Prize）。2005年9月，因为对亚洲艺术史有突出贡献，雷德侯教授被授予国际人文学科最高奖——巴尔赞奖（Balzan Prize）。

2005年以来，雷德侯教授开始重点研究中国的佛教石经，主编有《中国佛教石经》系列书籍，共四大卷、16册（中英双语）。截至2015年初，已发表山东省第一卷和四川省第一、第二卷，将来还会陆续出版陕西、北京房山等分卷。

采访、翻译 | 吴若明[1]

终审 | 李水城

您好，雷教授。早在20世纪60年代，您就开始学习汉学，相信当时在这个专业领域学习的德国人并不多。您是如何对汉学产生兴趣，并走进东亚艺术研究领域的？您的父母对您在东亚艺术文化上的兴趣培养有何影响？

汉学在20世纪中期对欧洲人来说确实属于"冷门"，了解的也不够多。但对我而言，学习汉学却不是出于偶然。我的父亲当时是科隆音乐学院（Hochschule für Musik Köln）的钢琴教授，我的中学时代是在科隆度过的。那时我虽然在读中学，但常去科隆东亚博物馆参观。要知道，在德国至今只有两个专门的东亚博物馆。一个在柏林，即我后来工作过的柏林东亚博物馆；另一个就在科隆。而且科隆东亚博物馆是德国最早建立的一座专门的亚洲艺术博物馆。我非常感谢那时的科隆东亚博物馆馆长史拜斯先生（Werner Speiser, 1908—1965），也非常佩服他。科隆东亚博物馆是第二次世界大战空袭中的牺牲品，被完全破坏了，当时新馆尚未建好。庆幸的是，该馆收藏的近千件文物基本没有受损。即使在战后非常艰难的条件下，史拜斯先生还是成功地举办了多次展览。有些特展常常是在当时科隆的城市大门那儿举办的，吸引了很多人来参观。

我父母本身并不是收藏家，但是他们都非常喜欢东亚艺术，觉得这是有着独特魅力的艺术品，所以我也常常有机会和他们一起去。久而久之，我和史拜斯先生就熟悉起来。我喜欢跟随在他身边学习那些

---

1. 德国海德堡大学东亚艺术史系。

来自遥远的古代东方的艺术品，了解它们，接触这个领域，这也是我高中时期最大的兴趣所在。我常常跟随史拜斯先生在被战争破坏的科隆原东亚博物馆建筑的旧址内，坐在那些破损的墙壁上，去亲手触摸那些古老的东方文物，听先生娓娓道来它们的名字、生动有趣的功能以及在另一种宗教文化氛围下的社会意义，这些都深深地触动了我的心。更让我感到遗憾的是，在德国，欧洲艺术史一直以来有那么多人去研究，而和其相媲美的亚洲艺术，研究者却少之又少，实在可惜。正是在这样的影响下，我在高中时期就产生了将来要从事东亚艺术这一研究的愿望。

在您的研究历程中，最初选择的对象是中国书法，特别是篆书和行草。这对很多中国人而言都很难阅读。多数欧美的东亚艺术史专家也似乎更倾向于绘画和器物研究。但是您最早出版的两本书恰好一本是写清代的篆书，另一本就是以行草著称的书法家米芾。能告诉我们，这是为什么吗？

中国艺术本是一个宽广的范畴，涉及面非常广，包括青铜器、书法、绘画、瓷器、玉器、金银器、佛教造像等等。但我个人认为，书法是中国艺术和文化的中心和基础，也是中国最广泛的一种艺术形式。很多中国的艺术品，其创造者和收藏者都有一定的限制范围，或文人阶层，抑或流行于贵族阶层，而书法是最没有边界的，中国古代的大部分人都会写，都在用，尤其是士大夫阶层。中国古代所有立志于仕途的人首先要练习和精于书法。它是从实用的书写中产生，又逐渐发展为艺术品，因此最初我就选择了书法。篆书是中国古老的书体，它体现了中国古代 1500 年以来具有连贯性的美。你可以看到我的客厅仍摆放着秦代篆书碑刻拓片制作的屏风。这些秦代篆书艺术，直到清代仍在审美和风格中具有连贯性。我个人非常欣赏清朝的篆书家们，他们在风格上反复临摹先前这些规范化的书法作品，又创作性地发展并形成自己的风格，这样的具有特定艺术形态和复合性风格的结构为中国书法作品所特有，在世界艺术中也是特别的。

相对于较古老的篆书、隶书而言，草书、行书和楷书是六朝时期以后出现的，这其中草书是最早的，它是从篆书，特别是隶书中衍生出来的。最初是为了书写的便捷。但很快，一种固有的美学特性使其成为新的字体，它的艺术自由性让它总是出现在非正式官方文书的场合。行书也是源于隶书，但形态更接近于楷书，和草书相比，省略的部分较少，但同样也具有自由发挥的特性。这种飘逸的字体非常适合文人。我在完成对清代篆书的研究后，开始对米芾的行书及草书等书法作品产生了浓厚兴趣。我不仅仅研究他的作品本身，也注重研究他的书法理论。我很钦佩米芾，因为他不仅是一个书法创作家，也是一位杰出的书法理论家。当然，他在山水绘画上也颇有成就。米芾的美学思想是让书法力求超逸、平淡、天真。他注重艺术鉴赏，强调书法的学术性和知识性，并在此基础上创立了个人风格。同时，米芾临摹和研究中国书法作品的传统源泉或最高标准，即晋代以王羲之、王献之为主的、非常有造诣的著名书法家，他对经典作品的解释也很精辟。这些在继承中国传统古典艺术的过程中起了关键的作用，也是后来书法鉴赏的标准。在我看来，非常重要。

您在学习汉学和东亚艺术的过程中，学习的背景非常丰富，包括科隆、波恩、海德堡、巴黎、普林斯顿和哈佛大学，还有台北和东京。您的知识背景的形成和知识体系的构建对更深入地研究东亚艺术有何助益？

现在欧洲、美国等地已在大学中将汉学系和东亚艺术史系完全分开，前者更注重文化、文学和社会等方面，后者则专注于古代艺术品，并且还细分有日本学的专业。但在20世纪60—70年代，没这么细的区分。汉学也就包括中国考古、艺术史等方面。直到现在，尽管德国的大学大多设有汉学专业，但专门的东亚艺术史专业，则主要在柏林自由大学和海德堡大学。

我认为多元的学习背景非常重要，也让我获益颇丰。这个过程不仅仅专于汉学，同时在东亚艺术，包括中国和日本艺术等方面的广泛学习。我在德国最开始学习的是欧洲艺术史和德国文学，我后来在东亚艺术史研究中经常会和欧洲艺术相比较，更容易发现中国艺术的独特性。同时，中国艺术也不是孤立的，和欧洲艺术史有共通性，一些基础的艺术史理论和方法论对于后来东亚艺术史的研究也都适用。

在德国博士毕业后，我去了美国，接触了更多在这一领域的知名学者，了解了前沿的动态。正是美国普林斯顿大学的方闻和岛田修二郎两位教授促成了我研究米芾的动机。当时的中国内地并没有像今天这么国际化，这么方便学习。于是我去了台北，在台北故宫博物院看到很多书画作品，对米芾的研究、翻译等工作也得到了更好的发展。我的中文名字雷德侯就是台北故宫博物院院长蒋复璁先生赠送的。

日本艺术和中国艺术有很多共通性。同时，很多日本学者，如铃木敬先生在中国艺术方面的研究在世界上都很有影响。我在日本的研究工作让我更好地掌握了研究中国艺术的方法。比如我在《万物》中写到的《地狱十王图》章节，正是之前跟随铃木敬先生的研究小组及所做调查的基础上完成的。此外，东京的西川宁教授和京都的中田勇次教授都是研究中国书法的专家，对我在中国书法的研究也很有帮助。特别值得一提的是，我在《万物》中对中国古建筑的研究，特别是古代木塔，在历史中的完好保存非常困难，日本奈良南部的法起寺（始建于1056）和中国的建筑方式一致，又完好地保存有古老的木塔，给了我很好的研究实践机会。他们允许我在塔内的细节处充分拍照，完善了我在中国建筑的研究。此外，我在日本期间也积极学习日本的传统艺术，因为在东亚艺术史研究范畴中，二者是相互关联的，包括韩国的古代艺术，这是一个整体且具有共通性的领域。

日本艺术的学习使我在研究中国艺术中又多了一个积极有益的比较面。很长一段时间，我不仅是中国艺术史的老师，同时也负责日本艺术的教学工作。这些工作后来由更偏向日本艺术研究的特埃德博士（M. Trede）承担。我们鼓励目前在海德堡大学东亚艺术史系学习东亚艺术史的学生，在学习中国艺术的同时，也学习日本艺术，要求他们至少完成一个日本方向的课程及作业。在基础理论的学习中，它们是作为一体的。

您的研究领域涵盖了中国艺术史的各个方面，不仅有书画、青铜、瓷器，还有中国的传统建筑，在建筑史学上也颇有见解。您是如何关注这一领域的？您如何看待中国与欧洲古代建筑的差异？

多领域的比较研究有助于更好的研究。我曾学习欧洲艺术史，在此基础上，我常常会在东亚艺术研究中去比较它们，这有助于我发现它们的不凡之处，也能更好地掌握东亚艺术的一些本质和特性。

欧洲的古代建筑多为石结构，而大量的中国古建筑是土木结构，这在我看来非常有趣。与欧洲屋瓦约100千克/平方米的载重能力相比，东亚建筑中的屋瓦载重非常可观，达到280—400千克/平方米。因此，欧洲的屋顶往往要比亚洲的房屋重得多，中国古代建筑的主体也较西方轻了很多。同时，在建筑过程中，中国人没有钉子，仅仅是用榫卯，这些相比欧洲的石构建筑，充满了不稳定性，却又不可思议地坚韧和牢固。比如建于唐中期的山西五台山佛光寺大殿，能屹立千年而不倒。也正因为如此，我开始特别关注中国古代木构建筑中采用的斗栱和梁柱。也许斗栱在中国人眼中看来习以为常，但在西方人眼中是非常复杂、也颇为奇特的梁柱结构部件。其结构基本由斗、栱、平坊和斜坊组成，这些部件以简单或复杂的方式被组装成一个整体，有助于建筑的柔韧性，达到稳定的效果。这些研究也恰恰体现了我后来在东亚艺术理论上的一个核心思想：即模件系统的构成。

此外，中国建筑中的皇城也很特别。它是中国院落式建筑在城市中的典范，如著名的隋唐长安城那种绝对理性、规矩且对称分布的网格模式，与欧洲古罗马城在七座山头上延展的规划形成了强烈对比。同时，各种店铺、饭馆的分布在这个网格状的平面中井然有序，但却没有欧洲许多城市规划中重要的作为政治及生活所需的公共空间，即大的广场。这些建筑研究，也从另一个角度反映了中国古代艺术模件化体系的运用。

在您的研究中，并不拘泥于书法或绘画等单一的层面，而是涉及青铜、建筑、瓷器等各个方面。您是如何全面开展这些研究的？又如何做到深入的研究？

中国艺术涉及面很广，尽管我最初关注的是书法，但在研究中，对于绘画等其他方面的学习也同时在进行，这是一个学习研究的整体。比如在主持中国"紫禁城的珍宝"展览时，接触到的是种类众多的中国艺术精品。后来和西安合办"长城那方：中国第一个皇帝和他的兵马俑大军"展览时，很好地接触了这些方面。我会去西安做实地考察，深入了解。而《兰与石》的研究则是基于柏林收藏的中国绘画作品。中国艺术是一个整体，每一方面都很有意思，值得深究，同时又有共同的特性。

在后来的教学中，我同时开展了对书法、绘画等各个领域的全面教学工作。而且是以一个综合的角度去看待中国艺术，更容易发现他们的共通性。在研究中，很多艺术是不可以完全孤立、分开的。我曾开设两个学期的高级研讨课（Ober Seminar），主题是天堂（Paradies），主要分析中国墓葬体系中天堂理念的构建，同时也谈及东亚的盆景和博山炉等艺术品。在这个课程中，学生的研究主题从殷墟玉器、秦兵马俑、汉代的金缕玉衣、唐代的壁画等，各有重点，去共同讨论发现中国古人追求的那个理想世界。在我看来这是非常重要的。

《万物》一书是您对中国艺术研究的重要的集大成者。在这本书中，您从青铜器、文字、绘画、建筑、瓷器、漆器、丝绸等各个方面，探讨中国艺术中的模件化和规模化生产。最初您是如何产生这一理念并发现这一模件系统的？又是如何通过中国各个领域的艺术去论证这一观念的？

模件体系的设想在很多年前就出现了。我在20世纪60年代曾在巴黎的赛努奇博物馆（Paris Cernuschi Museum）跟随瓦迪姆·叶利塞耶夫先生（Vadime Elisséeff）学习，那里有中国和其他亚洲文物的大量收藏。我非常感谢叶利塞耶夫先生，他当时正在将中国古代青铜器上错综复杂的纹饰界定到一些特定的母题上。他提到在中国的艺术创造中，总会有一些基本要素先被规定出来，然后再组合成一个新的艺术品，他的这个构想启发了我。随后在70年代，我在日本东亚文化中心跟随铃木敬先生作关于《地狱十王图》主题的系列画卷研究，在这些画卷上，同样运用了将一些固定不变的部分再次组合的创作方法。

这种创作方法我在中国艺术的其他领域也陆续有发现。后来在西安兵马俑的合作研究中，我有机会到秦始皇兵马俑博物馆，站在俑坑的那些士兵之间，我再次惊叹两千多年前中国工匠们发明的模件体系，在有限的时间内出色地完成了这一数量众多、宏伟壮观的兵马俑大军。他们在运用模件体系的同时，还注意了细节的不同处理，表现出极富变化的面部和姿态等。

这种创作方式历经千年仍可在中国今天的不同艺术领域看到其痕迹。我在1995年到中国的瓷业重镇江西景德镇考察，在古代作为官窑生产地的景德镇，瓷器产量非常惊人。仅在明代的万历五年，宫廷的预定就有17万件。今天，景德镇每天的陶瓷产量甚至达到了百万件。我在那里看到一些高品质手绘蟋蟀纹装饰的茶杯。画工拥有一个蟋蟀图案模具，他们用此磨具在杯子弧面上先印出蟋蟀的基本轮廓，然后画工便在此基础上自由发挥，画出一只只貌似相像，但又略有差异、有个性美的蟋蟀纹。我当时看了几十个这种纹样的杯子，对着每一只蟋蟀拍照，非常感慨景德镇这种以机械手段成型、手工加工赋予个性艺术发挥、又存在差异的瓷器生产的典型特性。我在《万物》一书中也讨论到哥尔德玛尔森号（Geldermalsen）沉船中瓷器的这些模件系统。然而，即便是在这艘沉船上15万件瓷器中，你也不可能找到两只完全无差异的杯子。这也让我再次看到中国艺术传统中在各个领域都出现并运用的模件系统。

在论及模件化生产体系时，中国古代艺术中也有例外，特别是那些不依赖于分工合作、不是默默无名的工匠，而是特定艺术家个人完成的、具有创造性的作品，比如书法。尽管中国汉字本身的组成也具有模件体系特征，但就书法而言，更在于字体和风格上的创造表现，不是用模件构成的。人们可以临摹，却难以从中分辨出特定或可以互换的部分。唐代僧人怀素的书卷，如《自叙帖》便是这样一件超凡的艺术品。怀素最初在写这幅狂草字帖下笔时，并不能判断这件作品的最后风貌。他在书写过程中，一直在不停地变化笔锋、字形，从而在完成落笔时，达到造化天成的一件个性化作品。不仅狂草，即使是篆书，清代邓石如独特的书写风格和字间平衡都体现出他的作品独一无二的特点，而非模件化体系。这也是中国艺术理论审美价值的核心。即使在绘画过程中运用到模件体系的中国古代画作，积极追求作品的个人风格和独特个性也是那些艺术家，尤其是文人画家的审美抱负。

在德国汉学界，您的地位如此之高，享有盛名，甚至德国总统也曾邀请过您？在海德堡执教期间，您非常受学生爱戴，据闻美国有高校曾邀请您去担任系主任，海德堡大学的学生为此游行，让学校必须留住您，否则德国将失去一位优秀的老师和学者。您如何看待这些事情？为何您最后还是选择留在海德堡？能说说这些经历吗？

汉学的学习让我对中国有了更多的了解和接触。2002 年，中国的江泽民主席访问德国期间，德国联邦总统约翰内斯·劳（Johannes Rau）在他的总统官邸（Schloss Bellevue）宴请，我获邀参加。两国领导人在交谈中一直有人员逐字翻译。记得每个人都可以在自己的座位前看到餐桌上摆放的歌德诗句，主要内容是描述并赞美这个美好的夜晚等。翻译也将其翻译成中文，这些都做了准备。江泽民主席听后，马上说中国也有很多诗，他特别提到杜甫的诗。然而现场没有翻译在仓促之间能很好地理解、译成准确的德文，十分遗憾。可见跨地区的文化沟通和交流真的非常重要。

我在海德堡有近 30 年的教学经历，这里的学生非常有思想和能力，很多学生非常优秀，如大英博物馆东亚部主任克拉瑞萨·冯·斯毕博士（Dr. Clarissa von Spee）、德国东亚博物馆中国部主任赫伯特·布兹博士（Dr. Herbert Butz）、法兰克福应用艺术博物馆东亚部主任斯蒂芬·冯·德·舒伦伯格博士（Dr. Stephan von der Schulenburg），还有伦敦大学亚非学院倪德鲁博士（Dr. Lukas Nickel）、海德堡大学日本系主任特埃德博士等众多学生。我非常欣喜，也为他们的工作成就骄傲。我在海德堡工作后，确实收到美国普林斯顿大学的聘书，邀我去那里的东亚艺术史系任系主任并长期工作。这件事学生们很快就知道了，他们在 2000 年和 2001 年自发举行了两次游行，希望海德堡大学能留住我，这让我非常感动。

我最终决定留在海德堡，是因为当时我已准备开展中国佛教石经方向的深入研究，普林斯顿大学虽然也支持我的这个项目，但估计只能在这个项目上给出 2—3 年的时间和支持。而海德堡大学科学院则同意支持我在这个项目上开展 15 年的工作，2005 年还专门帮助我成立了中国佛教石经项目研究中心（Buddhistische Steininschriften in China），这对我来说是极为重要的。当然，我个人也很喜欢海德堡的城市氛围，我可以住在森林附近，清新自然的环境让我能更好地去思考。

您刚才谈到了中国佛教石经项目，这也是您目前最主要的研究方向。您是如何从中国其他艺术研究的视角转到这一领域的？为何会选择这个项目作为您近 10 年来倾心研究的对象？您认为石经项目在汉学、东亚艺术史领域有怎样的研究地位？

20 世纪 80 年代我在中国考察时接触到佛教石经，这要感谢中国社会科学院罗炤教授的介绍。1986年，罗教授带着我一起参观了北京房山云居寺的石刻佛教大藏经，它们是世界上规模最大的一批石经。从公元616年开始凿刻，延续500余年，刻成了数百万字的佛经典藏，对我来说这非常震撼。后来，我在河北、山东、四川等地陆续接触到更多的摩崖石刻佛经和石窟刻经。当时，山东洪顶山的摩崖刻经在20世纪90年代刚被发现，中国社会科学院的张总教授带我去实地考察，让我看到了山东境内更多的刻经。一些经文分段刻在不同的岩石上，比如在岗山，《楞伽经》的开篇经文分布在30多个地方，有的在岩石上，也有的在悬崖上。这让我更加意识到中国佛教石经的重要性，也再次确定了让世界范围内更多的人去了解并意识到这些物质文化重要性的想法。四川安岳卧佛寺的石窟佛教石经，数量之大也让我震撼。在此期间，北京大学考古系的宿白教授曾和我提及此事，希望能建立一个记录和研究这些佛教石经的合作项目。

当然，我之所以选择中国的佛教石经项目，因为于我而言，它们也是书法，是中国书法的一种特别的表现形式。同时，它们又不仅仅是书法艺术，更是结合了宗教文化（即佛教理论），又包容了中国历史的一种物质文化。人类所创造的艺术表现不再是孤立的、单一的艺术品本身，而是结合了地理知识、中国风水，存在于自然、融合于自然的一种艺术。这是一个综合的、多方面表现的文化和艺术整体。从个人角度来说，我年轻时专注于书画、青铜等艺术研究，现在年龄大了，希望能够做一些更富于精神层面、体现宗教哲学思想的艺术研究。尽管我不是佛教徒，但是我很希望研究这些佛教经文，熟悉其内涵和意义。

佛教在中国最初是一种外来文化，它在中国逐渐本土化，并得到了极大的发展。当然，这是一个非常漫长、复杂的过程。公元6世纪下半叶是中国佛教发展的重要时期，并取得了巨大进步。越来越多的来自印度的佛教经书被中国僧人翻译，并在学习过程中融入了很多与中国当地传统相符的因素，而这些恰恰体现在中国佛教石经的发展上。这些神圣经文中的文字通过艰辛的刻凿工作出现在岩石上，字的高度甚至高达 3 米。在四川地区，一些石刻经文还常常出现在佛教石窟中。正是这些网状分布的石刻佛经，成为中国古代北方地区重要的文化史组成部分。特别值得注意的是，这些石经是通过刻凿方式嵌入不同的自然空间环境中的，人们有意识地选择地理方位、具体地点、岩石，包括岩刻面。当石经完成后，它们赋予这些原本自然的景观以神圣性质。一旦这些崖面、碑刻宣告为神圣文本的载体，这些陡峭的岩壁、洞窟便成为僧人打禅冥想的场所，并指引信徒朝拜的途径。中国佛教石经在中国文化史上是一个相当博大精深的课题，其重要性在于学术价值很高。我们发现很多佛教石经的经本很老，其中很多资料文献都没有记载。而它的空间关系与书法造诣，也让这项研究变得非常特别。这实在是一个值得为之付出心血、长时间静下心来好好研究的中国艺术领域。

相对于之前您在中国绘画、书法等馆藏艺术品的研究而言，目前的中国佛教石经项目不仅是艺术研究，更结合了考古研究，需要展开更多的实地考察工作。在这项调研中，您是如何在中国开展田野考古、搜集和整理资料的？又是如何开展这项研究的？会和当地的民众交谈吗？他们如何看待您的工作？

和通常所说的考古发掘不同。由于这个项目的田野考古学研究仅仅是对已存在、暴露在岩石上的经文的拍摄和再整理，不对文物本体作任何的改变和扰动，也不涉及挖掘，所以中国政府很支持我们的工作。

我非常高兴能在中国亲自采集、整理佛教石经资料,我和研究中心的其他学者在这些年多次去中国,也爬了不少山,我没觉得很辛苦。相反,我认为这是很好的锻炼,也有助于我的身体健康。当然,最吸引我的是这些佛教石经不仅仅是枯燥单一的石板,它们会在风景秀丽的自然环境中,出现在高耸的山崖峭壁上、洞窟中,甚至隐藏在一些瀑布的后面。其字体不是单一不变的,中间会出现很多异体字,在刻凿过程中的笔画也非常特别、各具特色。石经通常分布在岩石上,字的面积很大,和其他古迹、文物不同,并不容易轻易拍摄和记录,我们经常是一个字一个字地描绘。有时在夜间通过闪光灯才能拍摄到更加清晰的字迹。因此,我们不仅白天去爬山、去看、去描绘、去研究这些石经,还常常在夜间爬山,逐一拍摄石经上的每一个字。有时候大家累极了,就躺在这些石经上,仰面看天休息,这样的感觉很好。由于这些刻凿的石经常裸露在外,被风化的痕迹明显,异体字众多,很多石经已模糊难辨。回到海德堡以后,我们还会运用一些现代技术方法逐字加以辨认比较。有些字在不同的石经或同一经文中会反复出现,比如山东刻经中所有出现的"我"字,铁山《大集经》中有,泰山《金刚经》中有,葛山的《维摩诘所说经(观如来节文)》中也会出现,我们整理比较这些看起来字体相似、却各有特点的"我"字,从而分析存在的不同字形。罗炤教授来海德堡大学客座时,我们还专门开设了一个学期的课程,和海德堡大学的师生一起,对一个重要的篇章《石颂》进行阅读,一起讨论,以求最准确地领悟经文意思,并对里面已模糊不清的字,逐一分析其可能的缺失的部分,以弄清全文。此外,我们还借助仪器对石刻佛经的文字空间结构及比例进行精确测量,通过这些数据对石刻佛经在起源、书法艺术等各方面做更深入的研究。

我们去考察的地方常会有一些中国民众观看，有时他们不明白我们在做什么，有时也会和我们询问交谈。记得在山东邹城市铁山公园考察石经时，我们的工作区域有栏杆保护，一些当地的孩子在栏杆外看了很久，我就过去和他们说话。他们很惊喜我可以说汉语，问了很多问题。我们一起交谈，隔着栏杆握手，我觉得他们非常可爱。比较有意思的是，我们需要描绘北京房山云居寺的平面图。由于习惯了德国精致的工作方式，我们花费了很多天的时间在具体测量工作上。云居寺附近一个天天见面的老婆婆开始是出于好奇，也常来围观，几天以后她终于忍不住问我："你们到底在干什么啊？"于是我解释说："这些测绘是为了我们的石经研究，是为了画一个精确的云居寺平面图。"老婆婆摇摇头表示不信，想了想她突然恍然大悟地说："我知道了，你们一定是要在德国建个一模一样的云居寺。"非常有趣。

您在东亚艺术史研究上作出了突出贡献，并获得了巴尔赞奖。您是如何在东亚艺术史研究领域取得如此重要成果的？又如何建构起研究的学术基础、知识体系的？您的研究在学术史上的意义和价值是什么？目前您的书已有中文版的《万物》、《米芾与中国书法的古典传统》，最近还出版了《中国佛教石经》山东省卷第一册和四川省卷的前两册。您如何看待您的这些研究在中国的影响？

能够获奖我非常高兴。因为这是一个包涵自然科学及人文社会科学等各个领域的奖项，作为东亚艺术史研究的学者，这个奖对我是一个很大的荣誉，也是对我之前工作的肯定。我得到了很多奖金，其中的一半我都用在了中国佛教石经项目研究中心。这为我近10年的佛教石经研究提供了很好的帮助。

能在东亚艺术史领域做出些成绩，很大程度上得益于我之前在各地博物馆和高校所受的教育和进行的研究。在高中阶段，我就有幸在科隆东亚博物馆馆长史拜斯先生指导下学习和接触博物馆的中国文物，这是很好的开端。随后，我在青年阶段，在巴黎以收藏中国文物为主的赛努奇博物馆跟随瓦迪姆·叶利塞耶夫先生学习。不同博物馆的藏品范围不同，这更加扩大了我的视角，对东亚艺术接触、了解得也更全面，并在很多方面形成了一些积极、有益、重要的设想。因此，我在大学开始正式学习东亚艺术史之前，东亚艺术的一些知识基础已经建立起来了。随后在海德堡大学的学习，尤其是博士期间在系主任谢凯教授（D. Seckel）的指导下开始系统学习，完善了这一领域的知识体系和研究方法。《清代的篆书》是我博士阶段的研究成果，除了对篆书作品的分析，书法和书法史的一些本源问题、风格、派别和师承等概念，也更清晰和明确了。这为我接下来在米芾书法的研究提供了一些模式。

此后在美国、英国、日本的更多研究经历，让我更好地在这一领域开展了深入研究。众所周知，普林斯顿大学的中国书法收藏和研究都是世界领先的，他们的书法收藏以及方闻教授和岛田修二郎教授的指引，都有助于我在米芾书法研究上做出一些成绩。同时，在我的教育背景中，经常强调的是不要轻信固有的理论，要自己不停地思考并重新判断，这也促成了我后来的研究。

我很高兴有机会让更多的中国学者了解我的研究，并和我展开具体的探讨。在中国翻译出版的有我的两本书，即《米芾与中国书法的古典传统》和《万物》。《米芾》一书是我对中国书法的又一个阶段性总结。米芾不仅是一个书法家，也是一个鉴赏家，他的鉴赏为宋以来的书法建立了标准。因此，在这本书中以米芾为中心，是对古典传统的横断面研究，明晰中国书法是如何继承传统这个重要问题的。我的研究方法和视角与中国学者的差异性也许可以带给他们对中国书法研究的再思考。2005 年以来，《万物》在中国已再版多次，很多中国学者和我见面时都会提起这本书，谈及我在书中的阐述和中国传统美术史论书籍的关注点、分析方法和研究上的不同。我非常高兴中国学者对我的研究的关注。

2014 年 9 月，我们的《中国佛教石经》系列书籍已开始陆续问世。这次我们以中英双语形式同时在中国、美国出版。本书不仅详细描述了中国佛经的分布、保存现状，也分析到其涉及的历史、宗教、政治及艺术内涵。首批出版的三卷在美国初版印数为 6000 册，在中国是 3 万册。这意味着将有这么多的中国学者来看、来关注这个系列的书籍。同时，此前中国在这一领域的研究整理工作相对匮乏，这次是和中国合作，可以说对中国和世界来说，更有意义。

近几十年来，你到过中国很多地方，您也提到，《中国佛教石经》是和中国合作出版的。能具体谈谈您和中国博物馆、高校间的联系与合作吗？

20 世纪 80 年代以来，我在德国策划了多次关于中国艺术的展览，其中很多是和中国的博物馆合作的。比如 1985 年在柏林举办的"紫禁城的珍宝"，是和北京故宫合作的。1990 年我们还和陕西秦始皇兵马俑博物馆合作。在德国多特蒙德还举办了"长城那方：中国第一个皇帝和他的兵马俑大军"展览。

除这些合作展览外，我们和中国的很多博物馆、高校和研究机构都保持着很好的联系与合作。目前我们的工作重点——中国佛教石经研究，就是中德合作研究项目。合作的学术研究机构包括：中国社会科学院、山东省石刻艺术博物馆及西安文物保护研究院、北京大学、北京房山石经与云居寺文化研究中心等，我们共同参与野外考察等工作。我们还和中国美术学院为该项目共同组建了专项研究组。我们还先后邀请山东石刻艺术博物馆的书法家赖非先生、中国社会科学院的张总教授和罗炤教授、山东石刻艺术博物馆的王永波馆长和山东邹城市博物馆的胡新立馆长，以及中国美术学院的范景中教授为海德堡大学客座教授，前来讲学。这些年，一些来自中国北京、陕西、江西、福建等地的访问学者也陆续来海德堡大学访问。在接下来的时间里，我们将继续和中国合作，共同完成《中国佛教石经》四卷、16册的文稿。

作为研究中国艺术史的一名学者，可以和中国的科研机构有更多合作、进行共同研究，对我来说是非常好的机会。2014年，北京故宫博物院聘请我为故宫研究院的顾问，对此我非常高兴。

从世界艺术发展史的角度审视东亚艺术，尤其是中国艺术的地位和价值，以及它的独特性，表现在哪些方面？东亚艺术史的研究对世界艺术史在方法论上的研究有何启示？

中国艺术不是孤立地存在着和发展着的，世界各地的艺术在发展中具有共通性。中国艺术史有着很独特的地方，我一直认为书法是中国艺术的核心和基础，它可以明显地展示书写者的个性，这与欧洲完全不同。在欧洲的艺术发展史中，书写具有一种确定的美，这种标准让很多人都在参照和模仿，书写体系也较为简单。中国在复杂的汉字系统基础上，发展出不同的字体风格，具有多角度、多样化的美，尤其是体现出不同书法家的个性美，这很特别。同时，在世界艺术范畴内，中国书法风格不同寻常的连贯性是无与伦比的，它成为古代中国文人阶层在仕途中的重要一步,这也培育了文人阶层的社会同一性。我们知道,艺术史是社会史中的艺术史,艺术史的研究离不开社会史的背景,这使得书法在研究中具有更为独特的意义。

中国艺术中的瓷器生产对欧洲的影响也很重要。从 17 世纪初开始,大批贸易船只将成千上万的中国瓷器源源不断地运往欧洲,这种来自景德镇的大批量生产的瓷器被欧洲人所关注。组合式的生产环节图谱,以及法国殷弘绪神父在景德镇所了解到的生产细节被写成信件传到欧洲,这对欧洲 17—18 世纪工业革命后的现代化大规模生产技术发展具有一定的推动作用。1769 年,韦奇伍德(Josiah Wedgwood)在英国建立了欧洲第一条贯彻工厂制度并进行全面分工合作的瓷器生产线,配备熟悉其中某道工序的工人,这种在当时非常革新的方法的设立,正是阅读了法国传教士殷弘绪关于景德镇瓷器生产所写的信件后受到的启发所至。

您认为中德学者在东亚艺术史的研究上有无差别?您对艺术史研究的年轻学者有何叮嘱?对中国高校或博物馆有些什么建议?

中国艺术史的研究现在做得越来越好,我们非常乐于和中国专家合作研究。当然,在研究中,我们对同一研究对象的关注点、视角和具体研究方法可能有所不同。比如在对米芾书法的研究中,中国一些学者可能更偏重于对米芾自己所书写的作品、个人风格、艺术成就的分析,而我更着重于研究他的书法理论,他所生活的社会和政治因素都会被考虑到研究的范畴内。在《万物》一书中,我则偏向于中国艺术史各个领域的综合比较研究,而中国的学者通常是重点研究某一领域,如书画、青铜考古、丝绸研究等。同时我还将中国的文字研究纳入研究范畴中，并成为研究中国艺术史的一个重要出发点。对年轻的学者而言，需要对中国艺术史研究领域不断地反思和再判断，包括一些积极的、有创意的批判性思考。多从不同的背景、不同的角度去分析和看待历史，提出疑问，寻求研究的独到之处，这些在我看来都很重要。

记得在几十年前，我最初到访中国时，中国的博物馆功能还仅仅是对文物的保护和管理。而近些年来，中国的很多博物馆已经在做好文物保管的同时，关注研究工作，同时也积极地与国外文博和学术机构联系，这一点非常好。中国的高校经过这些年的发展也有很大进步，在研究和教学工作中和国外的联系越来越紧密，和很多国外的高校有合作项目，比如我们的佛教石经项目。不仅如此，很多中国艺术史领域的教授也同时担任国外高校的访问学者或客座教授。这些年不断有很多中国学生来德国或其他欧美国家学习东亚艺术史。这些都有助于中国艺术史领域的学者更好地了解在东亚艺术史领域的国际研究现状，把握更多的国际上的中国艺术史的研究方法和研究技术，这些也促进了中国艺术史研究领域的国际化。

我认为当前中国的综合性高校中，尽管美术系和历史系常见，他们也有美术系，也注重现代设计理论课的教学，但是专门的中国艺术史专业好像并没有全面建立起来，很多高校甚至没有设立这一院系或相关专业，这一点我觉得非常遗憾。因为中国艺术史是非常重要的专业，它聚集了中国两千多年的传统文化和艺术精髓，对这部分的专项学习和研究是非常有必要的。即使从事现代创作，或学习西方油画技法的中国当代艺术家，对中国艺术史的学习都非常重要，因为中国艺术家是中国的艺术家，需要在绘画和设计领域珍惜和传承作品中的中国元素。

中国艺术史，不仅对艺术领域，对中国其他的人文和社会科学领域的学习和研究都至关重要。因为中国艺术史不是一个孤立的研究领域，它涉及和反映了中国古代历史、政治、经济、文学、哲学、宗教等各个领域。同时，其他众多领域的研究和学习也都离不开对中国艺术史的认知。

（《南方文物》2015年3期）

杰西卡·罗森

刚柔并济、经纬东西的中国考古与艺术史研究

杰西卡·罗森
（Dame Jessica Rawson）

西方研究中国古代艺术和考古的杰出学者之一。1965年进入英国剑桥大学纽霍女子学院（New Hall，后易名默里·爱德华兹学院［Murray Edwards College］）读本科，所学专业为欧洲史。其间，曾跟随英国著名的考古学家凯瑟琳·肯雍（Kathleen Kenyon）博士前往近东耶路撒冷做过三个年度的考古发掘。

1975—1994年，应聘进入大英博物馆，任东方部主任。1990年，荣膺英国学术院院士。1994年，受聘于英国牛津大学，出任最古老的学院——墨顿学院院长。后曾担任牛津大学副校长，并在该校一直教授中国艺术考古。2002年，为了表彰在中国艺术和考古研究领域的突出贡献，被英国女王授予爵士头衔。2010年，在墨顿学院院长位置卸任退休，现任牛津大学考古学系教授。

2009年，应中国台湾历史语言研究所之邀，担任"傅斯年讲座"教授。2012年，被美国国家艺术科学研

究院聘为荣誉专家。2014年，应邀担任剑桥大学"司雷德讲座"（Slade Lecture）教授。同年，被聘为北京故宫研究院顾问。2015年，荣任欧盟研究委员会FLAME科研项目核心顾问。2017年，被美国华盛顿史密斯森研究院（Smithsonian Institution）授予弗利尔勋章（the Charles Lang Freer Medal）。

作为世界上著名的文物策展专家，罗森曾在英国组织一批重要的中国文物大展，并出版展览图录，代表作有：《中国装饰纹样：莲花与龙》(*Chinese Ornament, the Lotus and the Dragon*, 1984)；《中国古代玉器：从新石器时代到清代》(*Chinese Jade, from the Neolithic to the Qing*, 1995)；《盛世华章："康、雍、乾三代帝王"艺术精品展，1662—1795》(*China: The Three Emperors, 1662—1795*, 2005)。《上海博物馆馆藏中国古代青铜器和玉器》(*Treasures from Shanghai: Ancient Chinese Bronzes and Jades*, 2009)。

罗森教授笔耕不辍，非常勤奋，撰写了一批高水平的学术论文和著作。其中，被译成中文的论著有：《中国古代的艺术与文化》（北京大学出版社，2002）、《祖先与永恒》（生活·读书·新知三联书店，2011）、《莲与龙：中国纹饰》（上海书画出版社，2019）。

采访 | 李水城、唐小佳[1]

翻译 | 艾婉乔[2]

终审 | 李水城

做考古的习惯刨根问底,还是从你早年的生活问起。你出生和成长都是在伦敦吗?能否谈谈你的家族和你的父母?

我出生在"二次大战"末遭受重创的伦敦,并在伦敦长大、上学。但我父亲的老家在英格兰西北部的湖区。这个地区是森林草原地带,适宜养羊,所以我对草原非常有感情。我母亲不是英国人,她是"二战"之前逃到英国的难民,经济状况很糟,大家的生活都很困难,甚至衣、食都很紧张,没钱买书,什么也做不了,有人给我做个小玩意儿,就高兴得不得了,10—12岁之前没有玩具,也不能旅行,大概到十七八岁家里才有车,这一切和今天年轻人的生活相去甚远。这些给我印象很深,对我的成长经历影响很大。我的外祖父是德国一位知名的政治家,因为反对希特勒而遭到迫害,只好逃到英国。可以说,我从他们那儿继承了刚强坚毅的性格。

20世纪四五十年代,英格兰确实非常困难。虽然生活很不好,但我在一定程度上继承了母亲家庭深厚的学术传统。我的外祖母20世纪初期就在德国获得博士学位,是德国第一批具有博士学位的人。我父母都受过很好的教育。我从小就跟随父母去博物馆参观,见识各种东西。父亲是供职于政府部门的科学家,他晚上在家时,会利用休息时间写一些盎格鲁—萨克逊建筑的研究文章。正是在那些夜晚,我从父亲那里学到了夜晚工作和写作的习惯。然而,这一切突然就结束

---

1. 牛津大学考古系博士候选人。
2. 北京大学博士生。现任职于中国社会科学院考古研究所。

了。21岁那年,我还在上大学,父亲去世了,幸福的家庭生活从此终止,我不得不马上去工作赚钱养活自己。所以,要想了解我对东方文化的兴趣从哪儿来,这其实来自我的母亲,她能说多种外语,并且认为懂得多种语言是件好事。因此我的家庭非常看重语言学习能力。作为家里的长女,周围有那么多学术著作,我从小就习惯在角落里安静地做自己的事,读各种书。我的妹妹们比我闹腾多了,我比两个妹妹及父母都更热爱学术。

小时候,我们家住在伦敦北部。周末母亲带我们去集市,那条街叫泊特百罗街(Portobello Street),现在成了诺丁山街区十分有名的古玩市场。那时,母亲买食物的集市旁边就有些古玩摊点,她会给我们姊妹几个便士,鼓励我们去买些自己喜欢的小玩意儿,并教我如何挑选和分辨来自不同地方的物品。那时,攒一两个礼拜的零用钱就能买到一件19世纪中国广东产的螺钿小盒子,这些小玩意儿我一直保存着。贝壳表面的奇异光彩令我着迷,我很喜欢那些描绘精细的线条,尤其偏爱中国和日本的东西。所以从很小,我就开始学着去看、去观察,考古研究需要学者有很强的辨识能力,这些经历对我很有帮助,后来我在考古发掘和研究中都受益于这些经验。

我知道你从小就对东方和中国感兴趣,这其中是否有你的家庭影响?比如说你的父母或长辈中有人对汉学、中国或东方感兴趣?

有两件事对我日后的学术生涯比较重要。一个是我很小的时候,8岁到10岁的样子,我去大英博物馆参观,看到了罗塞塔石碑,上面有象形文字、古埃及晚期文字和希腊文字,我一下子就被深深地吸引住了。这时我才知道,世界上竟然还有不用拉丁字母书写的文字,我那时就觉得用不同图形书写的文字很有趣,于是在那之后我有了一个专门的本子，收集各种文字，有象形文字，有北欧的鲁尼文（Runes），还有中文。所以从很小我就接触到了英文以外的其他文字。从那以后，我开始阅读有关不同书写形式的书籍，在一本《自学汉语》的系列书中看到了汉字，并萌发了学习汉语的想法。另一个是，我的父亲有个姑姑，她热衷于收集中国瓷器。当我上小学时，有一次母亲带我去她家，我在那里接触到了瓷器和中文，可以说那是我对东方、对中国兴趣的开始。那时我还不到12岁，读的书有限，但是有英译的《西游记》。

你是哪一年上的大学？是在剑桥的哪所学院？所学专业是历史学吗？

我在伦敦上的高中很好，我是学习成绩最好的女生之一，我文字表达能力很好，数学也很不错。1965年我考进剑桥大学纽霍（New Hall）女子学院[1]，专业为历史学。在英国，历史学的地位很高，涉及领域也非常宽。我们所学的课程主要集中于英国和欧洲历史，也有很多关于文化交流的研究课题，主要是早期阶段的，如中世纪早期维京人在俄罗斯的聚落遗址中留有他们的钱币，是很好的研究文化交流的案例。我的指导老师是一位钱币学家。

能否谈谈你在剑桥大学的经历？

我在剑桥的时光很充实，也很愉快，因为我读了很多的书。每周要读6—10本，还要写一篇论文，然后再和教授们讨论。他们会当场指出

---

1. 默里·爱德华兹学院（Murray Edwards College, Cambridge）原名"新学堂"（New Hall），或译"纽霍学院"，为剑桥大学一所女子学院。该学院成立时由于没有捐款人，因此不像别的学院以捐款人名字命名。2008年6月，剑桥校友罗斯·爱德华兹和丈夫史蒂夫·爱德华兹向该学院捐赠了3000万英镑。为了纪念学院的首任院长露斯玛莉·默里和捐款人爱德华兹夫妇，女子学院被命名为"默里·爱德华兹学院"。——编者注。

你论文中的各种问题，态度十分严厉，有时候我们不得不回去重新写。

我们每周要围绕一个主题集中阅读各方面的内容，写论文。下周又换成新的内容。比如我学的是欧洲史，这周法国，下周德国，再下一周是俄国，所以我们很擅长变换角度看问题。由于学习进度很快，压力也很大。这种教学被称为"辅导制"（tutorial system）。也有像你们一样的课，每天会有几节。但更重要的课是"辅导制"，在剑桥或牛津学习的学生每周都要见导师一次，有时是两个人一起，和老师面谈论文。教授经常会批评我们，而且非常直接地告诉你："这是错的！""写的很糟，请重新写吧！"……态度很强硬，但这种教学的训练效果非常好。

在剑桥时，哪几位老师给你留下了深刻印象？

老师有几种类型。我上过一些研讨课（seminar），比如古典学家、希腊语和希腊历史学专家穆西斯·芬利（Moses Finley），我对他印象深刻，他的讲座十分活泼，给我许多启示。也有教欧洲史或英国史的著名教授，他们强烈地引导我们要关注新思想（idea），而事实（fact）倒在其次。如约翰·艾略特（John Elliot），他是著名的西班牙史教授，研究西班牙史和美洲史，在讲授16世纪西班牙人征服美洲的时候，他强调当时的人们对"美洲在哪里、美洲应该是什么样子"有着非常强烈的见解，因此，他并不十分强调主观陈述，而是鼓励学生从史料中看当时的人们的思考，去了解16世纪人们的想法。以上是两位历史学家。另外还有一些年轻教师对我们帮助很大，但他们并不知名。你可以想见，在"辅导制"的教学体系下，学生压力很大，非常需要有人指导。英国的大学很重视写作，当时我还不行，有位年轻学者，是博士后，他给了我很大帮助，我很感激。

你在剑桥读书时选修过考古方面的课程吗？克拉克的或柴尔德的？

我当时没选考古，但是我参加了钱币方面的课程学习，也读过戴维·克拉克的很多著作。虽然我是历史系学生，但我可以选历史时期运用考古材料的题目作论文，论文中会涉及考古内容。

当时戴维·克拉克、格林·丹尼尔等教授还没退休吧？你听过他们的课吗？印象如何？

戴维·克拉克我不清楚。格林·丹尼尔当然在。但那个时候，英格兰大学的考古系并不十分重要，历史系要更有影响些。那些著名的、有影响力的教授大部分都在历史系任教。所以，虽然我在历史系就读，但我愿意学习考古，并且每个夏天都要去约旦参加发掘。

英国考古界如何看待柴尔德和他的学说？

当时我对他还不了解。现在我觉得他的很多观点并不都是正确的（笑）。不知道你是否理解？在讲课时，我说中国没有"新石器时代"，也没有"青铜时代"，我的意思是说，这种历史阶段分类体系与你们的文化发展脉络没有特别的关系，因此对中国来说可能并不适用。总的来说，我很佩服柴尔德在他的时代能做出那样杰出的工作，但他的学说并不能很好地帮助我研究中国的历史和考古。

我很钦佩剑桥大学的凯瑟琳·肯雍博士，她在杰里科遗址的发掘和研究在考古学史上占有重要位置，但中国考古学界对这位著名的女考古学家了解并不多。听说你曾多次跟随她赴中东发掘，并对考古产生了兴趣，能深入谈谈凯瑟琳·肯雍吗？

我曾在耶路撒冷做过三个年度的考古发掘，时间很长，指导老师就是凯瑟琳·肯雍博士,这位女士令人印象深刻。那时,杰里科遗址的发掘早已结束,我参加的是耶路撒冷市内遗址的发掘。这个项目实际上是由三位非常重要的学者共同合作主持的:除了肯雍博士之外,还有加拿大的道格拉斯·图兴翰（Douglas Tushingham）和法国的佩里·迪·沃（Pere d'Vaux）。整个发掘区域很大,共有 8 个遗址,包括城外山脊上青铜时代、铁器时代的聚落遗址,还有中世纪的城址。

首先让我印象深刻的是发掘规模很大,参与人数很多,整个发掘团队包括 20 多位田野负责人,100 多名当地的阿拉伯工人。每个西方考古工作者手下有 1 组阿拉伯工人,他们在此之前参加过多次发掘,特别是领头的工人发掘经验十分丰富。另外还有 1 个文物保护团队、专业绘图员和 2 个以上负责勘探的调查人员。因为挖掘区内遗址很多,有的遗址被很陡峭的山脊分割,前期的田野调查工作非常重要。

肯雍博士手下掌握着 20 多个发掘区,不同区域的遗址时代不同。发掘区的负责人（site supervisor）都是像我一样的年轻人,每人负责一个区。每天的田野工作结束后,我们还要整理出土遗物,下午晚些时候要绘制剖面图。特别是在太阳西下时要去看地层,此时的光线最适合于辨认不同的地层。

在遗址的 200 多人分别做着各种工作,从发掘、绘图到测量等等。肯雍博士每天都要和各区的负责人一起讨论工作、绘制遗址剖面图,还要在不同区域指导绘图,讨论如何划分地层。肯雍博士性格比较内向,严苛、她能够轻松地掌控一个大的发掘团队,但你很难和她聊天,只能讨论剖面。

请详细谈谈你在约旦的发掘吗?比如说每次挖掘时间多久?包括哪些方面的考古训练?等等。

要知道那时我才18岁，虽然此前在英格兰作过发掘，但耶路撒冷的遗址规模很大，剖面情况非常复杂，和中国的遗址一样，常常有几十层的文化堆积，厚达4—5米，最深的剖面有两间房屋那么高。我负责的第一个区面积比较小，属于青铜时代，后来转到铁器时代遗址，最后换成面积较大的拜占庭时代的遗址。遗址不同，时代和出土器物不同，发掘方法也不同。

这些遗址和中东地区的许多遗址一样，古代的活动面被一层又一层的堆积所覆盖，城墙、灰坑与地层之间的打破关系非常之多。这对你们这些熟悉并发掘黄土遗址的中国人来说，或许不觉得这种由多个地层、土坯和石头建筑叠压打破的遗址堆积有什么特别，实际上这些遗迹的打破关系非常复杂，晚期的城墙和修筑城墙时挖的基槽对早期石构建筑造成了很大破坏，我们每天要花很长的时间分析、工作。我总是和同一个领头的工人搭档，他教了我不少东西。

遗址范围有很多的岩石，是那种很大的石灰岩。古城的墙已经倒塌，探方里到处是大石头，需要清理，这个活儿的工程量极大，也有一定的危险性。挪走石头以后，再往下挖，然后再遇到石头，再清走。工地上有专门的人负责把清理的石头堆放到后面，有点像是工程。

那时每周工作六天，周日休息。我们每天早上4点钟起床，5点开始发掘，9点在遗址吃早餐，然后一直干到下午2点左右吃午饭，接下来回去睡觉、休息。傍晚6点再一起整理陶器。这个时候，我发现小时候母亲对我的训练起了很大作用。我对陶器非常敏感，比别的人都更善于辨认陶器，这个我以前也不知道。通过观察和了解大量的陶器，培养了我通过实物遗存探索历史的兴趣。

现在回过头看，当时我的田野工作做得还不是很好，但却学到了很多东西。你设想一下，每年要在那儿工作三到四个月，每天都做这些细致的工作。这样的发掘我参加了三个季度，加起来的时间超过10个月。

整体来说，在耶路撒冷的经历给我提供了一个非常宝贵的学习考古发掘的机会，特别是地层学以及如何理解这么多层的复杂的文化堆积。另外，我也从那个时候开始接触陶器的类型学，并且利用这五年发掘前后的时间参观了大量西亚地区的考古遗址和博物馆，仅有伊拉克我没去过。

（罗森插问）你们北大的考古实习时间有多久？

（李答）我们当年上学的时候要实习两次，三年级有生产实习，四年级有毕业实习，每次都是一学期，4个月左右。20世纪90年代以后，被改成只实习一次，还是4个月，直到现在。你能想象得到，时间减少了，田野训练的质量会大大下降。

我们工地上的人有搞考古的，有像我一样学习历史或其他相关专业的，也有些人研究西亚，还有些人在博物馆工作。直到现在，每年大英博物馆还会派人到各地发掘，大家都觉得这是非常重要的工作。

在约旦，每天我都要自己决定做什么、怎么发掘、如何记录。那时候还没有相机，我每天要在本子上画图、写日记。这一系列的训练让我受益匪浅。年轻时的这段田野考古训练很充分，也非常完备和坚实，是一段难得的经历。后来，我们所做的田野发掘材料都逐步发表了，我非常地欣慰。

中国的田野发掘大多在穷乡僻壤，发掘后总会有人厌倦考古。你在经历了田野发掘后，对考古的理解有变化吗？有没有对考古感到不满？

我第一次亲历田野考古非常兴奋，后来几次也很开心，那时我还不到21岁，特别喜欢沙漠和那里夜晚的星空，以至于回到剑桥反而觉得有些乏味。如果你问我如何走到今天，约旦的经历影响对我比剑桥更重要。我作为一个外国人在西亚发掘,后来又研究中国文化,我认为这些经历给了我很多不同的观察事物的视角,虽然不一定都正确。随着我对中国考古和文化研究的逐渐深入,我发现自己其实一直在努力提升西方世界和中国自身对中国历史的理解。当然,野外发掘的日子非常辛苦。但最令我难忘的是那几个难得的下午,当太阳落山时,我们被叫去学习辨认陶片,在这中间我学到了很多如何观察陶片上的各种细节(的方法)。这些非常实用的经验为我后来在大英博物馆的工作奠定了基础,也对我的学术道路产生了深远影响,从此我开始关注考古学。但我从来没想过要成为一名考古学家,考古工程太浩大了,我做不了。现在看来,我没有从事考古发掘也不是件坏事,因为发掘意味着要在这里或那里做长期的工作。但我喜欢变化,喜欢转变。总之,在约旦的三次发掘的经历对我后来从事的研究十分重要。

在约旦发掘期间,一般情况下,周六晚上会安排我们去周围的遗址参观。每个发掘季度开始之前或结束后,我会去叙利亚、黎巴嫩、约旦或埃及的一些地方旅行,那时中东的局势稳定安全,不少大遗址我都去过,包括阿勒颇、佩特拉古城、帕尔米拉、杰拉什等,包括各个阶段的遗址:铜石并用时代、青铜时代、罗马时期、中世纪等。通过参观各地的古遗址,我对西亚的整个历史有了更多了解。后来我还去了阿富汗、伊朗和土耳其。这些难得的经历对我的成长非常重要。尽管在约旦挖掘的时候我还是一个年轻学生,对中国有浓烈的兴趣,但那时的中国离我很遥远,你们正在"文化大革命",我还不敢想去中国。

大学毕业后你曾经到政府部门工作了一段时间?那是什么工作?有多久?

去政府部门工作的经历对我来说也很重要,是我人生的一个关键转变。因为我父亲在我大学毕业之前突然去世，家里没了经济来源，我不能直接深造，必须先去挣钱，于是我参加了政府的入职考试。在那里，有生头一遭周围的人都说我"非常聪明"，这对我确立自信心极有帮助，对此我也心存感激。他们对我很好，认为我聪明努力，还让我知道了政府部门的工作是如何运转的，并送我去参加培训，告诉我如何办事、负责任，不能仅仅由着个人的想法，而要遵循规则，做合乎法律规定的决策，办事要公平，根据具体情况处理和变通。在政府工作那个阶段，对我来说最重要的是获得了人们的赞赏和认可。20年后我去了牛津，这段经历的优势就体现出来了，因为我十分熟悉行政工作。

是什么机会，或有什么人推荐你去大英博物馆吗？

我在政府部门只工作了两年。在英国，60年代末到70年代初很好找工作，我申请去大英博物馆，因为我有过学汉语的经历，再加上此前在约旦做过考古发掘，大英博物馆对我很感兴趣，政府的人也对我很满意，乐于推荐。于是很快我就入职到大英博物馆工作。生活中充满了机遇，不完全取决于个人的想法。我不喜欢政府部门的工作，但我心存感激，因为在那里我学到了许多东西。其实，对各种器物的浓厚兴趣也在很大程度上决定了我会去博物馆工作。这方面母亲对我的影响很大，她在茶壶、家具、珠宝等方面有着极好的鉴赏力。

能给我们介绍一下大英博物馆以及你在东方部的工作吗？

大英博物馆是世界最大的国家博物馆之一。在那里工作能为年轻人提供亲手接触来自世界各地大量藏品的机会，这是极难得的。我到大英博物馆的第一项工作是整理库房收藏的商、周及汉代玉器、陶器。很多藏品需要重新整理，特别是青铜器和玉器的断代问题。当时的中国正在"文化大革命"中,极少有考古发掘能为那些馆藏玉器和青铜器提供年代依据。只是近三四十年来,中国的许多考古发掘和新发现为研究历史文物提供了新证据,如良渚、石家河、妇好墓、扶风庄白青铜器窖藏、满城汉墓等。

对我来说,大英博物馆有两个方面的工作特别重要:首先是对藏品日复一日的亲手接触和断代;其次是一件件地与出土资料进行对比。在大英博物馆的工作使我获得了广阔的国际视野。那里有来自世界各地的丰富藏品,能够与中国文物进行比较研究。我在大英博物馆组织过两个特别展览。一个是1977年的"艺术品中的动物形象"(Animals in Art),另一个是1984年的"中国纹样:莲花与龙"(Chinese Ornament: the Lotus and the Dragon)。在筹展过程中,我有充分自由从博物馆的藏品中挑选所需展品,甚至能进入我想去的任何库房,与其他部门的同事探讨与展览相关的问题。后一个展览非常复杂,前一个展览更有趣味性。总之,组织这两个展览让我积累了宝贵经验。

你在去亚非学院(SOAS)学习汉语之前,是否在别的地方学过点汉语?或者说你的汉语完全是自学的?

我进入大学后,曾试图选择学习汉语,但那时中国与西方处在完全隔绝的状态,这个想法几乎是不可能的。后来,我到政府部门工作,想多学点汉语,曾报名上过夜校学习中文。

在大英博物馆,你既工作又要学汉语,非常辛苦。你用了几年时间拿到了汉语学位?

20世纪60年代末我进入大英博物馆工作时,周围的人比我大两代以上,没人懂中文。他们凭着我从夜校学到的那点可怜中文,委任我在大英博物馆图书馆里负责整理中文的书籍，这对我是很大的挑战。于是，部门负责人希望我能系统地学习一下汉语。我就去了亚非学院咨询丹尼斯·特威切特（Denis Twitchett）教授，希望能再读一个与中文相关的学位。他开始不肯接收，后来说要来学的话必须每天跟着上课，还要通过所有的考试。这就比较难了，因为我在大英博物馆是全职工作。最初那两年还比较好办，因为上司对中国十分感兴趣，同意我上午上课，下午回来上班。后来，一个主要从事印度研究的主管来做我们的部门主任，他觉得学中文完全是浪费时间。但我不想放弃中文的学习，所以就像当年我的父亲晚上在家里写文章一样，白天全职工作，晚上自学，总共花了4年时间，获得了亚非学院中文专业的本科学位。感谢那几位优秀的老师给我耐心和慷慨的帮助，特别是凯瑟琳·惠特克（Katherine Whitaker）和刘女士（Yin C. Liu）。

特威切特（教授）是教中国历史的，他的课主要有古文、历史、近现代史和中国文学史。他很严格，就是他要求我学汉语就必须天天来。新的部门主管上任后，我没办法白天再去上课。但由于我有剑桥大学的学位，可以作为校外学生参加考试。在亚非学院，我接触到很多很优秀的老师，他们治学严谨，逐字逐句地教授我们中国的古代文学，包括唐诗宋词、明清小说和中国近代文学。我读过《兰亭集序》、《西游记》、《红楼梦》以及鲁迅先生的小说和杂文。凯瑟琳·惠特克女士是一个非常好的人，她教我阅读分析白居易的诗歌。刘女士（Yin C. Liu）教我《红楼梦》。因为我很多时候需要在大英博物馆工作，没办法参加全部课程，亚非学院的老师经常利用他们自己休息的时间辅导我中文，让我获益良多，直至今天我仍然心存感激。

在大英博物馆，除了整理藏品、组织展览外，有没有要求你们必须对藏品做研究？或者说完全是凭个人的兴趣？

我们是需要研究、写论文的。那时我全靠自己在库房里琢磨，把各地出土的器物做成图表排队。1975年，我和另一位博物馆的同事合办一个中国玉器展，我开始研究玉器。罗樾（Max Loehr）在波士顿看到我写的玉器文章，认为很不错，于是告诉他的两个博士研究生：贝格利（Robert Bagley）和苏芳淑（Jenny So），说我的工作对他们的研究很有帮助。很快，罗樾便邀请我参与赛克勒的青铜器整理，编写一套中国古代青铜器藏品图录，这是美国赛克勒基金会的项目。20世纪70年代，无论罗樾、苏芳淑还是贝格利，大家对中国古代青铜器的认识都很有限，与大陆的学者完全没有联系。我对青铜器铭文也一窍不通，可以说，此次参加赛克勒基金会的工作为我日后为大英博物馆挑选藏品奠定了基础，西周的研究则为我后来探索中原和草原地区的文化交流作了很好的铺垫。1976年，恰巧陕西扶风庄白青铜器窖藏被发现，李学勤教授的研究对我启发很大。尽管赛克勒青铜器的图录编纂工作很艰难，但我们边做边学，慢慢积累，收获很多。这种工作极其细致繁琐，一位学者一生不可能多次做类似的研究，现在让我再这么一件件地寻找和比对青铜器是不可能的了。

我的另一个研究领域是玉器。探讨玉器流行背后暗含的有关来生转世的信仰。再有，我特别感兴趣的是如何通过器物的观察揭示周代与汉代的社会现象。早在1986年，我就提出一个新的观点：即西周中期青铜器体现出的三个变化是礼制改革的结果。同时我还提出按配套组合研究青铜器的方法，因为配套组合的变化揭示了西周礼制中的变化[1]。

---

1. Rawson, J. (1988). A Bronze-casting Revolution in the Western Zhou and its Impact on Provincial Industies, in R. Maddin (Ed.). *The Beginnings of the Use of Metals and Alloys: Papers from the Second International Conference on the Beginning of the Use of Metals and Alloys, Zhengzhou, China, 21—26 October 1986*. Boston: Massachusetts Institute of Technology, 228—238.

在1990年出版的赛克勒青铜器图录导言中,我将西周礼制革命的观点进一步系统化。我发现西周中晚期青铜器的器型和组合方式发生了一次很显著的变革,我称之为"礼制革命"或"礼制改革"。这些器型和组合方式的变化不仅仅是类型学上的不同,更有深层次的意义:这意味着当时的礼仪活动本身发生了变革,并且为周王朝的贵族所广泛接受。在研究中,我一直认为观察物质遗存的"变化"至关重要,它可以帮助我们更灵敏地捕捉古代社会和人的思想意识领域的嬗变。

听说你在大英博物馆还有筹募资金的工作?这是任何一个部门都要做的事吗?是不是很麻烦?

不一定很麻烦。作为女性,我能比较容易地看出来这个人是不是能交流,给我资金的人一般都认可我本人的性格,也比较喜欢我执着努力的工作品质。我在这方面的一个主要成就是用筹募的资金对中国和印度展厅进行了重建、装修。其中,何鸿卿爵士馆(Sir Joseph Hotung Gallery)于1992年由英国女王亲自揭幕后正式投入使用。在大英博物馆的资金募集工作中,我发现其实捐赠者是非常愿意为学术研究提供经费支持的,他们一直都对中国研究很感兴趣,并且希望通过好的学术研究更深入地理解中国历史文化。在募集资金的问题上我非常幸运,募集常常十分顺利。那些曾经与我合作过的、帮助过我的研究项目的人,很多后来也和我成为了好朋友。我指导的一些中国学生也曾经得到过他们的资助。

我有一个北大本科的同学,名叫白珍(Jane Portal),她也在大英博物馆东方部工作过,你认识她吗?

她现在又回到大英博物馆了。当年就是我推荐的她,大概25年前。我也很鼓励她去学习韩语，并且去韩国待上一段时间。现在白珍是大英博物馆亚洲部的主管。

这些年来中国博物馆的文物展览有了些进步。但我的印象中，往往是文物部门挑选出展品，交给展览公司去做形式和展陈设计。你在大英博物馆组织文物展有很成功的经验。你觉得中国存在的最大问题是什么？包括趣味性上？

这个我不太清楚。但我觉得主要问题是中国的博物馆没有很好地阐释你们的文化，这是一个普遍存在的问题。其实，展览本可以做得更灵活。中国人往往以一种固定的视角看待历史，这种单一的视角比较容易使博物馆的展览形式固定化。而大英博物馆在这方面的优势则比较突出，因为我们有非常广泛的藏品来源，当中国的东西和世界其他地区的遗存放在一起的时候，博物馆可以以更灵活和多元的视角展示中国古代文化的独特性。

你很小就对中国文化感兴趣。当你第一次来到中国，有怎样的感受？兴奋吗？印象最深刻的是什么？

我第一次来中国是1975年。我最强烈的感受是，故宫太壮观了，没有人，很多的鸟，我觉得太棒了。在这之后，80年代初我又有过几次来中国的学术旅行，基本都是在为编纂赛克勒图录收集资料。俞伟超先生帮我联系了当时在三门峡虢国墓地发掘的同事，他们亲自到火车站接我，对我非常好。我在那里停留参观了几天之后，他们又送我搭渡船渡过黄河。接下来我去了天马—曲村晋侯墓地，那时邹衡先生正在那里，他带我参观遗址，我得以看到当时最新的考古发掘成果。后来的另一次中国之行，我去了西安，用了很长时间研究宝鸡强国墓地出土的青铜器。这以后我前往湖北参观盘龙城遗址。那是一次特别难得的机会，我不仅参观了盘龙城遗址本身，还看到了那里新的出土文物。

你首次访问中国正值"文化大革命"期间，你随行的是怎样一个团队？有哪些活动？和文物考古界或博物馆方面的人员有接触吗？

我们的代表团是对1974年一个中国文物赴英国展览的回访，那次是中国文物第一次到西方展出。当时我的地位较低，参与展览筹备工作。代表团有十几个人，都是一些年纪较大、在西方地位很高的人。我们见了一些中国的政府官员，去了一些博物馆和工厂，也见到了夏鼐先生。

从历史和文化的视角看，20世纪60年代的政治激进不仅仅是中国，全世界的文化和政治都处在动荡中。作为一名大学生，你还记得当时的感受吗？那些激进的思潮对年轻人，包括你有哪些潜在的影响？

那时我正在伦敦大英博物馆工作，虽然已经去亚非学院学习中文了，但政治离我实在是太遥远了。我对中国和中国文化的兴趣非常浓厚，希望有朝一日能去中国看看。相比而言，我最小的妹妹当时正上大学，那个时代对她的影响更大，逆反心理严重，反战、激进。不过今天的欧洲比20世纪60年代更糟。

很想知道，一个人的政治立场是否会影响到他/她对古代社会的理解？

不会吧。我没有很强的政治观点。在西方，只有极少数的人会像我一样投入如此大的精力来中国，甚至花费毕生精力研究中国的文化。

作为一名女性学者，性别因素是否会影响你对考古现象的解释和观察的角度？你如何评价性别考古学？

我觉得我的女性视角让我更加宽容，也更愿意接受他人的不同观点。有的人可能觉得我特别严厉……但实际上，我非常愿意花工夫去见中国学者，和他们聊天。女性会认为，如果我多花些工夫会从中学到更多，这就是一种女性的视角。比如我与你有很多接触，你会跟我讲很多关于彩陶和权杖的知识，我很愿意接近你，但今天你看起来有点不好惹（笑）。

1994年你应聘去了牛津大学。当时除了想改变身份教书育人之外，有没有对博物馆工作感到厌倦的成分？或者说有其他方面的什么因素？

恰恰相反，是他们选我做的院长，但不是选我做教授。牛津大学的墨顿学院历史非常悠久，十分优美，能够担任该院院长实在是很大的殊荣。从1264年墨顿学院创建，到1994年，从未有任何女性担任院长，所以我不能拒绝。

实际上，从到大学，我并不觉得自己在事业上有什么停顿，而且我一直与博物馆保持密切联系。1995年举办的"中国玉器：从新石器时代至清代"文物展至今仍是我的得意之作之一。2005—2006年，在皇家艺术馆举办的"盛世华章：康、雍、乾三代帝王"艺术精品展是我一生中最为激动的日子，这次展品挑选给予我很大的自由度。皇家艺术馆展厅宽敞，能够轻松地摆放北京故宫的400余件藏品，那些巨幅的卷轴画将中国宫廷氛围带到了英国的艺术殿堂。但在此之前，我对清代艺术知之甚少。我乐于涉足新领域，能与几位同事和自己的学生一道工作是我莫大的荣幸。

我的许多同事和朋友认为，我会怀念那些大英博物馆的青铜器、玉器、瓷器和书画，有时的确如此。但有所补偿的是，我得以进入新的研究领域，并告诉学生们实物遗存研究的重要性，包括墓中的随葬品、礼器、宫殿建筑等，并从中去理解中国。

你不仅仅被牛津大学所接受，并就任了著名的墨顿学院院长，这在当时的英国可谓重大新闻，在牛津大学有怎样的反响？

确实如此。当我被推选为墨顿学院院长后，举国震惊。众所周知，牛津和剑桥这两所大学在世界范围内都代表了最高的教育水准，牛津大学还以产生政治领袖而著称。能在牛津大学墨顿学院担任院长可谓极高的荣誉。当然反响也不同，有人不高兴，有人很高兴。如今的牛津没有女性反而显得不正常，随处可见女性的身影，我就任墨顿学院的院长可以说是一个重要的转折点。当时参加面试的一共6个人，其余5位都是男性，面试问了同样的问题。15个人足足问了我一小时。这是第三次，即最后一次面试。后来我才知道，他们认为我回答得最好。当时有个年轻的女职员送我出场，她赞赏我回答得很妙。其实这也得益于我之前在政府部门的行政工作经历。他们认为我公平，能够权衡各种事情，并且总是愿意倾听、尝试、再倾听、再尝试。当然还有两个原因，一个是我研究中国，比较有意思。另一个是我与他人没有冲突。

你后来曾兼任牛津大学的副校长？想知道，牛津大学的校长和副校长的职责是什么？

"校长"可以说是两个人：其中，校长（Head of the university）是重要的，一般是做学术的。另外一个校长（Chancellor）是名誉上的领头人物，只负责出席各种活动。我的工作是不特别重要的那个。校长下面还有4—5个副职（deputy），他们也很重要，分别负责4个部门（division）：社会、人文、医学和科学。

从博物馆工作转到大学教书，你觉得最大的改变是什么？念大学时你在剑桥，后来到牛津教书，它们是英国，乃至世界上最著名的两所大学，其学术传统和氛围有何不同？

的确有些不一样。牛津对本科高年级学生的学术训练更多一点，所以最好是在牛津读本科，在剑桥念研究生。牛津的学院更小一些，教学也更投入一些。剑桥的学院更大，但本科教授的内容相对要少一些。2014年我在剑桥待了一年，做司雷德讲座（Slade Lecture），我很喜欢那里，在那边有许多老朋友。

2010年，你在墨顿学院院长位置上退休，转到牛津大学考古系任教，这对你来说有哪些变化？卸去了行政压力，研究时间更充裕了吧？

我认为牛津的学术氛围很浓，我能有机会和不同专业、不同背景的人讨论问题，而不像之前在博物馆只需要专注于一些特定的展览。我从1995年当院长以后就开始带研究生，到考古系之后继续辅导研究生，可能也是因为我能为学校拉来不少收入吧。他们付我的工资不多，也只是和我签了个小合同。我只带博士研究生，并且进行课题研究，比如关于中国和亚洲内陆的研究项目等。现在我正在和马克·波拉德教授一起合作研究中国的青铜器。

2013年，大英博物馆为庆祝你的70寿辰举办了专门的学术研讨会,你的很多学生都回去了,并给予你以高度评价,这是你应该得到的,也是引以为自豪的。学生是老师学术财富的一部分,是学术的传承。能否分享你在培养学生方面的经验?

培养学生的确是件不容易的事。尽管如此,我长年都有很多学生。我很喜欢和他们见面讨论问题,除了每周的中国考古研讨会(Chinese Archaeology Seminar)之外,我会和每个学生单独会面,指导他们的论文写作。同时,我也尽我最大的努力帮助他们适应西方的教育模式,如何学习知识、如何研究问题、如何参与讨论等,这是牛津学术训练至关重要的一部分。我非常享受与年轻学者和学生们交流,他们总是能给我新的想法并使我时刻保持敏锐的思维。我把教学视为师生间的双向交流,能够教授研究生也可以说是一种特权。目前为止,我指导了差不多10个西方学生、10个香港和台湾的学生、20个来自中国大陆的博士生,他们都非常优秀,他们所取得的成就让我引以为傲。现在他们中间不少人在世界各地的著名博物馆和大学工作。另外,我也积极为我的学生提供资金支持,支付学费和考察的旅费,你知道这在英国的人文学科中很不容易。其中,我的李维尔休姆(Levelhulme)研究项目就全额资助了三位博士研究生。此外,我还从香港筹集到很多资金,用于资助研究中国的学生。

(罗森插问)你们北大是否也这样?老师与学生常常见面?

(李答)在教学方式上,我们两边完全不一样。在不同的年代也不一样。比如在我念本科时,北大每一届只有2000名学生。考古系老师常和学生来往,特别是俞伟超老师,常来我们学生宿舍聊天,甚至很晚了都不走。但有些老师比较严肃,如严文明教授,基本是上课才见。总之,不同的老师有不同的交往方式,但学生总能从老师身上有收获。可能和俞伟超老师在一起时比较随便,和宿白老师在一起时比较拘谨。但是，现在的老师和学生的距离越来越远，老师们都在忙各自的事，写文章、做课题……当然，如今老师的压力也大，学校每年要述职，有各种各样的要求。

我们也有同样的问题。在牛津，中国学生要同其他学生一样通过考试，所以我的负担就比较重，我需要帮助他们通过考试。

现在的学生比较脆弱。我们念书时，出去实习老师基本不太管。不知从哪年开始，老师要操心的事越来越多，仿佛是带幼儿园。当然我们那两届学生也太特殊，班主任的年龄和我们都差不多，大家的独立和自理能力都很强，想法也和今天大不相同。本科毕业后我分配到四川工作3年。再回到母校，感觉恍如隔世。大学的同学们回学校看我时会问，北大怎么变成中学了？

英国也有很多类似情况，学生不知道怎么办，生活出各种状况，身体不好等等。

我们那时上课课堂纪律很严，以宿白先生为例。如果你上课迟到了会很不好意思，进门要喊报告，有时老师会让你在门口站一会儿，非常尴尬。当我自己也当了老师，再去听宿白先生讲"建筑考古"，看到有学生迟到了推门就进来了，先生也像什么都没看到似的，没有什么反应。总之，时代在变，学生在变，老师也在变。

你受到母亲影响，从小对古玩感兴趣。我长期在中国西北做考古，那里是中国最早出现和使用装饰品的地区，包括"玛瑙珠"和"费昂斯"，这些资料或许可将东西方在这个领域的交流从西周往前推近千年。对此你有什么新认识？

你的这个问题比较复杂。我在北大的讲座想表达的是：交流总是存在、进行的,但中原地区总是在抗拒西边的各种影响。比如干骨崖的人接受并大量使用了红玛瑙,中原的西周王朝也把它纳入了自己的装饰体系。我的重点是,中国有自己一套很强大的社会体系。交流一直都在发生,但中国内部的抵制也十分强烈。对我来说,中国的最大特点之一就是,可以让一些外来事物进入中原核心区,然后切断,再用一种独有的方式利用它们。比如佛教,在我看,中国的佛教较之南亚次大陆的原生佛教有很大不同,你们主要利用文字而不是图像或雕塑作为主要手段进行佛教活动,你们也有图像,但书写似乎更重要。长期以来,我都在思考"交流"(communication)和"抵抗"(resistance)这两个问题。因为中原腹地通过河西走廊、北部的草原与西边的人群有着无法避免的接触,那么既然交流长期存在,欧亚草原的文化因素向东推进,那么来自中国的抵抗也就同时存在,这是我的基本观点,也是我讲座中使用的地图和解释的出发点。

但是为什么西周变了?

西周吸取外来的东西,那是因为西周本就是中原地区以外的人,他们引进很多欧亚草原的事物,把它标准化,所以我们看到红玛瑙在西周的使用成了一种定制。你们的体系中一个明显标志是,给各种东西或纹饰赋予中国的名字。相反,西方不会这样,我们倾向于描述。我也问过别人,或许你能回答。你们是一个人口众多的国家,或许你们需要一个体系,把外来的每件东西都纳入自己的体系。如果这些外来事物无法适应中国本土的情况,那就会被舍弃。比如黄金,并没有得到广泛使用。铁器十分重要,对你们的体系有用,就接受了。我之所以关注不同的东西:装饰的红玛瑙、铜器、金器,目的都是一个,看看中国是接受还是摒弃,你们接受了很多,也摒弃了很多。这是我的想法。

我认为，东西方交互的时间大概出现在公元前 3 千年前后，但初期非常缓慢，到了公元前 2 千年前后明显加速。你认为东西方交互的驱动力是远程贸易？抑或是知识（knowledge）或技能（knowhow）？

我同意。我认为，东西方交流最开始是十分缓慢的，非常慢，然后一点一点地增多和推进。公元前二千纪很重要，到了公元前 1000 年、800 年，连续地继续推进，变得日益密切。同时，东西交流的路线非常有意思，是通过河西走廊？还是北方草原？赤峰……还需要考古学家更多的工作和论证。

西北地区有很多路线如果不亲自去走走，完全体会不到古时的交通和人们交往的难度。记得有一次带赵志军和梅建军等人去河西走廊调查，他们的感受都很强烈，以后再讨论东西文化交流就会考虑到环境，会更加实际。

我昨天曾说到阿勒泰这个地区非常重要。从米努辛斯克到蒙古怎么走？因为从米努辛斯克到图瓦就很难走，从图瓦到蒙古也很难走。进入蒙古地势平坦，比较容易穿越。

萨彦岭就很麻烦，记得前些年有国外学者来北京，谈到图瓦考古发现的新东西他们不认识，可能与唐朝有关，希望能有中国学者去看看。后来陕西的张建林所长去了，但他只能先向西飞到莫斯科，再折返回来向东飞到新西伯利亚东面的阿巴坎，接下来再乘汽车向南到克孜勒，前后辗转需要三天，绕了一大圈才到达图瓦的考察地点。想想看，4000 年前，怎么走？所以，东西交流究竟是贸易关系？还是如你所言，是知识、技能的传播？

技能比较重要，我昨天谈的都和技能有关，跟贸易无关。我提出战争的问题，但是不同利益集团之间的联盟、婚姻关系也会导致某些技能的传播。你们看兵器就知道了，可能是因为战争，（可能是因为）婚姻的同盟一站站交换而来的。如果你看汉唐文献，有几个方面非常重要，一是联姻，一是质子交换。唐太宗时唐与突厥就有这类关系。

联姻、人质[交换]，中国从战国就开始了。

所以我认为不必只是战争，也可以是婚姻、人质交换等很多途径。在英国和西方，有许多人研究蒙古和俄罗斯，有时因为那里气候的原因，导致众多部落群体聚合、一起移动。由于相关文献太少，很难知道具体发生了什么。但如果你去观察物质遗存，很容易就会发现，这个时期欧亚草原大范围内的高等级人群存在很大的共性，也就是说，人们在做同样的事，这很有可能是通过接触互相传授的。你去过图瓦，有些库尔干墓葬非常巨大，需要大量的劳动力才能建成，这也说明那时候草原的人群在某个阶段非常富庶。我想说，草原地带的社会可能比我们想象的要复杂很多。反观欧洲历史，我们西北欧在这个体系当中，与草原的联系更加密切，中国则完全相反。

你的研究涉及中国古代文化的诸多方面，青铜、陶瓷、金银器、装饰系统和古代建筑。近年来，你的兴趣转向中原与欧亚大陆的交流互动，能否简要介绍一下东西交互主要反映在哪几类物质遗存上？

我在大英博物馆的工作经历使我有机会研究中国和中亚之间的交流。我最初的兴趣是埃及、叙利亚和土耳其在内的西亚和北非地区，包括青铜器和铁器的研究，这个兴趣及相关经历促使我关注早期中国以及西亚与中国在青铜和铁器时代的差异和文化交流。

通过研究中亚草原早期的冶金、车马器，可以清楚地看到草原地区对中国的重要性。早在汉代之前很久,东西方已存在远程的文化交流。早期,亚欧大陆的发展对中国是一种刺激,而不仅仅是简单的影响,商、周时期对来自草原的新技术有强烈的反馈,一切人类社会都能从新思想和新技术中获益。边疆是中国最重要的地区之一,新材料和新技术通过边疆由中亚和西伯利亚引入中国。作为回应,居住在中国的族群对这些新技术做了全新的利用。中国和亚欧大陆的文化交流从汉代到明代一直都是双向的。通过贸易,中国的丝绸和陶瓷被带到西方,而佛教、酒和玻璃也被带到东方,这样的交流以一种循环往复的方式进行。表现花卉植物的花边纹样从地中海和西亚传入汉王朝,此后,这些花卉纹饰又从中国返还到西方。

我觉得现在最需要的研究是东西方不同的生业模式。人们如何生活?不同地区的生业模式是怎样的?他们的动物,如马、牛、羊,还有粮食是在怎样的地理环境、气候中得以使用的?我个人的学术经历是从馆藏器物开始起步的,博物馆里没有粮食和动物,所以我只能观察不同的器物,玉器、铜器、陶瓷和它们身上的纹饰。后来我开始研究草原地区。我去了西伯利亚,包括去俄罗斯5次、蒙古1次,中国河西走廊、内蒙古各2次,目的是想尽量了解各地不同的地貌和自然环境。我想了解的是生活方式——牲畜、粮食、运输,因为东西方人群和文化的交互往来是和这些密切相关的,并不只是表面上我们看到的丝绸、黄金——那些上层的、表面的物质文化。其实,支撑这些物质遗存的基础是人们生活的自然环境:动物和粮食等等。所以,可以说我现在更感兴趣的是不同的社会是如何运转、维系的……我在英国从小熟悉的生活是与马、牛、羊为伴的。但在中国,我发现我置身于一个不同的世界,一个建立在以粮食生产为基础的庞大社会里,从新石器时代运转到今天。东西方真正的差别不是西方钟爱黄金、中国人推崇玉器，这个不是最重要的。各自社会运转维系的基础：牲畜和粮食才是更重要的因素，最终正是它们导致了我们经常看到的表象层面上的东西方差异。为什么人群会迁徙，或许因为食物短缺、气候不好，所以我更关注这些东西交流和互动的深层原因。比如在良渚，他们为什么耗费巨大的人力物力修建水坝？北方有大规模石城，可是安阳却没有了。看事情有不同的角度，看东西是一种，陶器是不是一样？有没有利用青铜容器、雕塑？而我上面谈的自然环境、生业模式的差异，则需要通过考古工作来观察。

你可以感受到我现在的想法和以前不一样。我以前在博物馆工作，就我一个人懂中文，我主要的工作是在库房整理文物。现在我有机会和马克·波拉德、马丁·琼斯这些同事一起讨论很多学术问题，我觉得很荣幸，所以希望向这个研究方向发展。

对那些相距遥远、地理条件类似的地区出现的类似的文化现象，如何判定它们是独立起源的，还是交互作用的？这个该怎么看？我注意到你最近使用了"驱动力"这个新概念，而不赞成用"影响"，你是出于什么考虑？

"传播"很好，但我不认为"影响"是一个恰当的词汇。比如动物纹饰，或者岩画上描绘的动物，我觉得是因为制作和使用它的人群有类似的生活方式，此即"传播"。有的事物是随着相同的生活方式扩散而出现的。比如草原的游牧人群，流动性很强，就需要帐篷（tents），帐篷于是为人所知，传播开来。牛、羊、权杖头这类东西从西到东，速度很慢，你可以说是传播。再比如我们看到很多草原地区和中国北部的人群大量使用短剑，可以知道这些人四处征战，而且使用的武器十分类似。我想这背后一定有什么驱动着这些情况发生，可能是气候变化、人口压力等等。这就是为什么我现在对气候、生业特别感兴趣的原因,我觉得正是这些基础性的变化——驱动力——造成我们现在考古遗存中发现的类似文化现象。昨天的讲座我想要表达的是,驱动力并非完全源于战国时代诸国之间的矛盾,更有可能是来自欧亚草原的压力,波及到中国北部的半月形地带,进而影响到中原地区的社会变化。

我还注意到,这次你在北大的第一次演讲提到两河流域的社会复杂化与黄河流域的有所不同。具体是指哪方面?最大的不同是什么?

中国和美索不达米亚在早期可能比较相似,但中国发生了一些深刻的社会变化,导致中部中原地区崛起并统治四方。更早的时期,良渚、红山、石家河、宝墩以及山东各地有着不同的文化,但到二里头时代,形成了中部单一中心,这个由多中心到单一大中心的变化十分重要。我在讲座中用了两张地图说明这个问题,从玉琮的分布图可以看出东边和半月形地带这两个中心;而到了青铜时代,则只有中原这一个中心。北大的张弛教授 2017 年在《文物》第 6 期上刊登的文章,很好地讨论了关于中国新石器时代向青铜时代转变的问题。美索不达米亚的情况比较不同,各个区域被沙漠所阻隔,两条大河、周边的几个海域对文化影响比较大,因此西亚在地理上是彼此分开的,而中国在地理上是比较完整的。

受马克·波拉德和陈建立教授影响,我了解到铸造青铜器非常不容易,需要众多的人力和成熟的运作体系。尽管当时也做象牙器、玉器,但青铜器制作需要大量的综合投入,这意味着中原地区已经存在一个综合的、成熟的社会运作体系。这里我不愿简单将其描述为中原地区的"政府",因为主体还不确定,这当中涉及礼仪、食物、神职人员、金属、模范、铸造各个方面，非常复杂。我的意思是，进入青铜时代之后，多种资源被集中到了中原。

同时，也是在中原地区，书写体系和文字的使用成为主导，可能是因为甲骨、青铜器的使用。总之，由于中原具有支配地位，这里通行的文字也被广泛推行。在美索不达米亚，我们看到的是同一套书写体系（字母）和多种不同语言并行：埃兰语、苏美尔语、阿卡德语、巴比伦语……卢浮宫的《汉谟拉比法典》记载了国王征服了具有不同信仰的多个群体。但中国很不一样，中国就只有一套标准体系。

所以我想，一开始中国可能也和美索不达米亚一样可以划分为多个彼此相对独立的区域，但由于某种尚不清楚的原因，形成了一个非常特殊的青铜时代，我更愿意称之为"二里头—商时期"，从而使中国成为现在的中国。在印度或中美洲，那里发展出了很复杂的社会，但却相当地分裂。所以，只有中国是不一样的，十分特殊的，这一点我多次强调。直到今天，中国仍然使用同一种语言，尽管福建、广东各地的方言与北京话讲出来差别很大，但文字却是一样的。

与中国相比，美索不达米亚是一个很有意义的参照物。这两个社会分别位于欧亚大陆的两端，中间有茫茫草原相隔。中国现在提倡的"一带一路"政策，也在表明这种平衡仍然存在，并且十分重要。通过这些对比，我们看到了中国的独特性。我一直希望写一本书，表达我最根本的观点："中国是不同的。"

西方学界很少用"文明起源"这个概念。能说说为什么吗？

我觉得我们现在不会用了，这太有点"柴尔德"了，不是么？我想我可以说中国有自己的文明的起源，包括这片土地上的物质遗存和人们的精神文化遗产，但如果说某一个区域是中华文明的起源地，那么这是否也就同时低估了中国其他区域或者那里的文化的复杂程度呢？

另外，探讨文明的起源是指一种文明的起源，还是所有文明的起源？我认为西方的文明来源于西亚是没有问题的，印度可能与西亚有些交流，中国则有自己的文明起源。另外，中美、南美、非洲以及澳大利亚也有各自的文明。所以很难说"文明"起源于什么，因为不同的文明有不同的来源。

夏鼐先生80年代在日本做过一个《中国文明的起源》的演讲。他认为中国文明起源于二里头。但现在不断地向前推，已经推到庙底沟了，这也是一个变化过程。

我觉得更重要的是，你们有特殊的生业基础：驯化小米和水稻，你们使用玉器，你们使用复杂的石质工具、装饰繁缛的宗教用器，这毫无疑问是一个非常复杂的社会。如果一味上溯，可以上溯到旧石器时代。我想最重要的是，如何去解释中国与西亚在文化上的不同，这是一个很大的挑战。我觉得西方在研究这一类问题时受益于欧洲和美洲的频繁对话，西方考古学家大量参与美洲的学术会议，与玛雅等文化进行比较。中国似乎对自己的历史缺乏自信。我说过无数遍，中国是一个令人惊叹的国家。中国文明无疑是极其精彩的，同时也是非常特别的。具体到是源自庙底沟、良渚或周口店，当然还需要更多的探索研究，但最重要的是，我们要自信它是独立的。我所谈的交流并不影响它的独立性。我想这根植于中国的生业方式，农业高度发达而且富有，在我眼里中国非常富庶，和英格兰相比，拿青铜时代来说，当时的英格兰比起中原要贫穷得多。这种对比很重要。你知道，我们的文化有北欧和地中海两个来源。这是两种类型，地中海相对更像西亚，而北欧则有点像草原。在很长一段时间里，地中海更为重要。但是后来由于船的原因，北方变得重要起来。所以我们也有一个"半月形地带"，即地中海沿岸，我们有鱼，你们是粮食。

文明还是要有个标准，开始还强调文字，后来就"探源"了！

我想文字是非常有用的，如果缺少文字，社会将会很不同。大量的人口需要高度的统筹和社会管理。和中国相比，西方社会的统筹并不好，但像中国的良渚、商代文明等，都是杰出的成就。

Representation 这个概念是否可以特指纪念性的文物或建筑？这类遗存，东西方差异极大。中国的辽河流域有雕塑的传统，但似乎很难纳入华夏体系，对此你怎么看？

我觉得红山文化是不一样的。中国东北是一个不同的区域。有个问题你可能会感兴趣，它和北方是什么关系？那些石头基址，是不是最早使用这种建筑形式的人？库尔干的鼻祖？他们与北朝鲜、草原东部有怎样的联系？我觉得兴隆洼玉器可能与贝加尔湖有关，但做的水平要高很多。可能那里的人了解玉器这种材料？

贝加尔湖有四个玉矿，深色的玉用来做工具，浅色的玉用来做装饰品。

有意思的是，兴隆洼有那么多的墓葬，人口众多。我认为中原的特别之处也在于她有更好的农业工具，能养活更多人口。兴隆洼、红山存在了很长时间，却突然衰落消失了，什么都没留下。尽管如此，我并不认为红山在中国文明中占据中心的位置。还有一个问题值得一提，即何谓"中国"？我写论文或指导学生在论文里写到"中国"时，必须要先定义这个词的内涵。

据我所知，最近几年，对中国青铜器的兴趣让你与马克·波拉德教授合作开展铜器微量元素分析，并取得重要成果。对考古学与科技合作你怎么看？二者关系怎么摆？

我觉得两方面都很重要。科技考古自身无法成为一个学科，他们需要和考古学家合作。我觉得科技考古无法回答所有问题，但却能不断提出新问题和新思路。我和马克希望通过化学分析和铅同位素发现新问题。比如最近我们利用铅同位素进行研究，我们不知道确切的答案。我们遇到的一个重要障碍是数据不足，需要更多发表的数据。我们知道中国检测的数据很多，但发表的却很少。我与马克合作很愉快。我喜欢新想法、新方法并提出新问题。最近《考古》杂志已经发表了一部分成果，我们正在写另外的一篇。在过去的18个月里，我们有6篇文章发表出来了，还会逐步地发表。

你未来的研究兴趣会倾向于哪方面？有什么新的研究计划吗？

我目前对生业模式感兴趣：人们怎样生活？但还不知如何入手。我觉得我需要回答的问题是：事物是如何被组织的？不同的社会组织机构是怎样运作的？水坝的修建、青铜器的铸造是怎样被组织起来的？我也许完全回答不了它们，但毫无疑问，他们的确是很重要的问题。比如在秦始皇兵马俑，我们看到至少需要两方面的统筹，一定需要某人做规划和设计，否则怎么会有50个弓箭手、500名步兵、60辆战车，这些肯定是被预先安排好的。在这之前，一定还有一个提出制作兵马俑这个设想的人。我们现在看到的只是生产出来的结果，看到手是模制的、头是模制的，所以必然还要有人决定需要做多少个范模、做成什么样子的。兵马俑制作所展现出的统筹计划，你在欧洲绝对看不到。

现在有人认为兵马俑是从罗马过来的。

我明天就要谈这个。兵马俑绝对不会是从罗马来的,那个胖胖的百戏俑或许与希腊有点关系,但所有的兵马俑跟希腊没有任何关系,纯粹的中国本土产物。这种做法完全根植于你们的社会。

你在学术研究上特别"较真",我认为这是一名优秀学者必备的品质。比如说有"Rawsonian"、"Very Jessica"等说法。这种学术研究的"强势"是否会让你在学界"树敌",对此你怎么看?

关于"Rawsonian"的概念其实最早是由我的好友,美国哥伦比亚大学的罗伯特·哈里斯教授提出的,这是一个描述我研究方法的词语。"Rawsonian"指的是我通过对单件或多件器物的仔细观察,特别是关注它们中间的不同和变化来引出问题,进而探讨更深层次的学术问题的一种研究思路。例如前面谈到的我提出西周"礼制变革",就是如此。另外,我研究红玛瑙珠串饰也运用了类似的方法:我很早就注意到这些玛瑙珠产于西亚和印度,但是在遥远的中国也出土了很多类似的串饰,从单个的穿凿方式到组合的形态,都高度相似。所以我提出,这些红玛瑙串珠在中国西周时期的出现,是否指示着周王朝的高等级贵族运用它们来展示自己和欧亚大陆西部的文化的密切关系?

别人评价我学术研究比较"强势",其实我并不是特别在意。我觉得,这其实是作为一个女性必须面对的问题,我习惯于站在人群的后面。如果今天这个人不喜欢你的观点,过10年后他可能就能接受。20年前我写的东西,他们说不行,但现在看来就没问题了。在欧美,人们说"她不行",我都习惯了,没关系。对我来说,更在意的是中国,中国的文化。作为一名痴迷于中国的外国学者,我最不希望看到的是中国学者的感情受到伤害。

30年前，一位老太太告诉我两样东西最重要：一是年轻时，有老师帮你，但年纪大了，他们都去世了，怎么办？应该多交新的、能帮助你的朋友。另一点是，每个人要做一些别人不愿做、枯燥但有意义、别人都用得着的工作。如果你做、做得好，人人都需要。就像赛克勒图录，最初开始时，贝格利因为麻烦不愿意做，我做了。尽管里面有很多不足之处，但人人都需要用，所以大家都了解了我的工作，我很欣慰。再如我的玉器的书，在西方，人人都在看，就是这个意思。也许将来我和秦岭对我那本玉器的书再做些修改，出中文版。

你在牛津大学曾担任重要的行政职务，工作繁忙。但你还是在工作之余做了大量原创性的研究。这方面得益于你的学术亲和力，因为世界各地都有你的朋友和学生及时交流信息。同时也是你刻苦努力的结果。据说你每天工作到深夜，包括周末。你对新的学术思潮和理论极为敏感，长期保持阅读习惯。能否就你的治学经历，给现在的年轻人提些忠告？

我的女儿说，她不是很喜欢我成天从早到晚都在工作。我很爱我的女儿，觉得她说得对。但如果你能做到我这样，作为墨顿学院的院长，像今天这样坐在这里和李水城教授交流，我觉得是值得的。林梅村先生昨晚说我赚了多少钱，钱并不重要。再说女性往往挣的比同等职位的男性要少，所以钱就更加没什么意思了。重要的是，我因为努力工作，能够有机会与别人交流。在牛津，我有很多这样的机会。像现在这样和你交流，是非常荣幸而且有意义的。我们来自两个截然不同的社会，能够坐在一起这样交流也算一种"荣幸（privilege）"。对我来说，这些交流的机会让我之前的努力变得值得，有这种与别人交谈的机会是最重要的。但我要对年轻人说的是，不要寄希望于所有事情都像预想的方向发展，或者你总是能做自己想做的事。我很幸运，幸运得难以置信。实际上有许多事都非常难。如果事情太难的话，我会先停下来，稍微等等再继续。年轻人总是把事情想得简单了。没有事情是简单的，你要坚韧，要相信付出就有回报，要做对别人有用的事。如果只做对自己有利的事，你永远不会快乐。对我来说，学术意见相左不重要，重要的是对我的学生、子女有帮助，能与另外一个世界的同仁们交流。林巳奈夫先生曾对我说，我现在帮助你，你学成之后回去就可以帮助你的学生，这种付出的传递是非常可贵的。现在学生的生活条件比较好，但我怕以后会越来越不好，因为这个世界存在各种困难。和20世纪60年代相比，现在或许更加不容易。找工作不容易，竞争更激烈。我赶上了好时代，我很幸运。去约旦、去中国，这都是非常幸运的。

补　记

2017年5月27日，利用罗森教授前来北京大学讲学的机会，李水城在北京大学二院办公室对她进行了采访，唐小佳协助采访、艾婉乔（采访录音、翻译）、于璞（北京大学国学院博士研究生，录音摄影）采访时在座。

在北大讲学结束后，罗森教授转往甘肃参观古遗址，其间她写信给李水城说：

非常荣幸能够在北京和你会面，并且感谢你来听我的讲座以及花时间进行这个访谈。当我后来去甘肃考察的时候，我逐渐意识到我从未认真回顾和思考过自己年轻的时候作为考古学者的训练，和我当时在中东地区密集的旅行和学习经历。我非常希望你能够在采访文稿中着重突出这一点。

罗森教授返回牛津后又专门给李水城写信谈了下面一段话：

众所周知，我将毕生精力都奉献给了中国的古代文化和考古研究。当我还没有亲自踏上这片土地时，早已对这里产生了浓厚兴趣。从新石器时代开始，中国的发展道路便与众不同，时至今日，这一特点越发明显。在我走过的50年学术生涯中，我越发觉得，有必要让更多的人了解中国的历史和最新的研究成果，只有这样，才能让他们从心底里对中国产生兴趣。

大英博物馆在西方乃至全世界都享有举足轻重的作用。这座拥有超过800万件藏品的著名博物馆，每年接待近700万次的游客参观，这也为我研究中国、展示中国璀璨独特的历史和文化提供了不可多得的平台。我在大英博物馆工作期间，曾设计和筹划中国展厅的展览，这也是我所有工作中的重中之重。对于中国展厅的任何细节，从筹募资金、器物陈列，到展板的设计和内容的编写，我都做到了一丝不苟，并尽最大努力将最全面、最前沿的考古发现和学术研究成果呈现给前来的观众。

1992年，大英博物馆中国展厅迎来了包括英国女王伊丽莎白二世在内的第一批观众，我特地邀请了当时中国考古学界的顶尖学者一同来见证这个规模盛大的隆重时刻。毫无疑问，这是中国向西方世界展现其自身独特文化的重要机会。

2017年11月8日，在经过长达一年的重新规划后，中国展厅即将再次对外开放。我就像20年前一样，全身心地投入到这项工作当中，并十分享受其中的每个细节。同样，我也十分愿意帮助世界其他的博物馆传播中国的历史和文化。

2005年，我协助北京故宫和英国皇家艺术学院举办了名为"盛世华章"的艺术大展，内容包括清代康熙、雍正和乾隆三个朝代。就像我为大英博物馆工作一样，我尽力用我积累了多年的专业知识，将展览的每一处细节都做到了尽善尽美。令人激动的是，时任中国国家主席的胡锦涛与英国女王伊丽莎白二世同时参加了这个展览的开幕式，并为其剪彩。我非常荣幸能够接触到北京故宫博物院的这些珍贵藏品，在与故宫的工作人员一起合作策划、布置展览的过程中，我感到非常愉快，他们给了我极大的支持，同时也让我对中国清朝时期的物质文化有了比以往更深入的理解。

上述工作经历也让我有更多机会与世界其他著名的博物馆进行密切的合作。今年4月，我在美国大都会博物馆做了"秦始皇的成就及其与伊朗和欧亚草原的联系"（Iran, Eurasia, and the Achievements of the First Emperor）的主题演讲。今年11月，我还将以学者身份参加北京论坛，探讨"一带一路"中的东西文化交流。尽管在我多年研究古代中国文化的过程中曾遇到不少阻力，但我从未想过放弃。

今年初，美国华盛顿的史密斯森研究院（Smithsonian Institution）授予了我弗利尔勋章（the Charles Lang Freer Medal），这是西方学术界对研究东亚历史艺术学者的最高荣誉之一，也是对我几十年来从事中国古代艺术和考古研究的充分肯定和激励。

杰西卡·罗森

2017年7月3日

后　　记

　　以上采访内容由我做了最后整理、补充、核实、定稿，再交罗森教授悉心审定。这里要多说几句。采访罗森教授的计划在我主持《海外考古大家访谈》栏目之初就定了。当时我想委托她的学生吴晓筠来做采访，但晓筠接到我的通知时已博士毕业返回台湾。后来也曾联系她的学生陈辛。2009 年，我又托她的学生陈轩接手此事。2011 年初，她将访谈初稿交给我。阅后觉得太过简单，很难反映罗森教授丰富的阅历和广博的研究。2016 年初，应罗森教授之邀，我赴牛津大学讲学。利用这个机会，我在以往采访的基础上提出了一些需要补充的问题，按我的思路归纳出来交给罗森教授，希望她用文字回答即可。但她非常看重此事，认真地请我到她家里谈，强调采访必须面对面进行。今年初夏，她来北大讲学之前写信给我，说可以在北京接受采访。为此我做了充分的案头工作，一切推倒重来，最终完成了这个艰难的采访。对此我们双方都很满意。

　　其实，这种面对面的采访也是我所期待的。在我主持的这个栏目中，伦福儒教授对宾福德教授的采访让我最为欣赏，从中能看出双方对考古学的深度理解，以及对所采访对象研究领域的熟悉程度，语言精炼、风趣。当然，最重要的还是学术的深度，体现出智者间的对话。希望以后能看到更多类似的采访。

　　愿借此机会，对以下协助采访的人员表示感谢！他们是：艾婉乔（北京大学）、唐小佳（牛津大学）、陈轩（北京故宫博物院）、梅建军（剑桥李约瑟研究所）、于璞（北京大学）、吴晓筠（台北故宫博物院）、刘睿良（牛津大学）等。

李水城

（《大众考古》2017 年 12 期）

华翰维

国家起源考古学研究的奠基者

华翰维（Henry T. Wright）

美国著名考古学家，现任美国密歇根大学人类学系教授。早在1962年，华翰维已成为美国考古学会会员。1964年，本科毕业于密歇根大学人类学系，随后在芝加哥大学获人类学硕士学位（1965）和博士学位（1967）。毕业后，先后任密歇根大学人类学系助理教授（1967—1971）、副教授（1971—1976）、教授（1976—　），密歇根大学人类学系埃尔伯特·斯伯丁（Albert C. Spaulding）学院教授（2001—2007）、埃尔伯特·斯伯丁学院杰出教授（2007—　），圣达菲研究所教授（2002—　），密歇根大学人类学博物馆馆员（1967—　）、博物馆馆长（1988—1991）。并兼任马达加斯加塔那那利佛大学考古艺术博物馆研究员（1975—今）、西非不列颠研究所会员（1980—今）、美国麦克阿瑟协会会员（1993—1998）、圣达菲研究所科学指导委员会委员（1995—今）、圣达菲研究所成员（1998—今）、英国东非学会会员、英国剑桥大学麦克唐纳考古研究所讲师（2009）、山东大学立青考古访问教授（2011—今）等。

所获荣誉和奖励有：麦克阿瑟天才奖（1993—1998）、美国国家科学院院士（1994— ）、美洲考古研究所（Archeaological Institue of America）杰出成就金奖（2009）、美国考古学会终身成就奖（2013）。

华翰维教授有丰富的田野考古经验。20世纪60年代以来，他先后在美国密歇根、阿帕拉契亚、切萨皮克、安纳波利斯、俄亥俄河谷，法国多尔多涅，伊拉克乌尔，伊朗德鲁让平原、扎格罗斯山、苏萨，土耳其安纳托利亚，墨西哥瓦哈卡，马达加斯加，肯尼亚，埃及，叙利亚，中国河南、云南、山东，蒙古国阿尔泰等地主持或参与考古调查和发掘。1975年以来，长期致力于非洲马达加斯加的考古和研究。

华翰维教授对当代考古学的理论建树有重要贡献。他是社会复杂化研究的奠基者，率先提出社会复杂化、三级聚落、四级聚落等关键概念和理论模式；并在酋邦理论的研究领域有重要影响。

华翰维教授研究成果丰硕，其代表作有：《马达加斯加中部早期国家形成：塔那那利佛西部考古调查》(*Early State Formation in Central Madagascar: An Archaeological Survey of Western Avaradrano*，密歇根大学人类学博物馆，2007)；《美索不达米亚早期城镇的农业生产管理》(*The Administration of Rural Production in an Early Mesopotamian Town*，密歇根大学人类学博物馆人类学论文，38，1969)；

《国家起源新探》(Recent Research on the Origin of the State, *Annual Review of Anthropology* [《人类学年度综述》], 6: 379—397, 1977);《科摩罗群岛的早期航海者》(Early Seafarers of the Comoro Islands, *Azania* [《阿扎尼亚》], 19: 13—59, 1984);《叙利亚东部前陶新石器遗址》(Prepottery Neolithic sites in Eastern Syria, *Paleorient* [《上古东方》], 31/2: 167—172, 2006);《伊朗西南部的人口、交换和早期国家的形成》(Population, Exchange and Early State Formation in Southwestern Iran [with G.A. Johnson], *American Anthropologist* [《美国人类学家》], 77: 267—289, 1975);《肯尼亚巴林戈地区罗博伊平原初步调查》(*An Archaeological Investigation on the Loboi Plain, Baringo District, Kenya* [with W. Farrand, R. Redding and M. H. Wolpoff],《密歇根大学人类学博物馆科技报告》No. 4, 安娜堡, 1976);《盖内遗址: 大湖地区古印第安器物群的变化》(The Gainey Site: Variability in a Great Lakes Paleo-Indian Assemblage [with D. B. Simons and M. Shott], *Archaeology of Eastern North America* [《东北美考古》], 12: 266—279, 1984);《德鲁让平原的早期聚落和灌溉: 伊朗西南部村落和早期国家社会》(*Early Settlement and Irrigation on the Deh Luran Plain: Village and Early State Societies in Southwestern Iran* [with J. Neely],《密歇根大学人类学博物馆科技报告》No. 26, 1994), 等数百篇学术论文。

采访｜李水城

翻译｜魏峭巍[1]

终审｜温成浩[2]、李水城

　　华翰维教授，我们知道你是美国考古学界一位建树颇丰的学者。你从何时开始选择考古作为终生事业？原因是什么？你的家人是否对你的选择有所影响？

　　其实，并非是我自己选择了考古（大笑）。我们家族的好几代人都长期对历史有着浓厚兴趣。孩提时代，曾记得我的祖父——即我们家族的第一位亨利·怀特就给我讲过很多历史故事。其中一个关于古希腊和特洛伊战争的故事让我至今记忆犹新。我祖父还给我讲过德国考古学家海因里希·谢里曼在19世纪70年代，如何在土耳其开展考古发掘、并最终找到特洛伊遗址和特洛伊战争证据的故事。我被这些故事深深地吸引，并开始阅读我所能找到的一切与考古和历史有关的书籍。我曾读过关于古希腊、古罗马、美索不达米亚、阿兹特克、玛雅以及其他古代文明的书籍。但在12岁之前，我从未想过我将来会从事考古工作。在我12岁那年，我的家乡马里兰州首府安纳波利斯，有位退休的历史学教授在他的住所附近发掘了一处18世纪的古遗址，于是我有机会前去协助其发掘。每天早上我都会赶过去，并在他那儿工作一整天。这次发掘，我们从未做过任何记录，也没拍过一张照片。但是他却告诉我，一定要小心地提取每件出土文物，甚至包括一些十分细小的鱼刺、陶器和玻璃的碎片，还有很多甚至看不出形状的铁器残件等。这是我考古生涯的第一课。

---

1. 现任上海大学副教授。
2. 加州大学洛杉矶分校博士候选人。现任职于中国社会科学院考古研究所。

13 岁那年，有一次我正走在家乡附近的一片田地和树林里，突然看到一处在建的房屋工地，施工人员偶然挖到一座贝丘遗址——古人食用蚌贝食物留下的贝壳堆积。我随手捡到一些鹿角残片和饰有网格纹的粗陶碎片，意识到这里曾是美洲印第安人的一个村落遗址。但我不知道这座遗址的确切年代，所幸手头刚好有一本莫蒂默·惠勒（Mortimer Wheeler）所著的《田野考古学》(*Archaeology from the Earth*)。通过这本书，我开始懂得发掘时需要按地层学的要求，一层层地揭露考古遗迹，并不断地做记录和绘制剖面图。直到 1956 年，我才开始第一次真正意义上的考古发掘。至今我还保留着当时的笔记，这座遗址的资料也全部发表了。

其实，我在密歇根大学就读之前，已经完成了一些重要的学术训练。刚才提到的那位历史学教授就是我的启蒙老师。他邀请我加入马里兰州考古协会的地区分会。协会里的一些业余考古学家允许我在他们的图书馆阅读资料，并教我许多关于类型学和考古资料记录的知识。我很庆幸自己在中学阶段能够住在华盛顿特区附近。这样一来，我就能得到那些来自国家博物馆、史密斯森博物馆的考古学家，特别是克利福德·伊文思（Clifford Evans）和贝蒂·梅格斯（Betty Meggers）等学者的关照，指导我阅读考古书籍，允许我在他们的实验室工作。这些考古学家十分重视考古调查。虽然我当时只是一个中学生，但已经开始跟着他们在我家乡附近做田野调查了。一开始，我蹬着自行车（就像 20 世纪 50 年代那些中国考古学家一样）或者划我父亲的小渔船，到处寻找和记录考古遗址。我还动手做了一些科学的考古发掘，并进行细致的统计研究、放射性碳素测年和其他一些相关工作。1964 年，我撰写了该地区史前文化发展序列的考古报告，并最终在 1972 年发表。

你本科毕业于密歇根大学,在芝加哥大学拿到博士学位后,又回到密歇根大学执教。能否给我们讲讲你在这两所高校的求学经历以及对你产生的影响?在你的学术生涯中,哪几位老师对你影响最大?

在进入大学学习考古之前,我已积累了相对丰富的田野经验。当我 1960 年进入密歇根大学时,听说那里是当时整个美洲地区做北美考古最棒的地方。除此之外,我还真不知道能去哪里学习考古。但我开始本科学习之前累积的田野发掘和发表经历,给当时的系里造成了一些困扰。为此,密歇根大学人类学博物馆馆长詹姆斯·格里芬(James B. Griffin)常常把我当作"老生"对待。他让我多写论文,并帮助我在当地学术杂志发表一些习作。我认为,写作和发表论文很有必要,而且要有不怕犯错的态度,这是我在密歇根大学学到的重要一课。因为每个人都会有一些日后被证明是错误的想法。但是,如果你想对学术发展作出一些贡献的话,就很有必要亮出自己的观点,提出你的证据。人无完人,要想进步,就不怕犯错误。

在密歇根大学就读期间,我十分庆幸自己能够与那些日后成为重量级学者的考古学家和人类学家共事。路易斯·宾福德(Lewis Binford)就是其中一位。他当时还是博士研究生。但他已经教了我们一套颇有挑战性的做考古的思路。他在分析考古材料和解释文化进化时,发展出一套不同于以往的思路。另一位对我影响颇深的是文化人类学家马歇尔·萨林斯(Marshall Sahlins),他教我认识到生态在前国家阶段的部落和酋邦发展阶段扮演的重要角色,以及更好地思考国家起源这一课题的重要性。此外,人类学家艾瑞克·沃尔夫(Eric Wolf)让我在理解早期国家组织形态以及社会冲突和战争在文化进化中的重要性等问题上受益匪浅。除了考古学和人类学,20 世纪 60 年代初，密歇根大学也是复杂系统研究的核心阵地。在系统论观点的学术氛围中，我逐渐表现出对交流系统、信息数学理论和社会层级发展等内容的研究兴趣。

为能跟随宾福德学习，我进入芝加哥大学继续研习北美考古学。但当我进入芝加哥大学以后，才发现计划赶不上变化，宾福德即将离职，将不会在芝加哥大学任教。所幸我遇到了芝加哥大学的另一位教授——罗伯特·亚当斯（Robert Adams）。亚当斯教授在中美洲和美索不达米亚地区的考古研究上颇有建树，他建议我应该研习美索不达米亚考古。这项建议对我有相当的吸引力，因为该地区拥有世界上发现的最早的国家，而且拥有关于社会族群和生产的早期文献资料。这样，我或许可以在该区域验证自己的系统论假设，即国家形成根源于信息论。但我一开始并不想去近东开展研究，因为我觉得学习当地语言太困难了，我从来没想过我能学会阿拉伯语。大部分美国人都觉得他们学不了外语，因为我们在生活中大都没有接触过除了英语以外的其他语言。我觉得我跟其他美国人一样，对外语也没有任何天赋。多亏亚当斯教授的鼓励，我学会了阿拉伯语（现在我可以熟练地运用7门语言），并去了美索不达米亚。当时，亚当斯教授是芝加哥大学东方研究所所长，他十分慷慨地利用他的人脉和资源让我的研究起步。亚当斯教授和格里芬博士一样，让我在不断犯错中走出了一条自己的路。此外，在区域考古调查方面，他也给了我很多指教。

亚当斯教授应该是20世纪50年代到70年代最优秀的区域考古调查者之一。1965年，他让我在伊拉克南部的埃利都（Eridu）和乌尔（Ur）遗址附近开展调查，并进行小规模发掘。鉴于我本人在北美的研究及亚当斯的工作，我认识到，区域调查只能解决部分问题，必须将调查和发掘结合起来。于是芝加哥大学派我去了伊拉克。当我返回芝加哥大学之后，我开始研究乌尔遗址出土的5000多年前的苏美尔语文书。我在博士论文中利用信息论发展出一个关于控制层级的模型，运用调查和发掘资料，并借助民族志材料加以阐释，从而推演出关于早期城市国家的一般模型，并利用泥板文书中的行政文献史料验证这个模型。

在那些最著名的考古学家中，你最钦佩哪几位？

我很庆幸自己拥有一个健康的体魄，并能在考古这个行当中从业近一个甲子，我遇到过数以千计的考古学家，其中一些人令我十分钦佩。下面几位考古学家曾给我的研究颇多指教。他们是：托马斯·梅尔（Thomas Mayr）、贝蒂·梅格斯（Betty Meggers）、阿瑟·耶林克（Arthur Jelink）、路易斯·宾福德（Lewis Binford）、罗伯特·亚当斯（Robert Adams）、格雷戈里·约翰逊（Gregory Johnson）、简·佩洛特（Jean Perrot）。

当然，这份名单不是全部。因为我认识数千个考古学家，其中数百个考古学家都值得敬佩。我不得不暂时先列出一些优秀的榜样。所以，这个名单还未完，待续。

据我所知，你几乎每年都要去田野开展考古工作。你如何平衡田野考古、实验室分析和教学之间的关系？

考古学家是一群刻苦钻研人类遥远过去的学者，但这个群体内部是林林总总的。我个人在平衡田野考古、实验室分析和教学之间的经验，或许不能或不应该为年轻一代考古学家提供示范作用。就我而言，在没有对考古遗址所处景观或考古遗址的土壤和遗迹有直接接触之前，我是不会开展任何学术活动的。我个人也仅仅从事最简单的实验室分析工作——如出土遗物的清理、计算和称重，还有对可辨识残片的绘图和测量等。我一直坚持在每天结束田野工作之后的当晚来完成这些工作。（绘图有助于描绘无法用言语来说明的现象，因此我鼓励每位考古学家都要亲手绘制遗物。）在离开田野到达研究所或在机场时，我会立即着手考古报告、文章和专著的编写。完成文稿和准备出版所需正式线图等工作非常耗时，完成写作任务与授课也几乎在每个学期都会有冲突。我个人十分享受教学工作。为学生讲解考古知识，十分有助于厘清自己的学术观点。但是，本就需要处理田野工作、报告撰写、教学等各种复杂任务的考古学家（更不要说那些管理、协调、心理咨询以及其他一些连我们自己都觉得无从下手的复杂工作）需要处理的杂事太多了。在密歇根大学，我慢慢尝试着培养学生在各个领域的能力，因此我们培养出的学生各个是"多面手"。但是，如果我们没有被要求完成多种不同的任务，那我们就只能对着堆积如山的考古资料望洋兴叹，想出色地完成考古发掘和发表资料更是如同痴人说梦。

你对年轻一代的考古工作者有什么好的建议？

这个问题我想我可以回答，那就是让一个学生如何成为顶尖的考古学家。我在曲阜接受中央电视台国际频道采访时曾说过，想要成为一个好的考古学家，你需要知道很多考古之外的东西。人生如此短暂，想成为现代的考古学家，你要尽快地学习尽可能多的内容。

未来一代考古学家需要在高中时代就开始下面三个重要的训练：

首先是学习中国古代汉语，这样可以保证自己阅读古代文献。你不能仅仅依靠历史学家帮你翻译好的资料来研究。你需要能够阅读包括《史记》和其他重要历史文献在内的全部资料。

其次，在完全掌握中文的基础之上，还要至少掌握几门外语。英文在考古学界是最重要的语言。然而，大量优秀的考古学研究还以法语、德语、西班牙语、俄语和日语等语言出版。很多中国人原来都学俄语，但现在已经很少了。大部分中国人在高中学习英文。但是原来很重要的法语现在已没人学习了。不会法语非常可惜，因为法国有很多优秀的考古学家，他们当然会用法语发表论文。

再次，高中时期你要尽可能地熟练掌握计算机技术。你需要通过计算机编程来理解运行原理。在20世纪七八十年代，美国高中生要学习如何编程，但现在已经没有这种课程了。现在人们使用"成品"计算机程序，而不是自己编写程序。现在连大学文化程度的人也没几个能自己编程。如果你不得不依赖其他人编程，那么你就得依赖他们来思考问题。

总结一下，首先，需要对中国经典和传统书写系统有透彻的了解，当然中国学者在该领域的教育史已长达两千年了。其次，掌握几门外语，特别是那些考古论文发表常用的语言。再次，熟练地掌握计算机。我还想强调一下数学能力。我当然是不想学习数学，但这是我人生最大的错误。但是在30岁以后学习数学是极为困难的。所以，学数学要趁年轻。

当你进入大学，进入考古系学习考古等相关课程，需要参加田野课程，学习如何发掘、如何记录、如何保存遗物。我个人觉得，考古系的学生也要参与实际的考古学分析、清洗出土遗物、统计数量、分析器物群、协助教授撰写报告。在本科阶段应当学会为一些地方性期刊撰写论文。我早年的文章就发表在一个叫作《密歇根考古学家》（*Michigan Archaeologist*）的地方期刊上，主要包括小型的遗址报告和当地的年代学问题讨论。只要你渐渐喜欢上了论文写作，就能克服对论文写作的恐惧。或许中国的学生都不惧怕论文写作吧，但我对此持怀疑态度。

除考古学训练之外，本科生还要寻求其他受训练的机会。当然，关于外语方面的训练要在高中时开始。建议每位学生都要发展一些非考古类的技能。

每个考古学家都要接受地质学方面的基本训练，以便识别不同类型的矿物，哪些矿物可以制作石器、串珠，考古遗址周边沉积物的类别和特征等。

如果对生物考古学感兴趣，或对研究人骨感兴趣，你应当学习生物学。事实上，大部分生物—考古学家在包括医学和生物学方面都接受过训练。他们虽然不是医生，但他们要学习很多医学课程。人体解剖学和骨骼学对研究十分有帮助。如果对植物考古和动物考古感兴趣，当然要学习植物学和动物学的课程。这些课程能够帮助考古系学生很快进入研究状态。

另外，虽然现在可能对中国考古学没有吸引力，但未来将会有的发展趋势，即在本科阶段参与建构模型，特别是数学模型和计算机模型。如果学生在高中时了解如何使用计算机，那么他们进入高校后，就可以拥有基本的建模常识。建模在考古学之外的很多学科都达到了非常先进的水平，比如说经济学和生物学，此外也有很多关于生态学建模的有趣案例。

考古系学生在大学期间需要学习的另一项技能是统计分析。如果没有考古统计分析课程，高校应当会开设类似的生物统计学或社会统计学的相关课程。虽然这些可能没有考古统计学那么具有针对性，但应当是不错的选择。

总体来说，除了考古相关课程之外，在人体生物学、地质学、建模以及某些古植物学、动物学和统计学等方面的训练也是多多益善的。

对于研究生阶段的学生来说,学习的最好方式是旅行,与来自世界各地的考古学家在不同的地域一起工作。通过旅行,你会了解不同地区有不同的问题,你会和有不同想法的考古学家在一起。这些考古学家可能互不沟通,但作为学生,你需要去了解尽可能多的观点。最终,如果你是高年级学生,你就需要尝试写作。鼓励学生发表论文并非中国训练学生的传统方式,我个人希望尽快扭转这种传统。世界各国的大学教育都鼓励研究生要多发表论文,这样可以使他们了解基本的写作过程。但是,发表那些大量的数据可能十分昂贵。我听说日本考古学家每年要发掘超过两万个遗址,而且一年内要完成报告的出版,至少是以最普通的形式发表。在中国,即便《考古》杂志改为周刊,也无法涵盖中国境内全部的考古发掘报告。这是一个极普遍的世界性难题,有如此之多的内容无法得到发表。一些考古学家指出,可以建立考古发掘数据库。我对数据库的可持续性持怀疑态度。我觉得随着硬件设备更新、太阳耀斑或其他灾难性事件,很多重要数据最终会消失。我从一开始便见证了穿孔卡片被磁带所替代,现在整个世界已经几乎找不到穿孔卡片读卡机了;磁带很快被CD所取代,而CD也被晶体存储逐渐取代。谁知道晶体存储将来又会被何种技术所取代呢?在每一次技术变迁的过程中,如果没有及时对数据进行重新编译,数据就会永远消失。无论如何,纸质出版物——无论是期刊还是书籍——如果使用高品质纸张,可以保存更久的时间。当然,这些出版物也不会永远保留下去,因为未来的人类文明存在各种问题。从1850年至1970年期间的出版物,都用了来自木浆的酸性纸张,这些出版物正在逐渐分化。1850年之前,欧美地区使用亚麻植物纤维,中国则使用宣纸。如果注意保持干燥,这些传统纸张出版的印刷品将会保留下来。目前，出版物都是用"无酸"纸张印刷，但大部分文本已经以电子化形式得到存储。在硬盘、服务器或"云盘"等介质上存储的数据都只是临时性的。

你是否认为跨地域的田野工作有助于考古学家的培养和发展？

对我而言，跨地域的工作十分有必要，它可以提供相距甚远且拥有文化相似性区域的比较案例。因为这种距离远到足以确定因相互影响或文化互动造成的文化相似性的可能非常之低。当复杂政治—经济系统的发展过程历经了较类似的发展轨迹，特别是它们分别来自美洲和亚非大陆，这很可能意味着独立创新，即不同人群在面对类似问题时采取了相似的解决方式。然而，如果一个文明具有深厚的历史根基，并且有大量的文献史料，那么研究这个文明的考古学家就必须要掌握若干死语言和阅读古代文献的能力。它们各自的系统是如此复杂，以至于一位考古学家根本不可能两者同时兼通。幸运的是，我能够从密歇根大学的同事那里借鉴一些他们对中美洲和南美洲等新大陆文明研究的深刻理解，特别是从我的同事杰弗里·帕森斯（Jeffrey Parsons）及学生们在上述区域开展的全覆盖区域的调查工作。对于旧大陆，我本人只专注于美索不达米亚和马达加斯加地区，并展开一些原创性研究。至于后者，因为马达加斯加地区的历史发展比较短暂，是一个相对年轻的人类文明，文献记录相对有限，研究较充分，因此对该地区的研究并不难把握。对亚非大陆其他人类文明的研究，我仅仅是一个访客，偶尔会帮一下忙，根本不打算去从事一些主流的原创性研究。然而，这种造访不同遗址的经历，对我个人的教学工作获益良多，我可以在课堂上将一些最新的参访经历与我的学生们分享。因此，我还是推荐每位考古学家，如果可能，应该多去参访考察世界各地的考古项目。

你是美国考古学家中致力于社会复杂化领域研究的专家。中国是研究社会复杂化的重要地区。过去10余年来，中美考古学家合作在内蒙古、山东、河南和四川等地开展了这方面的工作。您如何看待上述工作？有哪些好的建议？

中国考古学家不应该通过传统的、以遗址为中心的研究方法去解决中国考古学所提出的一些问题。中国的早期国家控制了相当大的区域，并且也有边疆和防御工事，同时也有皇家遗址、中心性城市、海港、村落和移动营地等，它们彼此之间通过各种网络相互联结，比如贸易、人口流动和共享的信仰等。因此，考古学家必须要从区域系统的角度着手。我们研究的很多问题其实都涉及跨区域尺度上的大问题，研究帝国兴起这类问题时尤为如此。因此，我们必须研究多个区域。但对一个考古学家来说，同时掌握两个或多个区域的考古知识是十分困难的。因此，我们倾向于将一个大问题分成若干个区域性的田野项目。即便如此，完成一系列区域性调查仍然需要数十年时间。在一些核心区域，比如伊洛盆地，陈星灿和刘莉团队、许宏团队，分别在盆地的东部和西部完成了对整个盆地全覆盖式的区域调查。但这些调查仅仅局限于人类活动最频繁的城市核心地带，对黄土高原或中部冲积平原农耕区域的调查则寥寥无几，对边缘或边疆地区的调查就更微不足道了。

你刚才提到的那些中美合作区域调查项目，刚开始是由中国考古官方机构发起的，可以为区域考古调查在中国的应用提供一些范例。前面提到伊洛盆地调查项目是全覆盖式区域调查，调查区域以中国历史上重要都城之一的洛阳为中心。因为不论从何种角度看，洛阳都可以被定义为文化腹地。最基本的田野工作方法，包括组织团队、记录地表采集陶器（片）、利用已有地图和影像等一系列流程，皆已由李润权（Lee Yun-kuen）和我本人根据我们在北美和美索不达米亚地区的经验，并结合河南当地条件进行了相应调整，同时加入了一些本地的田野手段。比如，用洛阳铲对所有可钻探区域进行勘查。赤峰的区域调查主要针对内蒙古东部边缘地区。该项目由滕铭予、王立新、郭治中和罗伯特·周南（Robert Drennan）等共同主持。上述学者使用的田野调查方法最初从中美洲和南美地区发展而来，他们结合当地的草原环境及游移、分散的遗址分布特征做了相应调整。山东东南沿海日照地区的调查主要关注在国家形成之前、新石器时代社会的发展状况。该项目由蔡凤书、栾丰实、方辉、文德安（A. Underhill）、加里·费曼（Gary Feinman）共同主持，他们将中北美地区的调查方法试用到日照沿海地带。该项调查成果已经以中文发表，为中国考古提供了示范性的专题研究。只有上述调查结果全部发表以后，中国的考古学者才能全面评估这些区域调查方法，并思考中国各地所能采取的调查方法。20世纪90年代到21世纪初，中国考古学家已经尝试根据中国的实际情况完善不同的区域调查方法。如在四川成都平原，李水城、傅罗文（Rowan Flad）、江章华和陈伯桢等通过使用遥感技术及其他新技术手段，解决遗址被河流反复冲积覆盖的难题。这些方法将为中部冲积平原地区深埋型遗址的调查提供可资借鉴的范例。

你对一些流行的考古学理论以及最新的进展有何看法？如过程考古学、后过程考古学、考古学多元化趋势等。

我本人按照科学方式开展研究工作，也就是验证那些人们认为正确的各种假设。我发现大部分关于国家起源的一般观点都无法得到证据支撑。因此在某种程度上讲，我在考古研究中扮演了破坏者的角色。下面，我通过早期国家起源中很多重要的考古案例，来说明那些一般性的解释是如何被证据所否定的。

例如，大部分观点认为，自我规制的市场制度产生之前，贸易组织需要管理或管控资源（特别是战略性资源）。在这个过程中，管控制度不断强化并最终推动国家出现。然而，城市或国家出现初期，贸易——从生产和消费的副产品角度来衡量，而非按照囤积产品的角度——似乎并未表现出应有的重要性。早期村落社会存在大量贸易活动，在国家产生之后同样存在大量贸易活动。国家和城市发展推动了贸易活动的增加。但在国家出现的最初阶段，贸易并不发达，因为直接性的获取（direct procurement）还是主要的。直接性获取几乎不需要管理。上述视角将是一个有效的观点，它促使我们发展出一套方法来确定原材料的产地，并可以估算出区域之间转移量的大小。尽管我们否认贸易是国家起源过程中的原动力，但从经济和社会角度看，贸易仍然是非常重要的，并且我们也需要运用上述方法来研究贸易系统。

另外，比较流行的说法是，灌溉系统，特别是在中东和秘鲁沿海干旱地区，需要对大规模劳动力进行管理，也要对因土地和水资源有限而引起的纠纷加以管控。进一步说，灌溉系统管理者对那些不肯缴纳粮食作物的农民实施惩罚，即停止给他们供水。如此一来，灌溉系统的控制不断增加并继续扩大控制系统的规模，反过来又继续强化控制力。关于早期文明是以灌溉为基础的社会系统，经由德国历史学家卡尔·魏特夫（Karl Wittfogel），发展成当时流行的理论。魏特夫认为，灌溉系统促进社会复杂化进程，在世界全部六大文明之中均有所体现：如埃及、美索不达米亚、印度、中国、墨西哥和秘鲁等。魏特夫的观点推动了以寻找古代灌溉系统为目标的区域考古调查，调查者试图去了解古代人类如何修建和使用水渠，评估水渠流量和估算灌溉面积等。上述方法在除了南亚（今印度与巴基斯坦）之外的其他文明中心区得以推广,如在埃及和墨西哥等重要文明中心,并未发现需要管理的、大规模的灌溉系统。然而,在其他地区,如美索不达米亚和中国,大型灌溉系统对文明发展的巨大推动力,往往在国家形成以后才表现出来。国家形成之前,灌溉系统规模很小,且分布在个别地区。很明显,这些案例不但不支持魏特夫提出的假设,个别案例几乎推翻了他的假设。秘鲁地处极度干旱地区,但它与埃及不同,灌溉系统对文明的发展极为重要。早在村落社会时期,秘鲁的古代人群已修建了长达20—30千米的灌溉系统。但是,没有任何证据表明,当时存在专业化的行政系统,也没有推动国家出现。直至几百年之后,秘鲁沿海地区才出现国家组织。因此,这一案例表明,灌溉系统是国家出现原因的假设并不成立。反之,灌溉系统是国家出现以后的结果。这是一个比较经典的案例,可用来说明原有假设是错误的。但灌溉假说却在极大程度上推动了区域考古调查方法的发展,这种方法可以用来确定聚落、灌溉系统、农田遗迹的分布。即便魏特夫本人的假设没有得到相关证据的支持,但仍不能否认灌溉和农业生产对定居人群具有的重要意义。

美国人类学家罗伯特·卡内罗(Robert Carneiro)提出的假设曾十分流行,即人口增长必然导致竞争与战争,并推动社会和政治系统不断复杂化。这个假设看似十分合理,也符合逻辑,但却与现实案例相矛盾。事实上,国家形成时期的人口规模要远低于村落社会发展时期。人口在国家形成之后,再次经历快速增长过程。但更重要的是,这种人口增长方式并非在城镇或村落中完成。如此快速的人口增长是由于更多人口选择加入新出现的国家,因为它更令人向往。因此,我们讨论的并非生理意义上的人口增长。国家产生后的人口增长,实际上是文化驱动人口流动和聚集的结果。人口增长是这个系统过程的一部分,而非促使系统产生质变的外部因素。无论如何，人口增长促使国家形成的假设对考古学的发展十分重要。因为这个假设促使考古学家不断发展新的研究方法来估算古代人口规模，而且使学术界开始关注竞争与冲突。人口规模与竞争是历史发展的永恒主题。

从某种程度来说，上述三种不同的解释和案例在所得推论、检验原有假设过程极为相似。每个案例都关注并包括社会—政治系统变化的物质过程，且都强调个别几个变量。而人类活动及决策又是导致上述过程的原因。后过程主义曾不恰当地批判过程考古学家忽略了很多本该考虑的重要因素，包括行为与主体（action and actors）、能动性（agency）、性别、宗派之争（factionalism）和冲突。但后过程主义批评的重要性在于，它强调了所有人类行为都是在文化认知和构建的世界内完成的，而行为结果将导致文化知识的重塑。以国家起源为例，我们看到政治意识形态的重塑，对国家起源的解释不但必须包括很多物质因素，还要涉及许多被符号化（symbolic）的文化结构。

如此一来，我们会思考马克思对于历史变迁的主要观点。在不同阶级内部冲突（而非外部冲突）的重要性这点上，我还未谈及基于意识形态不同所定义的"阶级"概念。马克思对阶级概念的定义十分严格。对他而言，阶级必须得是根据获取生产资料（而非最终产品）的不同权限划分的。阶级并非简单的贫富之分，因为这种财富的不平等性早在非国家阶段的社会就已经存在。真正的阶级分化是由于对生产行为的控制，但这无法通过考古材料加以证明。另外，马克思本人及马克思主义学派的一些学者提出的关于意识形态转化的复杂理论，我们至今也无法用量化的方法对其进行表述。

国家起源研究的底线在于，承认古代领袖如果不能控制土地、水资源、人口、其他生产技术（如灌溉、畜牧）、技术所需要的物质资料（不论是用于生产或战争）以及对暴力和信息的控制力，国家就无法建立起来。古代领袖在一个复杂条件下开展活动，我们必须先将他们这些创造性的社会和政治转变概念化为"复杂系统"。所谓"早期文明"，其系统的复杂程度远远超乎我们的想象。政治系统的转变会出现各种同时发生的互动过程，这些互动具有的复杂性要远远超出人类认知和语言所能表达的限度。这也是我为什么强调利用数学模型建立多变量解释模型的原因。

总的来说，早年在美索不达米亚地区开展的比较研究，使我认识到仅仅通过个别物质性变量是远远不够的，一定要通过包括物质和符号系统在内的多变量解释模型来研究早期文明。寻找一个对国家起源有丰富文献记录的案例，将有助于验证上述模型，这也是我到马达加斯加开展研究的初衷。下面在讲到马达加斯加相关工作的时候，我会涉及这些内容。

你如何评价北美考古学的发展趋势？

任何国家的考古学发展趋势，都可以看作是不同派系在严格的社会结构中不断竞争资源产生的结果。这种有限的社会结构包括高校、博物馆、研究所和其他层级的社会组织等。从每星期都在不断发生的学术争吵中寻找学科发展趋势是十分困难的事。但不论好坏，考古学越来越多地采用团队研究方式，包括来自不同技术领域的专家。如果没有这些大型团队的支持，我们也无法有效地理解人类社会的发展过程。高校的任务是为下一代传递知识，而博物馆是用新手段保存文物以便日后研究的机构。我们当然还需要其他类型的研究机构，特别是那些国家资助的研究机构，如德国的马克斯·普朗克研究所（Max Planck Institute）、中国的国家级和省级考古研究所等。比如，考古学家成立的田野考古研究公司，如美国的"统计研究中心"和"考古研究中心"。此外还有很多私人资助的研究机构，如美国圣达菲研究所（Santa Fe Institute）等致力于新理论与模型构建的组织。任何一种现存的考古研究组织模式都不可能尽善尽美，不同国家需要发展符合历史条件的组织形式。但是，我们必须要超越现有的组织形式。如果做不到这一点，我们的后代将无法获得足够的考古资料来回答由未来各种危机产生的问题。

你在全世界很多地方做过田野工作。能否介绍一下你在某个特定区域或遗址的工作经验？从20世纪70年代开始，你就在马达加斯加开展考古研究。有人说马达加斯加是研究文化进化、移民和基因漂移的"亚当的苹果"，在那里开展田野工作的特殊性表现在哪些方面？我对那里的文化起源和重要考古发现很感兴趣，能分享一下你的研究和成果吗？

我当然愿意分享我的研究。在我职业生涯的早期，我希望可以找到国家起源过程与美索不达米亚毫无关联的地区，以便我能更好地了解国家与城市的起源过程。这个地区最好有丰富的考古材料，而且有考古材料之外的文献信息。我曾想去尼日利亚西南部研究约鲁巴（Yoruba）[1]国家的发展过程。一般认为，约鲁巴国家约形成于公元1000年左右。它的出现过程相对独立，与其他地区的政治发展也相

---

1. 约鲁巴（Yoruba）为西非尼日利亚的第二大民族，包括很多支系，主要分布在尼日利亚西部、西南部，少数在贝宁、多哥和加纳，属尼格罗人种的苏丹类型，他们可能是1000多年以前从非洲东部迁移到尼日河下游以西地区的，现有人口逾2千万，语言属尼日—刚果语系贝努埃—刚果语支。该民族历史上有共同的语言和文化，但从未出现单一的政治组织。在前殖民化时期，约鲁巴人建立过大大小小的王国，各有都邑为中心，由一名世袭的国王或奥巴（oba）统治。17世纪时，约鲁巴诸王国中最大的帝国为奥约（Oyo），宗教城镇在伊莱—伊费。18世纪末至19世纪，各个小王国纷争不断，随着达荷美（Dahomey，今贝宁）丰人（Fon）和穆斯林富拉尼人（Fulani）的入侵，奥约王国衰落。诸小王国的国王仍在延续，但政治权力已所剩无几。——编者注。

互独立，而且国家的形成要早于跨撒哈拉沙漠—地中海贸易网络的建立。但尼日利亚在 1967 年爆发内战，且持续数年，数以百万计的当地人被杀害。显然，在该地区无法开展相关的田野考古工作。现在我们认识到，西非地区的早期文明要远早于我们之前的想象，而且基础性的考古研究尚需时日。如果我能在西非开展工作，会花大量时间去构建当地的文化发展序列，并为将来国家起源过程的考古学研究奠定基础。一个偶然的机会让我得知，密歇根大学的同事——克洛德·克塔克（Conrad Kottak）对马达加斯加地区十分感兴趣，并且已经运用传统史料对马尔加什（Malagasy）[1]国家的形成提出了一些理论模型。他说："我想带一位我们密歇根大学的考古学家去马达加斯加，看看区域调查方法是否有助于评估我的一些关于当地国家起源早期阶段的理论模型。"于是我问他："马达加斯加到底怎么样？"他答道："是一个不错的地方，就是吃得不太好，大部分都是水稻。"我当时就想："喔！竟然是喜欢吃大米的地方。"

但我还是有点犹豫。我在美索不达米亚的项目还有很多工作要做，但克塔克给了我一份马达加斯加中心高地名为伊梅里亚王国（Imerina）[2]早期历史的法语翻译资料。当我阅读时，开始被这段历史深深地吸引。这段历史是以史诗和故事的形式流传下来的。19 世纪时，欧洲的造访者和当地知识分子将此书写成数以千页的故事，已经出版。记述内容包括有关国王和王后、联盟、婚姻、世系、纷争、战争和其他一些考古无法涉及的领域。但这些故事缺少有关农业与牧业、贸易与交换、人口、军事组织等可以通过考古进行研究的内容。

---

1. 马尔加什（Malagasy）是对马达加斯加居住民族的泛称。因其皆操马尔加什语（南岛语系的一支，也是马达加斯加的官方语言之一）故名。——编者注。
2. 伊梅里亚王国（Imerina），14 世纪非洲梅里纳人在马达加斯加中部建立的王国，又译麦利那国。19 世纪基本统一了马达加斯加岛，首府即塔那那利佛。——编者注。

马达加斯加国家起源的问题将是历史学家与考古学家合作研究的典范。因此我回答说："好吧,让我们去看看如何在当地开展考古调查工作。"克塔克从美国国家科学基金会申请到了基金,我们也做好了去马达加斯加工作的准备。1975年初,我在伊朗帮助开展抢救性考古发掘,希望能在大坝淹没前获取更多的考古材料。当我完成田野工作并转到报告撰写阶段后,我预定了从德黑兰经由巴黎飞往马达加斯加的航班。此时,我听说马达加斯加爆发了革命。实际上,马达加斯加发生了异常血腥的革命,整个国家政权被军方控制,我不得不等待。数月后,马达加斯加的考古学家给我发来信息:"您可以来了,现在已经没问题了。"随后我飞往马达加斯加首都——塔那那利佛（Antananarivo）,那里确实已经没问题了。我开始与当地学者,还有一位在巴黎得到考古训练的聪明的美国学生一起工作。两周后,我们通过当地艺术与考古博物馆的展品建立了一个陶器发展序列。我们定义出8个相继的阶段,每个阶段持续约80年左右。接下来的四周,我一直在开展田野工作,在三个不同区域进行全覆盖调查。我们找到很多保存很好的古遗址。大部分有数百年历史,没有遭到自然力的严重破坏。另外,当地马尔加什人的历史价值观极强,不同家庭都尽力保护祖先留下的遗址。更进一步说,当地家庭十分乐意帮助外来者了解他们的历史。因此我很幸运,可以研究这个国家的起源,并能得到丰富的传统历史记录、精确的年代材料和热情的人们的帮助。我们将中部高地的历史和考古放到一起,去了解农业、人口、社会组织、人口增长、战争、贸易和其他重要议题。古代马尔加什的出口产品包括大米、铁器、黄金和宝石等,同时进口白银、玻璃器与陶器,特别是来自中东和中国的瓷器。这些活动通过印度洋贸易系统完成。最初的年代学研究是通过中国宋代的白瓷、元代和明代的青瓷、明代和清代的青花瓷实现的。可惜的是，我对中国陶瓷没有任何研究，但安娜堡（Ann Arbor）的密歇根大学人类学博物馆拥有大量来自菲律宾的馆藏文物，帮助我快速掌握了上述信息。

尽管我们能够通过研究进口瓷器，对马尔加什原史时期的相对年代有一个基本的把握，但我们并不会真的利用进口瓷器去构建年代框架，并在此基础上评估贸易状况。因为我们很容易因此而陷入循环推理的境地。所以我们有必要采取独立的测年手段。但是，因为中国的清朝和早期现代北欧地区已开始大量使用化石燃料（煤）烧制瓷器，这便造成16世纪以降的考古材料在放射性碳素测年的可靠性上大打折扣。但用热释光（Thermo luminescence）、光释光（Optically-Stimulated Luminescence）手段对当地陶瓷进行测年，其结果还是很准确的。这样，我们就对贸易系统的资料进行了独立测年，并且发现了相关的证据，表明和其他早期文明类似，马达加斯加中部高地早在12—15世纪的早期村落时代，就已经出现了贸易系统。但在16—18世纪，即国家起源之前的战乱时期，与贸易相关的证据却寥寥无几。直到19世纪国家完全建立以后，贸易才再次在该地区繁盛起来。马尔加什领导者对武器的渴望几近于疯狂，他们甚至以贩卖人口为奴隶来换取火枪。然而，即便到了18世纪，国家缔造者们的火枪存量仍十分匮乏。火枪数量是如此之少，以至于其在国家形成过程中所扮演的角色也就不太重要了。总之，马达加斯加中部的国家起源过程非常值得研究。当我跟中国同事谈起马达加斯加时，他们却强调这个国家"太年轻了"，是18世纪才形成的国家。对我而言，这不是问题。因为从其他原生国家或早期国家起源案例中发现的政治经济过程，在马达加斯加也同样重要。马达加斯加的国家起源过程遵循了同样的原则：物质和能源转变、竞争、信息处理、符号系统的构建等。

我不得不承认，马达加斯加的国家起源研究项目并非如有些人想的那样一蹴而就，迅速结项。个中原因并不像想象的那么简单，即当地人热情好客，马达加斯加也挺诱人，虽然这是事实。曾经在很长一段时间里，马尔加什考古学家都劝我先搁置自己的学术兴趣，即对16—18世纪国家起源问题的研究，转而去开展对马尔加什人来说较重要的其他问题，如古人如何开辟马达加斯加岛等。目前已知的是，至迟至15世纪晚期，马尔加什人就开始操南岛语，它与现在印度尼西亚部分地区使用的语言十分近似，和中国台湾的原住民语言有远亲关系。近年来的人类基因学研究表明，一半左右的马尔加什人的基因遗传来自东南亚，其余来自南亚、中东和非洲。基因和语言学证据都表明，1500年前来自印度尼西亚的人进入马达加斯加岛，他们带来了东南亚地区特有的非直系氏族系统（non-lineal kinship system）和其他一些具有地方特色的技术，包括边架艇独木舟、梯田式稻作农业、竹筒活塞鼓风冶铁术及一些具有亚洲特色的乐器和音乐。20世纪中期，马达加斯加的考古学家找到了证据，表明马达加斯加曾参与到中世纪的印度洋贸易系统之中，还有一些证明农业和牧民村落的传播与分化、城镇发展的考古证据，但考古学家没有找到早于公元1000年的遗址，也就无法进一步论证包括语言学家、基因学家和民族学家关于早期马尔加什的相关假设。在与欧洲学者和马尔加什当地团队的合作中，我们找到了一些1300年前村落生活的相关证据，证明这里确实存在稻作农业和冶铁术。尽管后续还有很多工作，但目前我们基本可以确认一个核心区的范围，就是这个区域孕育、并在1000多年以后诞生了马尔加什国家政权。正是因为考古学、生物学、语言学和历史学证据的多样性，我们能够建立和测试一系列以复杂理论系统为基础的国家起源模型。

16年前,您第一次到中国来开展田野调查工作。您认为这些年来中国考古学最大的变化是什么?与西方国家相比,中国考古学的优势和劣势是什么?

从某种角度来看,中国考古学要比世界很多地区的考古学要先进。中国考古学家在某些考古方法上保持了顶尖水平,但其他方面还有待加强。

举例来说,中国的建筑考古学从一开始就处于领先水平。早在20世纪早期,李济带领安阳考古队发展出一套发掘夯土建筑的方法,并用来确认城墙、房屋、宫殿和其他建筑遗迹。这些发掘手段不断发展,至今仍具有重要意义。这些手段赋予中国考古学家一种以房屋为核心来探求社会族群的研究方法。这种方法对长期浸润在摩尔根—恩格斯进化论学派中的考古学家来说,尤其具有吸引力。

中国考古学家也发展出一套研究陶器的特殊手段,这种手段建立之初就按照完整陶器及不同类型陶器涉及的工艺发展为核心,而不仅仅研究那些破碎的残片。在完善不同类型陶器如鬲或豆的发展序列中,中国考古学家还强调器物的功能性分类,这样就不会因为器物的功能性而削弱陶器年代学的研究。古典考古学家在研究公元前6—前4世纪的古希腊陶器时,已发展出相类似的研究方法。很可能李济早年在哈佛留学时已经学到这种方法。但对我而言,中国特有的陶器研究方法可能受到传统民族考古学对传统陶工研究的影响。

中国考古学研究中有很强的动物分析传统,但这并不意味着中国考古中有独立的动物考古学。考古遗址出土动物骨骼在中国科学院古脊椎动物与古人类研究所得到了细致分析。早在20世纪30—50年代已经有很多论文发表,这些论文不但评估动物种群,还包括不同时期动物的年龄和类别。然而,古生物学家还是对生物进化更感兴趣,特别是数百万年的发展过程。他们并不想为考古学家鉴定那些年代相对较近的动物骨骼。另外（据我个人的看法，有可能不太准确），大约20世纪60—70年代的经济条件不好，导致古生物学家为考古学家提供有偿动物骨骼鉴定服务。幸运的是，近20年来，真正的动物考古开始在中国快速发展，不但积累了大量可鉴定种群，同时利用稳定同位素分析动物饮食、跟踪寄生虫判断健康状况等研究也不断强化。

虽然中国考古学有较长的动物考古学传统，但植物考古的发展并不理想。现代植物考古学才刚刚起步。过去10年间，中国在植物考古领域已经取得了重要进展。遗址内部植物种子遗存已经成为考古必不可少的部分内容，植物分类讨论已达到较高水准，植硅体和淀粉粒分析等新手段也不断发展并广泛使用。

物理分析在中国考古中的应用更加先进。北京大学碳十四测年实验室处于世界上同类实验室的顶尖水平。该实验室也从事热释光测年和稳定同位素分析等工作。当然，中国有不少类似的高水平实验室。

我就不再多讲了，毕竟我只是客人，我来中国就是为了帮助其他人建立区域考古调查方法，并且希望中国的材料可以同世界其他文明调查结果进行比较。中国考古学家需要解决一些系统性问题，如水坝、建筑物和高速公路等建设工程；传统的文物工作团队如何与新兴的文化遗产机构相对接；国家级、省级、地市级考古研究机构和高校考古系之间的关系也异常复杂。这些问题只有中国人自己才能解决。我可以判断谁是好的发掘者或者调查者，但是我无法告诉你应当如何组织中国自己的考古系统。

您曾与中国社会科学院考古所和地方考古机构有过合作，也在中国南方和北方开展过田野调查。您对这些合作有怎样的印象和感受？

当我年过半百的时候，我开始与两位中国考古学家合作，即当时任教于澳大利亚拉筹伯大学（La Trobe University）的刘莉和任教于哈佛大学的李润权。这两位考古学家打算和中国社会科学院考古研究所的陈星灿合作，在洛阳东部伊洛河流域的早期国家核心地带——二里头遗址周边展开全覆盖式考古调查。他们当时对我说，中国社会科学院考古研究所十分希望能把区域性考古调查的研究方法引入中国。中国当局当时批准了三支不同的美方团队，让他们分别在三个不同的区域与中国考古学家合作开展调查。这三支美国团队分别是与山东大学合作的文德安、加里·费曼，在中国东北和吉林大学合作的周南，以及与社科院考古所洛阳工作站合作的刘莉、李润权和我。上述三个合作团队都成功完成了各自区域的全覆盖性考古调查工作，现在进入报告编写阶段。我们的报告将会用中文发表，以便说明我们的调查不仅仅是为了寻找遗址，而是研究古代经济和政治组织的重要手段。伊洛河流域对研究国家起源是一个重要区域。这些遗址的范围是比较清楚的，虽然不同时期的遗址规模不尽相同。这些遗址在某个时期呈现出空间上的非连续性，即遗址之间数千米范围没有任何物质遗存。因此，伊洛河流域的遗址范围很容易界定。但是，我们的主要问题是现代土地使用者对原有景观的破坏，现代发展过程基本破坏了原有的景观特征。比如20世纪60年代巩义文物工作队曾对该地区的遗址进行过调查，当时它们的保存情况十分良好。21世纪初，大部分遗址已完全被破坏了，特别是一些砖瓦窑和工厂对遗址的破坏非常大。当时，囿于人力和物力，文物工作队没能去发掘诸如村落或城镇规模的大型遗址，所以很多遗址甚至在没有完成抢救性发掘前就被破坏掉了。但是，现代活动对遗址的破坏也留下了许多可供观测的剖面。当时，我们团队就读于UCL的地质考古学家阿玲·柔森（Arlene Rosen），能够通过观察剖面推测当地气候和水文变迁的过程；

俄勒冈大学的李炅娥（Gyong-A Lee）则从那些暴露在外、不同时期的灰坑采集古植物遗存（paleo-ethnobotanial）样本，来帮助我们了解当地农业的发展历史。当这些资料和其他数据整合发表后，可以极大丰富对中国最早都城所在区域的认识。

我为什么会去云南和山东工作？实话说，我只是去帮助一些同事而已。云南的考古工作由来自云南省文物考古研究所的蒋志龙任领队，他们和来自芝加哥大学的姚辉云（Alice Yao）合作。云南考古学家在青铜时代晚期和早期铁器时代的滇文化墓地发掘和研究方面非常出色。这里和山东日照一样，都是前国家社会较发达地区。在这个区域进入国家阶段之前，就被汉帝国兼并了。所以这里并非研究国家起源的理想地区，但这里却是一个研究前国家社会及如何被帝国扩张所波及的绝佳区域。云南考古团队在寻找遗址时面临诸多困难，很多遗址都保存在水稻田下面，大部分在潜水面以下。因此，只有通过钻探和用水泵排水后才能进行发掘。让我感到十分惊奇的是，这里的地貌和地理特征完全不同于其他地方。能够有幸协助姚辉云博士和蒋志龙一起揭示那些被深埋在地下的景观，我非常开心。

山东曲阜是另一种情况。我为一支由当地、山东大学、山东省考古研究所和加州大学洛杉矶分校的考古学家组成的团队提供帮助。这个研究项目由李旻博士发起，他是山东本地人，十分了解当地的考古情况。他选择曲阜的原因是在那里不仅可以关注社会、政治和经济景观，还可以关注高度符号化的景观。不管是在前国家社会阶段的大汶口文化时期，还是在稍晚的早期国家时期，这里都是一个极具象征意义的考古景观。目前来看，曲阜可能不是一个适合研究国家起源课题的区域，毕竟我们对岳石文化时期到底发生了什么知之甚少，它或许是与二里头遗址或早商文化共时的一个早期国家。但曲阜确实是研究西周政治过程的好地方。山东地区发现大量周文化的物质遗存，有许多研究的优势条件：清晰的早期历史记录，已得到透彻研究的经济系统，还有精确的周文化陶器谱系等。我同意来曲阜的部分原因是受到李旻和方辉邀请，另一方面是我喜欢那些富有挑战性的地方。这里比伊洛盆地的景观研究更为复杂，和云南的情况类似，很多遗址埋藏很深，不得不使用一些特殊方法来定位和发掘。当然，中国已发明了一套独特的田野工作方法，特别是有一种许多训练有素的考古技工能熟练操纵的发掘"神器"——洛阳铲。我个人认为，洛阳铲是完美的考古发掘工具。那里地层很深，洛阳铲能快速有效地勘探地层。我们改进了一些特殊工作方法，来调查面积大、文化堆积较密集的周代或周代以后的遗址，研究二代型的国家（周代）是十分有趣的，我也很乐意研究它们。

上面是我在中国曾经工作的三个地方，也是我为何来中国工作的原因。我觉得自己就是来帮助中国考古学家的，我本人没有自己的研究目标。希望将来能看到更好的区域调查数据库，并能与美索不达米亚、马达加斯加和墨西哥地区的同类工作相媲美，但这需要很长的时间。当我们已获得足够多的数据，并开始从区域的角度去理解中国的国家起源问题时，我应该已经很老了吧。

你的儿子贾许（Joshua）也是一位考古学家，而且比您更早来到中国工作[1]。他为什么会选择考古？您有没有影响他，或者刻意把他训练成考古学家？

我们家族跟中国有很深的渊源。我母亲和她家人在 20 世纪 20 年

---

1. 华翰维教授的公子贾许·赖特（Joshua Wright）现在英国阿伯丁（Aberdeen）大学工作。1994 年，他参加了北京大学考古系、江西省文物考古研究所与美国安德沃考古研究基金会（AFAR）合作在万年仙人洞遗址的考古发掘。——编者注。

代曾在北京生活了一段时间。我在一所具有中式装修风格的房屋中长大，我每天会吃米饭，并听家人讲述中国是一个十分令人向往的地方。我一直想去中国。在我 19 岁的时候，我决定要学习中文，这样我就能去中国做考古了。我在密歇根大学加入了一个中文学习班，他们也很乐意教我学中文。但事实是，那个时候国外的考古学家无法去中国开展田野工作。他们在访问博物馆和图书馆时也受限制。当时中华人民共和国也没有与国外开展考古合作的机制。中国的考古学百分之百都由来自中国的考古学家开展研究。作为田野考古学家，我不能常年待在图书馆里开展研究。我压根儿就不觉得有机会去中国，因而也就放弃了学习中文。

至于为什么我儿子贾许会学考古，我觉得你应该直接找他谈谈。我对他现在从事的研究十分满意，也为他感到自豪。他是自己做的决定，并且按照他自己的意愿去学习和研究考古。但至少我在一定程度上影响了他选择来中国做考古。贾许和我一样，我们都是在一个充满了中式家具和汉学书籍的家庭中长大的，每天大家都在谈论中国，每天都在吃米饭，他当然会对中国感兴趣。幸运的是，世界在变，很多过去的障碍已荡然无存。他 7 岁时已开始学习繁体汉字，长大后也选修了正式的中文课程。所以，当从小在北京长大的祖母为他买了一张去北京的机票时，他已准备好要去中国参观那些历史遗迹、博物馆和传统的瓷窑了。

后　记

按照我原本的采访计划，对华翰维教授的采访最好由山东大学考古系来做。2013 年，我给陈雪香博士去信说明此事，很快她就寄来了一份采访稿（英文），原来他们在 2012 年已对华翰维教授作了采访。但当我看完采访稿后，觉得无论是所提问题，还是华翰维教授的回答都不尽如人意。因此我建议最好能再做一个补充采访，但没有得到响应。

这样，我只好重新拟定一份采访大纲，并征询了哈佛大学人类学系傅罗文（Rowan Flad）教授的意见，他给了我一些很好的建议。2015年2月初，我到哈佛大学做访问学者，抵达波士顿的第二天上午，恰好贾许博士在人类学系作蒙古国考古调查报告，此人是华翰维教授的公子，也是我们成都平原国际考古项目组的一员干将。我冒着大雪去听了他的演讲报告。午餐时我们谈到将要采访他父亲的计划，并请他将采访大纲转交其父。4月，我去旧金山参加全美第80届考古大会，贾许见到我说，他父亲已经同意接受采访，并正在回答采访的问题。6月我从美国返回国内，尽管我知道华翰维教授工作很忙，还是忍不住写信去催了他。年底，他将完成的采访稿寄给我。恰好此时我去山东省博物馆参加"大河上下"彩陶文物展学术会议，山大考古系的唐仲明博士来宾馆看我。考虑到华翰维教授与山大的历史关系，我认为最好还是由山大方面组织人员翻译此采访稿，但由于能做翻译的老师工作忙，所以未能兑现。

2016年，我请上海大学的魏峭巍博士将此采访译成中文，最后由我整理华翰维教授的简介，并就文中的一些问题作了注释。最后请加州大学洛杉矶分校蔻岑考古研究所博士候选人温成浩完成稿件的核校。该校教师，也是华翰维教授的学生李旻博士通览了全文，并提出了一些很好的建议。在此一并向他们致以谢意！

李水城

（《南方文物》2017年2期）

彼德·贝尔伍德

环太平洋史前史与南岛语族的起源

彼德·贝尔伍德
（Peter Bellwood）

国际知名考古学家，现任澳大利亚国立大学考古学和人类学学院教授，曾任该校考古学与人类学学院院长。其主要学术专长是从考古学、语言学和生物学角度研究东南亚和太平洋史前史、全球性的农业起源及其后的文化、语言和生物学的发展。

贝尔伍德教授著作等身，目前已出版专著15部（其中数部专著被译为他国语言）、期刊论文76篇、专业书籍论文74篇；与他人合作论文53篇；受邀评述他人著作60余篇；此外，还参与编辑考古学专著8部、编辑考古学期刊30余种。其中，1978年出版《人类征服太平洋》(Man's Conquest of the Pacific)、1985年出版《史前时期的印度—马来群岛》(Prehistory of the Indo-Malaysian Archipelago，1997年修订)，作为世界许多大学考古系的经典教科书长达二三十年。特别是2005年出版的《最早的农人》(First Farmers)一书获美国考古学会2006年度全球最佳考古学著作、考古学和人类学最佳专业出版著作两项殊荣。目前已陆续被译为不同语言出版。

贝尔伍德教授1943年出生于英国莱彻斯特(Leicester)，后就读于英国剑桥大学，1966年获大学学士学位，1969年获硕士学位，1980年获博士学位。1967—1972年任新西兰奥克兰大学(University of Auckland)史前史讲师；1973年至今在澳大利亚国立大学先后担任史前史讲师(1973—1975)、资深讲师(1976—1983)、考古学准教授(Reader, 1984—1999)、考古学教授(2000—今)。贝尔伍德教授曾先后指导硕士、博士研究生30余人，这些学生分别来自文莱、马来西亚、印度尼西亚、泰国、中国大陆、中国台湾、菲律宾、老挝以及澳大利亚、美国、英国、新西兰等。

贝尔伍德教授曾任印度—太平洋史前史协会(Indo-Pacific Prehistory Association)秘书长及执行编辑近二十年(1990—2009)、新西兰考古学学会会长(1971—1972)及美国《世界史前史期刊》(Journal of World Prehistory)编辑等职。现任美国《考古学评论》(Review of Archaeology)、台湾《南岛语族研究期刊》(Journal of Austronesian Studies)编辑及荣誉编辑，美国《亚洲观察》(Asian Perspectives)、《考古学方法和理论期刊》(Journal of Archaeological Method and Theory)顾问，香港《亚洲人类学》(Asian Anthropology)国际顾问，马来西亚"婆罗洲研究理事会"(Borneo Research Council)国际顾问，瑞士日内瓦"巴尔比耶—穆埃勒博物馆"(Barbier-Mueller Museum)之友荣誉会员，日本"京都人文自然研究所评议委员"及"澳大利亚人文学院"(Australian Academy of the Humanities)院士。

本文特邀洪晓纯博士对贝尔伍德教授进行了采访。洪博士师从贝尔伍德教授（博士研究生、博士后研究员），现在澳大利亚国立大学执教。她与贝尔伍德教授一起参与了多项国际合作研究项目。以下为采访内容。

采访、翻译｜洪晓纯[1]

终审｜李水城

自 20 世纪 70 年代以来，您一直是东南亚和太平洋考古最具代表性的考古学家之一。可否请您谈谈您对这个区域的研究兴趣开始于何时？以及您这 40 年来的研究主题有什么变动？

我对考古学的兴趣始于 1960 年，那时我才 17 岁。原因是那时我阅读了一些和考古学相关的大众读物。当时，我在家乡——英国莱彻斯特（Leicester）的一家制鞋工厂作学徒。1963 年，经过考试，我获得英国政府的奖学金，进入剑桥大学国王学院。在那儿我学习罗马及欧洲考古直至 1966 年完成大学学业。

那时，在剑桥大学除了格拉汉姆·克拉克（Grahame Clark）这位经济考古学和欧洲中石器考古学的权威外，我还受教于专长于社会人类学的埃德蒙·利奇（Edmund Leach）教授、欧洲新石器考古学家格林·丹尼尔（Glyn Daniel）、经济考古学教授艾瑞克·希格斯（Eric Higgs）、盎格鲁—撒克逊考古学（Anglo-Saxon archaeology）教授布赖恩·霍普—泰勒（Brian Hope-Taylor）及罗马考古学教授琼·利弗西奇（Joan Liversidge）。大学期间，我参加了在突尼斯、利比亚、法国、丹麦、土耳其及伊朗等地的考古工作，并在英国参加了罗马时期及中世纪考古遗址的发掘。

在剑桥的考古训练，让我一直对考古学、历史及人类文化之间的关系保持了长期兴趣。1960 年代中期，当我还是大学部学生时，恰逢所谓的新考古学（New Archaeology）冲击到美国和英国考古学界，但

---

1. 现任澳大利亚国立大学研究员。

我一直对这种不太注重历史进程、却以程式化推论研究人类历史的方法不感兴趣。

从那时起直到现在，"历史"、"演化"及"迁徙"一直是我的研究兴趣之所在。在我就读于大学时，由于阅读了考古学先驱罗伯特·瑟格斯（Robert Suggs）的作品，我对波利尼西亚（Polynesia）考古产生了很大兴趣。20世纪60年代，波利尼西亚可以说是一个相当富有浪漫色彩的地方。200多年来，那里的史前人类大迁徙景象一直像谜一样困扰着西方人的想象。

1966年，我申请前往新西兰的奥克兰大学（University of Auckland）担任讲师。紧接着，1967年我从英格兰移民到新西兰。当时我23岁，还没有博士学位。那时，英联邦国家的大学扩展相当快，而且只要你是从牛津或剑桥大学毕业的，就能拿到一个在大学教书的终生职位。这在今天看来，简直不可想象。如果获得博士学位，在工作上肯定会有升迁机会。1980年，我提交了4部我写的新书及专题论文作为我博士论文的替代物，并从剑桥大学获得了博士学位（当时剑桥大学有个特殊规定，允许往届毕业生、像我这样已有全职教学职位、但却难以全力花三年时间投入博士论文写作的人，以这种替代的方式申请博士学位）。

我在奥克兰大学待了6年，那段时间，受同事罗杰·格林（Roger Green）和安德鲁·波利（Andrew Pawley）的影响，我深刻体会到，历史语言学对重建人类过去的重要性。我开始在波利尼西亚和新西兰进行田野考古工作。1967—1970年，我在新西兰进行考古发掘和调查。1967—1968年，我和夏威夷毕晓普博物馆（Bishop Museum）的筱远喜彦（Yosihiko Sinoto）博士一起在马克萨斯群岛（Marquesas Islands）发掘。1968—1972年，我到库克群岛考古。1972年，约翰·马伟宁（John Mulvaney）教授刚刚在澳大利亚国立大学建立史前考古学系，我便受邀到这个系做讲师。1973年我移居澳大利亚。此后，在澳大利亚国立大学一直工作到现在。如今该系已扩展为考古学与人类学院。

在奥克兰大学期间，我有个远房亲戚叫皮特·勒温（Peter Lewin），当时他在伦敦一家出版社工作。他联系并建议我向国际出版公司申请合约写书。1978年，我的第一部和第二部著作相继问世，此即由奥克兰的科林斯（Collins）和纽约牛津大学出版社出版的《人类征服太平洋》（Man's Conquest of the Pacific）及伦敦泰晤士和哈德逊（Thames and Hudson）出版社出版的《波利尼西亚人》(The Polynesians)。

1970—1978年间，我深入思考了包括从考古学、生物人类学及比较语言学的视角观察的东南亚和太平洋地区的史前史。当时比较语言学并不像考古学和生物人类学那样深入应用于解读南岛语族的历史（如今流行的人类基因研究当时还只处于萌芽期）。也正因为如此，却让我发现了今日在语言族群里所称的南岛语族，是可以凭借考古学证据找到他们遥远祖先的，这中间的联结确实具有重大意义。

随着我对探索南岛语族史前史的兴趣愈来愈大，以及由来已久一直对新石器人群扩散的热衷，1972年，我将波利尼西亚的田野工作转到了东南亚岛屿。此后，我的考古发掘地点涉及东印度尼西亚的塔劳群岛（Talaud Islands）、摩鹿加群岛北部（northern Moluccas）、东马来西亚的沙巴（Sabah）和北婆罗洲（northern Borneo）、菲律宾巴丹（Batanes）群岛等。显然，不论此时还是彼时，尽管波利尼西亚是如此的广阔、岛屿之间距离是那么遥远，但事实上它只能是古代大洋洲航线的一个终点而已。

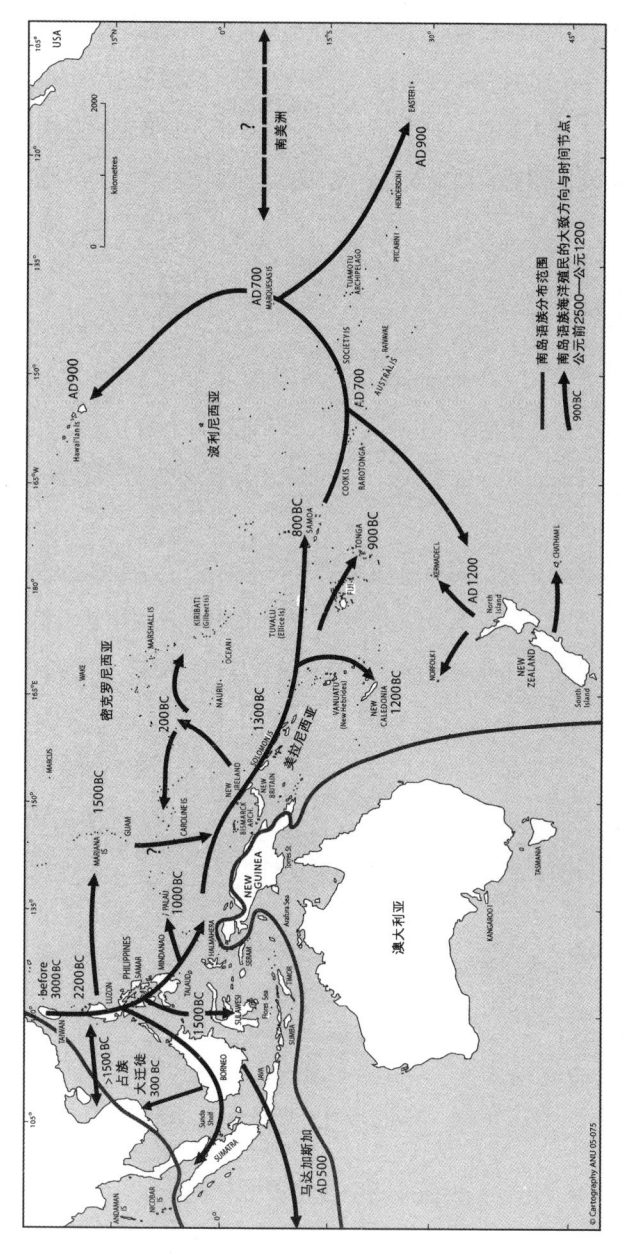

图一 贝尔伍德根据考古学和语言学证据提出的史前南岛语族扩散图（贝尔伍德教授提供）

南岛语族并非在波利尼西亚发展出他们的文化及语言。我们必须到它的西方——即中国南方及东南亚岛屿追溯其根源[1]。1974年以来，我的大部分田野工作都在东南亚。从1978年至今，我的学生中的大部分来自印度尼西亚、马来西亚、文莱、菲律宾和中国台湾，而且他们都在那些区域做过相当重要的研究工作。2004年以后，我的兴趣转到越南，但研究焦点还是放在新石器时代。

虽然我也做过一些其他的考古工作，包括印度尼西亚旧石器、马来西亚的和平文化（Hoabinhian）、距今2000年前印度和印度尼西亚之间的文化接触、越南北部的青铜文化及东南亚史前时代晚期的陶器贸易等，但我的研究兴趣主轴一直集中在早期食物生产族群的历史及其经济和语言。

目前，我的研究焦点已转向全球性的议题，正如我在2005年出版的《最早的农人》一书中所讨论的、在全球各大洲最早从事粮食生产的族群的扩张，还有我目前正在为美国和英国的威利—布莱克威尔（Wiley-Blackwell）出版社撰写的一本新书，关于全球的人类迁移史。我讨论的范围早到200万年前非洲的人类祖先、晚至800多年前到达波利尼西亚东部的人群。无疑，中国在这两个史前人类迁移的重大事件中均扮演了相当关键的角色。

在您如此丰富、多地点的考古经历中，有哪些地方是特别值得您回忆的？

我最早的考古经验是我记忆最深刻的。这包括我上大学之前参与的第一次考古发掘。那是1961—1963年在英格兰的赛伦塞斯

---

1. 过去有人主张，古波利尼西亚人是从东南亚经美洲过来的。但1970年以后再没有人持此看法了。——编者注。

特（Cirencester）和莱彻斯特，它们都是罗马时期的古城。我在那儿担任志愿者和遗址管理者。1963 年，我到意大利的赫库兰尼姆（Herculaneum）当志愿者。1964 年，我和诺曼·哈蒙德（Norman Hammond）[1]沿北非突尼斯（Tunisia）和利比亚（Libya）的古罗马道路寻找考古遗迹。1966 年，我和克莱尔·高夫（Clare Goff）在伊朗西部的卢利斯坦（Luristan）省发掘一座大型的人工土丘（tepe）遗址。1967 年，我和筱远喜彦在法属波利尼西亚的马克萨斯群岛发掘岩荫遗址。1967—1968 年，我和我的学生开始了在新西兰和库克群岛（Cook Islands）的研究计划。

1971 年，我开始了在东南亚的工作。通过和印度尼西亚考古学者伊·珥·舒塔雅莎（I Made Sutayasa）的合作，我完成了在印度尼西亚东北部相当偏僻的塔劳群岛的发掘。接着，1978 年，我和沙巴博物馆在婆罗洲北部、沙巴雨林东南部进行了一个合作发掘研究项目。1990 年，我和杰弗里·埃尔文（Geoffrey Irwin）、古纳迪·尼提汉密诺托（Gunadi Nitihaminoto）开始在印度尼西亚摩鹿加群岛北部实施一项研究计划。到 20 世纪 90 年代晚期，由于这个区域社会动乱日益严重，我们遂将研究转移到菲律宾北部的巴丹群岛。这项研究是 2002 年我和亚瑟·安德森（Atholl Anderson）、乌沙毕·狄容（Eusebio Dizon）合作的。2004 年以后，我开始到越南北部和南部发掘，合作同行包括茱蒂丝·卡梅隆（Judith Cameron）、阮越（Nguyen Viet）、阮金容（Nguyen Kim Dung）、欧·马克（Marc Oxenham）和卜志黄（Bui ChiHoang）等。

从 1961 年我还没成为考古系学生之前至今，我已在 20 多个国家

---

1. 此人后来成为玛雅文明研究的权威。——编者注。

做过考古工作。其中有不少是和我的研究生一起做的调查发掘,基本都是以学生的硕士或博士论文的研究为目的的。我对这些研究的机会总是心存感激,因为在这些不同区域的工作让我看到了世界上的族群是如此多样化,也看到了每个单一的史前文化都有其重要性,而不仅仅是那些醒目的、强势的文化,或那些征服了别人、拥有霸业的古代文明。

对我来说,那是最激动难忘的田野记忆。我永远记得那些挥汗如雨的挖掘、一层层深入的探沟、一次次期待有特殊遗物乍现的心情。那些细细的网筛、沙漠中的干燥高温及飞扬的尘土,抑或热带雨林的闷热潮湿。当然还有那些一起挖掘的民工、研究生、同行以及以前的师长……其中,有些人已远离我们而去。

自然,难忘的记忆也包括不时乍现出土的小件文物:如在英国罗马时代的排水沟内发现的一枚金戒指、在越南北部东山文化遗址出土的一艘榫卯结构的船、在菲律宾巴丹群岛发现的一件来自台湾的玉耳环,甚至在东马来西亚沙巴的骷髅山(Bukit Tengkorak)出土的一件黑曜石——它是3000多年前从美拉尼西亚(Melanesia)的俾斯麦群岛(Bismarck Archipelago)旅行了3000余千米到那里的。通过对这一件件小玩意儿的分析研究,让我们有了更深层的认识。也正因为多年来这些点点滴滴的发现,丰富了我所写的书和文章。

在您的考古研究中,有哪些特别重要的发现?

通过20世纪70年代末到80年代初的研究,我发现世界上几个主要语族的扩散和早期农人的迁徙密切相关(如欧洲所称的新石器时代、美洲所称的形成期)。那时,剑桥的科林·伦福儒(Colin

Renfrew）也正就此议题研究印欧语族和欧洲的新石器时代，我则着力于南岛语族和东南亚的新石器时代，我们的工作是各自独立进行的。到20世纪80年代中期，我的南岛语族研究经验让我确认，农业发展、人口增加、语言扩散这样的连带关系是唯一能合理解释其发展过程的（阐释）。当然，海洋技术也在南岛语族扩散的进程中扮演了很重要的角色。

这种早期农人和特定语族扩散间的连接，不仅可以用来合理解释南岛语族的情形，也适用于世界上其他几个主要的农业语族，但它并不意味着人口的全面取代。我们应将其视为一个渐进过程，包括人口扩张和种群混杂。如同我们在世界许多地方观察到的，中国也是如此。有一些和我持不同理论观点的人长期一再批评我，认为我主张早期农人全面灭绝了狩猎—采集民族。事实上，他们大部分人并未仔细阅读我的论述，所以才会出现这种错误指责。

就考古发现而言，我不能说我曾发现任何古代文化或古物能让我们瞬间革命性地了解人类历史。但我想，有些考古工作开启了许多区域性的新视野。正如我20世纪60年代末在新西兰挖掘一个毛利人（Maori）文化的防御工事遗址时，所获取的重要材料让我们得以了解此类遗址的内部组织和防卫结构。1990年代，我在摩鹿加群岛北部发现一个35000年前的旧石器遗址，它坐落在通往新几内亚和澳大利亚的古老迁徙通道上。1974年，我在塔劳群岛的发掘让我认识到，在新石器时代，特别是菲律宾和印度尼西亚的东部广泛分布红衣陶器（red slipped pottery）[1]的重要文化内涵。2004年，我在越南北部东夏（Dong Xa）遗址发现的一条船让我们认识到，2000年前，东南亚和地中海可

---

1. 这种陶器是新石器时代南岛语族分布区最典型的陶器类型，最早是由贝尔伍德教授辨认出来的。——编者注。

能即存在文化接触。前几年我在巴丹群岛的工作找到了重要证据，证明史前时期南岛语族从中国台湾迁移到菲律宾的事实。最近，我们在越南北部的发掘发现了4000年前人们已在那里种植粳稻，推测它们来自中国长江流域。而且当时人们也养猪、狗，并制造陶器。越南的这些发现和近年来在泰国中部、东北部的发现相当接近。

您2005年出版的《最早的农人》一书荣获美国考古学会2006年度最佳考古著作、考古学和人类学界最佳专业出版著作两项大奖。此后，这本书陆续被译成多种文字，已相继出版了日文版和越南文版。您是否能谈谈，您最初是如何产生写这本书的想法的？

在经历了这么多年对南岛语族的研究后，我认为他们的大迁徙可追溯到新石器时代中国华南和中国台湾的族群。因此开始思考史前时期世界上其他地区的情况。20世纪80年代，科林·伦福儒正在研究新石器时代早期印欧语族的农人如何从安纳托利亚（Anatolia）进入欧洲。与此同时，卢卡·卡瓦利—斯福札（Luca Cavalli-Sforza）和阿尔伯特·阿门曼（Albert Ammerman）也开始用相同的视角，从考古和遗传学角度审视欧洲的新石器时代文化，只不过后者没有考虑语言这一要素。

事实上，我们必须将语言学、遗传学和考古学三项要素一并加以考虑。如此，再来看世界其他各大语族1500年前的分布，像南亚语族（Austroasiatic）、亚非语族（Afroasiatic）、班图语族（Bantu）、汉藏语族（Sino-Tibetan）、犹他—阿兹特克语族（Uto-Aztecan）和易洛魁语族（Iroquoian），就可以对相同的现象做出合理解释。当然，并非所有语族都扩张到相当庞大，而且也不是所有扩展到非常庞大的语族都是由早期农业人口膨胀造成的，我并不主张语族形成和农业扩张理论适用于所有个案。但从目前看，这个理论还是可以解释大部分案例的。2003年，贾雷德·戴蒙德（Jared Diamond）[1]曾邀我就此主题与他合作，为《科学》（*Science*）杂志写篇文章。2001年，我曾与科林·伦福儒就此议题在剑桥大学麦克唐纳考古学研究所（McDonald Institute for Archaeological Research）联合组织了一次学术会议。

关于您刚才提到的语族和农业扩张理论，最近有什么更进一步的想法吗？

我的早期研究或许倾向于对世界许多地区的推论。在狩猎—采集经济转变为初期农业后，农业扩张立即快速地发生了。但这几年新的研究显示，一个全面的农业经济，包含生产粮食作物和家养动物、从早期栽培野生植物和驯养野生动物，需要几千年的发展过程。在中东、中国和中美洲所看到的这一过程，至少经历了3000年之久。举例说，在地中海东部的黎凡特（Levant）及安纳托利亚地区，从纳吐夫文化（Natufian）一直到前陶新石器B（PPNB）结束；在中国长江下游则从上山文化一直到崧泽文化。

虽然我们试图对这些最早的"农人"从生计模式给出一个经济属性的定位，但这些最早的农人可能不是着手大规模迁移的人，大规模移民可能稍晚后才出现。大量的人口都必须依靠粮食生产，并且更为集约地对其周围环境给予较大影响时，这些促使他们必须寻找新的资源和新的土地，尤其是在当时那些狩猎—采集民族居住的地区。

我认为，目前考古学、遗传学和比较语言学的研究结果都相当

---

1. 贾雷德·戴蒙德（Jared Diamond），美国演化生物学家、生理学家、生物地理学家及著名作家。美国加州大学洛杉矶分校医学院生理学教授，以生理学开始其科学生涯，进而研究演化生物学和生物地理学。现任美国艺术与科学院、国家科学院院士，美国哲学学会会员。他所撰写的《枪炮、病菌与钢铁》（*Guns, Germs, and Steel: The Fates of Human*）一书荣获1998年美国普利策奖、英国科普书奖。

支持这个农业—语族扩张理论（language-farming model），尤其是在那些拥有早期农业、特别核心的地区，如中东、撒哈拉以南非洲北部（northern Sub-Saharan Africa）、中国、中美洲、安第斯山中部（central Andes）及亚马逊流域（Amazonia）。尽管不少人反对农业—语族扩张理论，但这些反对者很少能提出有根据的、严密的观点，他们大多只是自然地表述想要避免在解释人类史前史中特别重要的行为模式时使用像移民（migration）这样的说法。不过，现代人走出非洲是他们允许迁移说的一个例外。

原生狩猎—采集民族与外来农民之间的基因混杂，甚至他们提供了多少特有的文化知识给外来的农人？这些年来，我在这类议题上的看法也有某种程度的松动。我认为，如果没有大量农人进入狩猎—采集民族的领地，很难想像狩猎—采集民族会突然接受农业。我在《最早的农人》一书中所称的"摩擦区"（friction zones）是指外来农业人口并未在狩猎—采集民族领地享受到人口优势，这种情况可能发生在那些发展农业条件相对较贫瘠的地区，有可能是气候因素，也有可能是其他环境因素。也有另一种可能，即当地原生的、大量狩猎—采集民族的祖先可以在这种区域接受农业，进而他们人口增长，才有了对外扩张。

我认为，语言—农业模型（language-farming model）对新石器扩张最重要的启发是，它解释了人类在大殖民时代（公元1500年哥伦布发现新大陆）之前的种族分布（racial distributions）。这里我所谓的"种族"（racial）分布是指根据表面特征、纬度和地理区域可做出的区分。现在已没有人认为"种族"是固定的，或有界线的一个实体，它应该被看成是史前及历史阶段、大量人口移动而逐渐形成的一个结果。

但即便如此,种族区分还是清楚地见于像非洲人、欧洲人、亚洲人、澳洲原住民及美拉尼西亚人之间。他们之间存在肤色差异、发型不同,无疑都是现代人走出非洲后、自旧石器时代以来演化的结果。可以肯定他们的分布不会和3万年前一样。反之,在我看来,现代人在非洲撒哈拉沙漠以南、欧亚大陆撒哈拉沙漠以北及西欧和中亚、东亚、东南亚的分布,很大程度上是新石器时代人口扩张的结果。当然,美洲人在农业发展之前就已经定居在那里了,但就如同美拉尼西亚和新几内亚的情形一样,那儿同样也有农业扩张发生。

在您看来,近来中国考古学最重要的发展是什么?

如果要谈"发展",那真是不胜枚举。我这儿要举的只是对我来说比较感兴趣的问题:中国新石器考古的新发现,尤其是谷物(粟和稻)和家养动物(特别是猪和狗)的起源。我认为它们不仅是中国新石器时代发展的两个紧密相连的核心要素,并将黄河和长江中、下游互相连接,向北影响到东北及内蒙古一带。

在长江流域新发现的那些饱水遗址或其他遗址都很重要。像1万年前在形态上看起来是野生粳稻的开发利用,或7000年前筑堤围护的新石器水稻田,以及后来(距今5000—4500)的良渚大型古城。长江流域这些考古遗留,不仅体现了新石器时代向南方的扩散,也包含了大量陶器装饰元素的源流、石器和玉器的切割和钻孔技术。这些技术随后来史前人口的向外迁移而流传,尤其是早期的傣族和南岛语族。在长江下游那些饱水遗址内发现有榫卯这种世界上最古老的木工技术,如田螺山、河姆渡的木工遗留,和其他地区有相似木作遗留的国家,如埃及和秘鲁相比,前者的年代要古老许多。这种技术让古人得以建造独木舟，搭载拓殖者穿越东南亚岛屿和太平洋。新石器时代的中国还是纺织技术的主要来源，正如大家所知，近年来在长江中游的东周和汉代古墓中发现了为数相当惊人的丝织品。

长江流域在新石器时代及后来兴起并发展成了一个重要焦点。与此同时，发展的黄河流域，它曾经是我们了解古代中国的最重要窗口。虽然过去认为黄河中游是东亚地区所有重要文化的源头，但现在这个说法已不再令人信服。不过，对这个区域，是不是我们今日所称中国早期文明——夏、商、周的一个特定语言和文化祖源的形成区，还可深入讨论。当然我们也了解到，现今可以探索的问题已不仅止于中国人起源这类议题了。

中国地理区域内其他方面的许多发展也是外界颇感兴趣的。诸如现代人起源（非洲说抑或从当地直立人演化的地区？）、新疆和中亚在新石器时代及后来的关系（这涉及突厥语和吐火罗语族群）、中国古代国家的形成（从安阳到秦、汉）等等。虽然我个人相信现代人是从非洲迁移出来的，但我也知道中国有些古人类学家还是强烈渴望倾向于支持本地演化的说法。我认为新疆和哈萨克斯坦（Kazakhstan）在突厥语的起源（研究）处在一个关键地位，正如台湾对南岛语及广东、广西之于傣（Tai）语一样。据我所知，这一代中国史前学者已对这些议题较上一代更感兴趣，这对未来的研究是一个好兆头。

中国考古学和您的研究有怎样的关联性？

中国是一个如此之大的国家。我们必须了解它是如何形成的，不管是经由征服抑或是从中央省份移民出来的，尤其是那些从黄河和长江中下游向四周的迁徙。这些扩张包括北向和南向，并与当地大量原住民产生融合。这些原住民在被融合之前的语言和文化特征已很难在现代中国人中找到了。当然，或许有些史前学者能观察到一点。但这些族群的许多后裔现在都居住在东南亚和太平洋，这也就是为何我们所称的中国这个地理区域对我的研究是如此的重要，尤其是目前如雨后春笋般出现的证据、中国全新世的新石器发展和人口的增长。

事实上，此前我已约略提及，我觉得这个重要性值得再次强调。中国可以说是世界史前史上最重要的"主角"（player）之一。为什么？因为她大，而且过去的人种相当多样化。最重要的是她有两条世界上最富饶、丰产的河流，即黄河、长江。如果你曾考察过尼罗河、幼发拉底河、密西西比河或亚马逊河的周围场景，你就会理解我的意思。中国很幸运地拥有温带纬度气候、丰沛的季风雨及广阔肥沃的冲积土壤，而且它还有世界上最早的农人，甚至有些可能是世界上最大的或最稠密的新石器人口，它的重要性众所周知。

关于南岛语族的起源和扩散这个议题，您近来有什么想法？

显然，南岛语族的祖先在古代从它们的某个故乡，携带了其基因、语言、物质文化及他们特有的食物生产经济，穿越了太平洋。我从来不认为语言可以不通过人类迁徙而径自扩散。不过，我知道有很多同行特别热衷于接受这种不切实际的幻想。

语言学家所称的"语言转换"（Language shift），是指当人们放弃自己的母语后，接受另一个外来语，这是人类社会的一种区域化过程。在过去的500年，殖民国家强化了这方面的发展，但语言转换本身并不能解释几个大的语族，像南岛语族的分布。那些早期南岛语族人确实存在，而且他们的确经历了利用独木舟搭载的迁徙方式到达太平洋。但他们是从何处、何时以及从哪个方向迁徙来的？1978年，当我写《人类征服太平洋》这本书时，对这些问题的回答并不像今天这般清楚，即使现在我还同意当年我的出版物中的大部分看法。但这些年来，对南岛语族更为深入的史前史研究，以及广泛的人类史前史研究，我逐渐又发展出了一些新看法。

在我当前思考东南亚和太平洋史前史时，中国这个地理区域较1978年已显得更为重要。当然这要归于前面提到的中国考古学的发展，尤其是长江流域和华南新石器时代族群（的考古发展）。但这些早期南岛语族并非我们今天所称的"中国人"。他们不说汉语，而且也可能和黄河流域的中国文化的根基没有直接关系。距今2500—2000年前，中国拥有相当多样化的新石器和青铜时代族群。如今，这些人的后裔还存在于东南亚和大洋洲，但许多族群的大部分最终融入了现在仍在扩展的中国文化的世界中。语言学家认为，那些在东南亚和大洋洲的族群，像傣族、南亚语族、南岛语族（Austronesian）、藏缅语族（Tibeto-Burman），在某种程度上都能追溯到中国南方，他们在迁徙后都和当地原住民很明显地融合了。

提到我较关注的早期南岛语族，多年来我一直认为，南岛语族的祖先可能是稻作、甚至粟作的新石器农人，他们在距今6000—5000年前从福建来到台湾。他们在台湾发展出语言学家今日重建的"原南岛语"（Proto-Austronesian）[1]，并保持了沿海经济超过1000

---

1. 据语言学纪录，南岛语族族群并未居住在中国南方，但南岛语族的祖先显然居住在中国南方。——编者注

年,直到约4000年前迁移到巴丹群岛和菲律宾北部,携带他们传统的制造红衣陶器的技术、台湾丰田玉耳环、磨制的有肩有段石锛、栽种谷物、驯化猪和狗及发展成熟的海洋鱼捞业和造船技术等。

南岛语族的史前史太过复杂,我无法在此叙述。但重要的是要记住,他们经历了4000多年的殖民扩散历程,从一个岛屿到另一个岛屿,直到公元1200年最终经波利尼西亚中部和东部岛屿到达新西兰。就像我前面提到的,我不认同最近一些看法,即南岛语在东南亚岛屿的扩散并非人类迁徙所造成。我坚信食物生产经济和海洋知识这两者对其扩散有很大刺激因素。自然,早期拓殖者在未开发的岛屿发现了许多野生资源,尤其是海洋哺乳动物和鸟类,或许农业的重要性在这些早期殖民者生活中多少受到了影响,可能就像我们从早期毛利人(即所谓毛猎人,Moa-Hunter)那里观察到的,这种影响是暂时的。但这种情形并不能否定食物生产经济的重要性。没有这一动因,可能许多太平洋小岛长期以来都不会有人居住。

在您看来,在今天和未来,我们研究东南亚和太平洋考古时,哪些是最有趣的、且富于挑战性的?

最重要的历史或族群问题总是围绕几个主题,诸如现代人出现的时间、几个主要农业族群扩散的时间和方向,以及稍后与外界文明、宗教和贸易的接触,犹如距今2500年前的印度和中国文明。

就现代人起源这个议题,在这一区域颇受关注。考古学家面对关于现代人的标准(markers of modern humanity)问题通常持有这种看法,像石叶石器、石矛,使用赭石和纺织品及艺术表现,都普遍见于旧石器时代晚期。举例说,我们很难就印度尼西亚爪哇的旧石器现代人使用的旧石器来区分他们和更早的直立人的行为能力。无论如何，如今我们已较清楚地知道——在西方旧世界，即便非洲，现代人和较古老的人类行为能力不大容易有明确区分。换句话说，考古学家在解释现代人的迁徙问题时，不能忽略生物人类学和古代基因学的研究结果。

同样，我们要了解新石器时代的发展，必须注意与考古学平行的其他学科。如比较语言学，刚才提到的生物学等。对于考古学家坚称只有他们可以直接研究人类过去的时代已经一去不复返了，但现在有些人仍抱残守缺，恐怕不久就会发现，他们的研究忽略了古代基因、古人类学和语言学重构这些研究的热潮。

另外有个很重要的挑战，当我组织印度—太平洋史前大会时，我经常体验到一种发生在考古学界的所谓"语言独裁"（tyranny of language）。有时我们必须阅读来自不同国家出版的考古报告，而许多人使用的是超越我们阅读能力的语言。工作繁忙的考古学家不太可能流利地使用多种语言——即便有些人或许有此能力，但期待每个人都学英文或学其他几种主要语言——像中文——以便能够阅读考古报告是不公平的。在我看来，这个问题最关键的解决办法可能是使用有效的计算机翻译，将一种语言译成另一种语言。

幸运的学生或许可以通过在国外求学的机会增强其外语能力，但这样的机会并非每人都有。况且我知道，很多人选择到国外求学后，很难在其祖国找到工作，甚至被排除了在祖国发展的机会。对这些问题并没有一个简单答案，若想增强与不同地区学者接触，并达到获取国际性知识水平的能力，一个最好的方法就是组织国际合作计划。

可否谈谈您的下一本书，即关于人类迁徙的大作？

此书是应美国威利—布莱克威尔（Wiley-Blackwell）出版社之邀而写的。所考察的是从早期人类离开非洲到现代人扩散，以及稍后全世界的食物生产经济。我认为"迁徙"是人类行为中最重要的现象之一。在其他灵长类动物中并不是如此显著——尽管我们知道一些哺乳动物、鱼或鸟类有迁徙行为。但除了那些和人类共生或家养的动物外，没有一种动物能像人类这样如此广泛的拓殖。在过去1000年来，迁徙的重要性随时间消长而变化，但它确实在人类史的某些转折关头显得格外重要。我这本书的编排将会以地理区域和年代学为基础，除了考古证据，我将尽可能提供生物学和语言学证据。人类史上有很多重要事件，像现代人扩散，其后进入东南亚，很难在考古纪录中观察到，除非像是澳大利亚这种在现代人抵达之前完全没人居住的环境。

您未来的研究主题有哪些？您的新的田野工作计划是什么？

今年（2011），我和同事欧·马克（Marc Oxenham）、你（洪晓纯）和菲利浦·派普（Philp Piper）从澳大利亚研究理事会（Australian Research Council）获得了一大笔基金，支持我们继续从事东南亚的新石器研究——在越南南部、菲律宾北部和关岛的研究计划，目的是寻找当地最早的新石器文化发展的证据。我们将针对越南北部和中国广西的史前墓葬及墓主的健康、型态学进行研究，也希望能在中国台湾甚至海南岛做些研究。

我们的目标是考察距今4000年前后广泛出现的新石器文化，包括物质文化和经济、生物型态学、古代基因（如能提取到的话），甚至包括健康和人口统计学等内容。我们计划在接下来的五年持续上述研究。再以后我可能退休，去做一些比较不费劲的事了。

对那些有志于从事东南亚或太平洋考古的年轻学生，您有怎样的建议？

要从事长期的考古学研究，最好参与一个大型合作研究计划，而且这个计划能有多年的经费支持，这些支持可以资助博士后研究员（当然，现在拥有一个博士学位是考古学研究生涯或其他科学学科的首要条件），不少学生通过其博士导师协助得到这样的机会。在澳大利亚，这类研究经费来自澳大利亚研究委员会，美国则来自国家科学基金会（National Science Foundation）。

总之，我的经验仅基于澳大利亚的经历。澳大利亚所有重要的考古学研究都在大学进行。但在许多国家，政府资助的研究机构扮演重要角色，他们也提供经费，像北京的中国社会科学院考古研究所及中国各省区的考古研究所、台北的"中央"研究院、马尼拉的国家博物馆、曼谷的泰国艺术部（Thai Fine Arts Department in Bangkok）等。但我要强调的是同样的建议，即参与一个大型研究计划，而且试着去发展一个专长。这样你的专长将会得到充分的发挥！

后　　记

在2011年3月发行的《古物》（*Antiquity*）期刊中，特别开辟了一个专栏，向贝尔伍德教授表示敬意。该专栏首先陈述贝尔伍德对东南亚考古学及世界考古学的贡献，其中集结了由查尔斯·海汗（Charles F. W. Higham）、格兰厄姆·巴克（Graeme Barker）、马修·史必思（Matthew Spriggs）、帕特里克·克区（Patrick V. Kirch）等新西兰、澳大利亚、英国、美国知名学者针对同一主题所撰写的论文。2011年这一专栏的刊出缘于2009年在越南河内召开的印度太平洋大会，其中有一特定议程，由几位代表学者组织并发表了多篇向贝尔伍德教授致敬的文章。当时发表的其中几篇文章并加上后续邀稿由《古物》(*Antiquity*) 陆续刊出。

洪晓纯、李水城

（《南方文物》2011年3期）

格兰厄姆·巴克

史前考古研究的时间尺度

格兰厄姆·巴克[1]
(Graeme Barker)

  国际知名考古学家。时任英国剑桥大学迪斯尼讲席教授、剑桥大学考古学系主任、麦克唐纳考古研究所所长、剑桥大学圣约翰学院院士。1999年至今当选为不列颠学院院士及荷兰人文社科高等研究院高级研究院士。1997年至今当选为国际史前史与原史联合会通讯会员，并长期担任国际田野考古研究院会员。此外，他还在剑桥大学的多个专业委员会担任委员、顾问或理事职务，并担任英国研究生教育委员会的执行委员。

  巴克教授生于1946年，1969年毕业于剑桥大学圣约翰学院古典系，1973年在剑桥大学获得博士学位。曾先后在英国谢菲尔德大学（Sheffield University）、罗马不列颠学院（British School at Rome）、莱彻斯特大学

---

[1]. 北京大学考古文博学院博士后万翔审校了巴克教授的简历。

（University of Leicester）任教。曾任莱彻斯特大学考古学院院长（1988—2000）、研究生院院长（2000—2003）和副校长（2003—2004）。2004年起，巴克教授受聘担任剑桥大学麦克唐纳考古研究所所长；2005年起兼任荷兰莱顿大学考古学系评审委员会顾问。在担任英国、意大利、加拿大、澳大利亚等国一些考古学会职务的同时，还先后担任《美国古物》(America Antiquity)、《古物》(Antiquity)、《环境考古学》(Environmental Archaeology)、《地质考古学》(Geoarchaeology)、《考古科学》(Archaeological Science)、《黎凡特》(Levant)、《史前学会学报》(Proceedings of the Prehistoric Society)、《世界考古学》(World Archaeology)等期刊的顾问和《地中海考古》(Mediterranean Archaeology)、《国际景观考古学学报》(Proceedings of International Landscape Archaeology)、《欧洲考古学》(European Journal of Archaeology)、《第四纪》(Quaternary)、《剑桥考古学手册》(Cambridge Manuals in Archaeology)等刊物的编委。

巴克教授曾长期在欧洲、环地中海地区、近东、非洲和东南亚等地进行考古工作。他在景观考古学（地中海地区、干旱地区、热带地区）、人地关系、农业起源和考古学理论等领域造诣颇深，曾先后主持并参与不列颠学院资助的意大利南部考古调查（1974—1980）、托斯坎纳考古调查（1986—1991）、南约旦的沙漠化与灌溉农业调查（1996—2001）、马来西亚沙捞越的洞穴考古（2000年起）、联合国资助的利比亚考古项目（1979—1994）、欧盟资助的地中海长时段人口变动调查（1993—1996）、英国自然环境研究基金会资助的牛的驯化研究（1993—1997）等。

巴克教授著作等身，已发表学术专著和文章共200余篇（部）。主要代表作有:《史前欧洲的农业》

(*Prehistoric Farming in Europe*, 1985);《南欧的畜牧业考古》(*Archeologia della Pastorizia nell'Europa Meridionale*. 1991，合编);《沙漠中的农业：联合国利比亚谷地考古调查》(*Farming the Desert: the UNESCO Libyan Valleys Archaeological Survey*. 1996，2卷本);《伊特鲁里亚人》(*The Etruscans*, 1998，与T. 拉斯穆森合著);编著有《地中海景观考古学》(*The Archaeology of the Mediterranean Landscape*, 2000，五卷本);《干旱地区考古学：生活在边界》(*The Archaeology of Drylands: Living on the Margin*, 2000，与D. 吉尔伯特森合编);《东南亚半岛和岛屿人类对洞穴的利用》(*The Human Use of Caves in Peninsular and Island Southeast Asia*, 2005，与D. 吉尔伯特森合编);《史前时代的农业革命：为什么采集者变成了农民?》(*The Agricultural Revolution in Prehistory: Why did Foragers become Farmers?* 2006)等。

采访 | 刘歆益

审定 | 李水城

请谈谈您的学生时代和您第一次参加考古发掘的经历。

我所认识的大多数考古学家都是在上大学之前就参加考古发掘了。比如我女朋友[1]安妮·格兰特（Annie Grant），她在13岁时就参加了考古发掘。我不一样。上中学时，我的兴趣并不在考古学。我到剑桥本来读的是古典学，学习拉丁文和古希腊文等。在读了两年古典学后，我转到了考古系。

在古典系学习那段时间，我并未太多涉猎考古学，但读过一两本考古著作。后来，圣约翰学院[2]里有一个人和我谈起他对考古学的热情，他和我讲了很多。那时我正好对古典学有点厌倦，正在寻找别的兴趣点，虽然还没有准备好转系，但潜意识里我已经开始对考古学感兴趣了。再后来，学院里的这个人把我介绍给科林·伦福儒（Colin Renfrew）。此时，伦福儒刚刚毕业不久，在圣约翰学院作研究院士[3]。那时他正要去谢菲尔德大学执教，但仍然每周回学院教学一天。伦福儒向我介绍了考古学，并劝我转系。这些都是在很短时间内发生的。后来，伦福儒又把我介绍给了当时已经成名的学者格林·丹尼尔（Glyn Daniel）教授，他成了我在学院里的导师。又过了两周，在古典学考试之前，我终于决定在考试后转到考古学系。

随后，伦福儒向我建议说：在10月新的学期开始之前，你应该

---

1. 原文为 partner。——编者注。
2. 指剑桥大学圣约翰学院。——编者注。
3. Research fellow，英国牛津大学和剑桥大学特有的一种基于学院的研究职位。——编者注。

去参加考古发掘。他给了我一些联系方式，并介绍我认识了正在发掘的巴菲尔德（Lawrence Barfield）[1]。在伦福儒的帮助和安排下，我去了一个叫瑞沃里（Rivori）的遗址，这是我生平第一次参加考古发掘，时间是 1976 年的 8 月，为期一个月。瑞沃里位于意大利北部，那是一处新石器时代到青铜时代的遗址。那个地区因盛产斯拉夫酒和窖藏酒而闻名。

9 月我又去了希腊，去希腊北部一处正在发掘的遗址。主持发掘的是一位来自剑桥的学者，名叫艾瑞克·希格斯（Eric Higgs）。他是一个特别随和的人，爱开玩笑。在希腊工作了好多年，发掘洞穴遗址和大型遗址。那年夏天我在意大利北部参加新石器时代和青铜时代的发掘之后，又追随希格斯在希腊北部参加了旧石器时代遗址的发掘。

当时我并未意识到，这段最初的体验竟然在很大程度上指引了我日后的学术生涯。在意大利的发掘使我对意大利考古学产生了兴趣，我的博士论文就是关于意大利的，但不是我最初参加发掘的北方，而是意大利的中心地区。总之，后来证明与意大利考古学的那次接触确实对我产生了很大影响。另一方面，希格斯对我的影响也不小。他是一个不同凡响的人。此人的考古生涯开始很晚。当时，他刚开始领导英国学院支持的一个关于早期农业史的研究项目，研究农业的起源问题。

回到剑桥以后，我去听了希格斯新开设的一门课程。比起你们来，我们那时候的选择很少。当我从田野归来，正式转入考古系时，有三个选择：旧石器时代、欧洲新石器／青铜／铁器时代、罗

---

1. 巴菲尔德先在伯明翰（Birmingham）执教，后来又去了布拉德福德（Bradford）。——编者注。

马／盎格鲁—撒克逊的青铜／铁器时代。最终我选择了欧洲新石器／青铜／铁器时代。这在一定程度是受了柯林·伦福儒的影响。他说，欧洲青铜／铁器时代是你应该做的。当时，格林·丹尼尔在讲欧洲考古学的课程。希格斯开的新课是农业的起源。我决定选希格斯的课。又一次，你可以看到，我在意大利完成我的博士论文，研究的就是早期农业。在很多方面，后来我所关注的很多问题，都与最初的经历有关，比如后来我关心的向农业社会转化的问题。农业起源的研究伴随了我的一生。起点都是在那个夏天，1967 年的夏天。

请谈谈您关心的大问题。

接着上面的话说。回顾我的学术生涯，我接受了这样几种影响。艾瑞克·希格斯对我影响很大。我的博士论文是在英国罗马研究院完成的。在意大利那两年，希格斯是我的正式导师。为了撰写博士论文，我回到意大利发掘。当时，罗马研究院的院长对我十分照顾。那时世界考古学的一个最重要议题是安纳托利亚从狩猎向农业转变的过程。在剑桥，希格斯领导的一系列项目正在围绕着早期农业的工作而展开，这些工作都在朝着十分有趣的方向发展。那正是过程主义考古学和后来被称作剑桥古代经济史学派最为鼎盛的时期。事实上，我的博士论文就发表在希格斯主编的《古代经济》一书中，所以关于古代农业的思考对我影响很深。我在剑桥接受的另一个影响是对"长时段"的兴趣。我的博士论文涉及的时间跨度就从旧石器时代中期一直到青铜时代。

我从艾瑞克·希格斯那儿学到的另一个本事是动物考古学。我学会了如何研究动物的骨骼。这也是我博士论文的一部分，我研究了从旧石器时代到青铜时代的动物骨骼。以至于我写完博士论文开始工作时，许多找上门的项目都是动物考古学，包括近晚时期的动物考古学项目。比如，巴里·琼（Barry Joan）在意大利发掘罗马村落遗址，请我去研究动物的材料。所以这时我又开始着手罗马时代和中古时代意大利的动物标本。

后来我才意识到这一点，我最初的古典学训练在这儿也派上了用场。我发现我对后段的东西并不抵触。希格斯对晚于新石器时代的遗物毫无兴趣，但我的兴趣似乎更广。那时，我发表的文章中也有历史时期和动物考古的材料。总的来说，从一开始，无论是研究史前时期的农业还是历史时期的动物，我总是对两个尺度的关系产生兴趣，即小型社会与大型社会。

当时，另一位在剑桥执教的著名学者是格拉汉姆·克拉克（Grahame Clark）。他倡导的是世界考古学。尽管那时剑桥的考古教学总是强调欧洲，欧洲，欧洲，新石器，青铜时代与铁器时代。考试时我们也得应付这些。但我总是觉得世界其他地区比较有趣，如欧洲以外的早期农业。或更广泛地说，人和土地间的关系常常吸引着我的注意力。我举个例子。当时我正在写一篇有关欧洲新石器时代的论文，我读到杰克·高森（Jack Golson）在新几内亚进行的早期农业的最新工作和研究。说实话，这样的影响就来自格拉汉姆·克拉克所倡导的世界史前史和比较方法论。虽然我们的工作总是关乎一时一地，但克拉克的世界考古学理想一直影响着我。

谈谈您 2007 年出版的书吧！

几年前我写了一本书，名字叫《史前时代的农业革命》[1]。副标题

---

1. Barker, G. (2009). *The Agricultural Revolution in Prehistory: Why Did Foragers Become Farmers?* Oxford: Oxford University Press.

是:《为什么采集者变成了农民?》这是一个带问号的副标题。那本书写到最后,我发现我其实不太确定这个问题的答案是什么。为何采集者愿意变成农人?我想,这个问题好像存在问题。麻烦在于,我们总是想向过去要一个简单答案。所有人都想要一个简单答案:学者们也希望有一个简单答案,公众想要简单答案,记者也想要简单答案。倒是这个困境的另外一个方面让我觉得有趣:直到今天,我们中间的好些人仿佛还生活在维多利亚时代。19世纪的人们用进化的级别来看待过去。你知道的,从简单到复杂,从野蛮到文明。过去100年我们经历了一系列考古学认知的变化,过程主义、后过程主义以及结构主义等等,可还是有不少考古学家本能地用线性的发展序列看待人类社会。即使是在当下的讨论中,我们仍能体会到考古学家僵化地思考问题,认为人类社会的发展就是从不那么复杂到比较复杂。在谈到农业起源时,我们会假设一开始的行为是比较简单的,然后变得复杂一点,变得更复杂。最后,"咣当"一下子就变成了农业。这是有问题的。

掌握的材料越是多,我们越能看到不一样的情况。许多社会其实都是在采集与农耕的"光谱"上前后移动。你要问他们,你们自己到底是采集者还是农夫?他们根本听不懂你在讲什么。我觉得很多例子都好像是这样。贾雷德·戴蒙德(Jared Diamond)[1]讲了很多简单而有趣的故事,非常精彩,但过去却不像他说的那样。

置于一个特别长的时间范围,比如说两万年以来(更新世最后阶段包括进入到全新世),的确有个渐进的变化。我们看到,新的人和土地关系出现了,我们看到人之于动物和植物的新的尝试。无法否

---

[1] 贾雷德·戴蒙德(Jared Diamond),美国科普作家,《枪炮、病菌与钢铁——人类社会的命运》一书的作者。——编者注。

认,在多数地区,这种变化和全球气候的变化在时间上是相一致的。

但是,与此同时,我们越来越清晰地看到,在意识形态和仪式上,史前社会是丰富多彩的。这些意识形态和仪式都与动物和植物相关。我在《史前时代的农业革命》一书中并未涉及这个观点,但我越来越觉得这是一个重要方向。比方说,你看,我们在近东发现了很多镰刀。常常听有人这么说:"天哪,瞧!镰刀!非常有趣的镰刀。"镰刀的确有趣,它代表着对作物的生产和加工。但不仅如此,镰刀到底意味着什么?可以肯定地说,它们也属于祭祀活动,属于用新(驯化)的动物和植物来完成的仪式的一部分。同时,人们也用旧有的动植物来祭祀。它们属于形形色色的祭祀活动,属于那些在今天看来是陌生的生活方式的方式。所以我想,理解这些生活方式才是重要的。

当然,我们也可以假设能用极简单的方式来描述整个过程:从狩猎转为农耕,导致新的人地关系和新的世界观,所以宗教的根源就是农业。宗教是人们变成农人后的社会产物。这样也行。但伊安·霍德(Ian Hodder)告诉我们,事实有可能恰好相反:即先有农业的意识,后有农业。这也说得过去。越来越多的证据表明,在最初的那几千年,也就是更新世向全新世转化的那几千年里,所有事情都在同时发生转变,人类开始用不同于过去的眼光考量世界,同时也用不同于以往的方式对待周边的动物和植物。与此同时,气候正在发生巨变。似乎这一切都在同时进行着。我不认为在世界任何一个地方我们能把这些事件发生的年表梳理清楚,我们现在还没办法把时间尺度精确到百年的水平。换句话说,我们的年代学还不够好。我们没法说,在这个世纪他们干了什么,气候如何;两个世纪后他们又干了什么,气候又如何。我们的讨论还被限制在千年的尺度上。我们只能泛泛地谈：在这两千年里人们如何如何，气候如何。那两千年又是如何如何。

其实我想说的是，在不同的地方，人们进入"农业关系"的速率是不同的。这是清楚的。换言之，一个有趣的现象是，在某些社会，沿着"光谱"倒退，由农人反向变成狩猎—采集者的情况也是可能的。比如一些分布在热带雨林的社群，可能是因为他们的人口规模小，或者是别的什么原因。他们一会儿是农夫，一会儿又是采集者，可以来回轮转。在另外一些地方，农业则是一个拐点，中国的情况可能就是这样，近东也是如此。其实欧洲也是。在新石器时代的演进过程里，人们在做各种各样的事情，从采集到狩猎到农业，什么都干。可是到了新石器时代末期，只剩下高度组织的农业系统了，这些人群被锁定在这个系统里，没有退路。就像约翰·罗布（John Robb）现在常说的那样，农业就像互联网一样，人们因为各种不同的原因接触它，可一旦接触就出不来了。

我们一直在提时间尺度。请谈谈你对时间尺度的理解。

的确。当我还是学生的时候，那时碳十四测年技术才刚刚兴起。碳十四技术完全改变了我们的年代结构。我刚念本科的时候，格林·丹尼尔讲欧洲的新石器时代，用的还是戈登·柴尔德（Gordon Childe）的年代学：就是说欧洲新石器时代发轫于公元前 2000 年。3 年以后，在我开始读研究生的课程时，希腊新石器时代的上限已从公元前 3000 年上溯到公元前 6000 年了。涨了一倍！我的学生时代经历了很多类似这样的变化，很多事件发生的时间变早了，过程变长了。

这个变化对于考古学不能再重要了。在碳十四测年技术出现之前，如果你是一个博士生，你 90% 的研究时间都在琢磨遗物的早晚。你生活在格林·丹尼尔和戈登·柴尔德的文化史前史的世界里，你整天都在把这个罐子和别的地方的罐子作比较，时间几乎都花在了这个上面。就像格林·丹尼尔所说的：抽屉和象棋盘式地理解过去。

放射性碳同位素把考古学家解放出来，让他们有能力说：好，在英格兰南部发生了这件事，在英格兰北部发生了那件事。它们要么是同时发生的，要么是不同时期的事情。所以在读博士时，像我一样的博士研究生，忽然发现自己正在处理的事件原来是在不同时空发生的，既不同时也非同地。我的博士论文就需要处理意大利的年代格局。放射性碳同位素的进展在意大利的意义在于，它表明很多原先认为相关的事情，事实上发生在不同的年代。

尽管说了很多好处，我们的碳十四年代数据仍嫌太少。即使在今天，在世界很多地方，可靠的测年结果还是少到不可思议。就像我们刚才聊的，我们还在说这样的话：大概是在这个千年的末尾，情况如此，植物怎么样，动物怎么样。你知道的，我们还生活在那个柴尔德的世界里。但理论上我们应该已经是另外一个世界了，一个像英格兰南部的世界。在英格兰南部，对新石器时代的墓葬和居室的年代理解有时可以达到25年上下的尺度，所以考古学家开始书写更为精确的史前史。我的意思是说，如果碳十四测年足够多、足够好，你就可以这样说："这个建筑的墙建于这个世纪。3英里以外，另外一个遗址正在被废弃。2英里以外，第三个遗址同时在重修。"一种非常细节性的描述。如果有一天，能把各地的史前史年代都建立在25年的水平上，我们就可以更精确、更有对比意义地描述农业起源的过程和时间顺序。但真实情况仍旧不容乐观，很多地方仍存在巨大的地理空白，完全没有碳十四测年数据，就像1960年代的欧洲那样。

回到新石器时代的问题。至少在一些例子里，我们可以讲得不错。比如在欧洲，我们知道新石器时代那好几千年，农耕、狩猎、采集和捕鱼这些行为同时存在。虽然很多人会问：他们是怎么做到的？在某种意义上，这儿有个思维定势，那就是人们总是假设猎人和采集者有着与农人不同的世界观。农人的生活被家庭/家族管理，猎人和采集者则不受家庭限制。所以我们总是假设，这伙人有一种人地关系，另一伙人有另外一种人地关系或者土地所有权。实情未必如此。

真实情况到底怎样呢？从当代的例子看，人类社会要比上述假设来得复杂得多。在地中海的某些地区，人们同时从事狩猎、采集与畜牧业的状况持续了有上千年，然后他们用了一百多年的时间变为农民。在欧洲的另外一些地区，这个转变来得特别快。人们在两代人的时间里从猎人、渔夫、采集者转变为农夫。又一次，我们对不同的转化速度的认识来自不断增长的碳十四测年数据。放射性碳同位素测年又一次帮助我们理解不同寻常的快速过程，或者相反，极端的缓慢的转化。

请谈谈您在印度尼西亚的研究计划。

好。我简单讲讲这个项目是怎么开始的。刚才我们谈到我对史前农业的兴趣。我的另一个研究兴趣是"长时段"的变化。我的大多数研究项目都是长时段的。2000年，我带领一个团队开始挖掘印度尼西亚婆罗洲的尼雅洞穴遗址（Niah Cave）。这帮人都是我的长期合作者，包括考古学家、地理学家等。我和他们在约旦和意大利都有过合作。印尼这个热带环境下的洞穴遗址让我开始对前农业的早期社会感兴趣。尼雅洞穴为何会这么出名呢？在1950年代和1960年代的发掘中，他们发现了迄今为止东南亚地区最早的人类遗存，在尼雅洞穴发现了一具距今 4 万年的女孩遗骸。这个发现对于人类走出非洲及其向世界其他地区的移民争论非常重要。我以前接触过旧石器时代考古，但从未有过深入研究。尼雅洞穴的项目让我们有机会研究一个有着超过 15000 千年居住历史的洞穴。这是一个长期的研究计划。我们计划出版两本书，这两本书都涉及农业的预设条件。我的主要兴趣点是从 6000 年以来至今，但故事的起始点是早期现代人，这也让我卷入到现代人走出非洲的讨论中。

后　记

巴克教授的简历由北京大学考古文博学院博士后万翔[1]撰写，谨致谢意。

(《南方文物》2015 年 2 期)

---

1. 西北大学丝绸之路研究中心。